# 绿色发展之路
## ——来自盐城的实践探索

LÜSE FAZHAN ZHILU
LAIZI YANCHENG DE SHIJIAN TANSUO

张颢瀚◎主编

中国社会科学出版社

**图书在版编目（CIP）数据**

绿色发展之路：来自盐城的实践探索/张颢瀚主编 . —北京：中国社会
科学出版社，2015.10
ISBN 978 - 7 - 5161 - 6947 - 6

Ⅰ.①绿…　Ⅱ.①张…　Ⅲ.①绿色经济—经济发展—研究—盐城市
Ⅳ.①F127.533

中国版本图书馆 CIP 数据核字（2015）第 237465 号

| | | |
|---|---|---|
| 出 版 人 | 赵剑英 |
| 责任编辑 | 喻　苗 |
| 责任校对 | 邓雨婷 |
| 责任印制 | 王　超 |

| | | |
|---|---|---|
| 出　　版 | 中国社会科学出版社 |
| 社　　址 | 北京鼓楼西大街甲 158 号 |
| 邮　　编 | 100720 |
| 网　　址 | http://www.csspw.cn |
| 发 行 部 | 010 - 84083685 |
| 门 市 部 | 010 - 84029450 |
| 经　　销 | 新华书店及其他书店 |

| | | |
|---|---|---|
| 印　　刷 | 北京君升印刷有限公司 |
| 装　　订 | 廊坊市广阳区广增装订厂 |
| 版　　次 | 2015 年 10 月第 1 版 |
| 印　　次 | 2015 年 10 月第 1 次印刷 |

| | | |
|---|---|---|
| 开　　本 | 710×1000　1/16 |
| 印　　张 | 20 |
| 字　　数 | 244 千字 |
| 定　　价 | 60.00 元 |

凡购买中国社会科学出版社图书，如有质量问题请与本社营销中心联系调换
电话：010 - 84083683

建设生态文明是关系人民福祉、关系民族未来的大计。我们既要绿水青山，也要金山银山。宁要绿水青山，不要金山银山，而且绿水青山就是金山银山。

——2013年9月7日，习近平在哈萨克斯坦纳扎尔巴耶夫大学讲话

希望江苏的同志认真落实中央各项决策部署，紧紧围绕率先全面建成小康社会、率先基本实现现代化的光荣使命，努力建设经济强、百姓富、环境美、社会文明程度高的新江苏。

——2014年12月14日，习近平在江苏视察时的重要讲话

# 美丽中国的精彩样本

　　盐城，祖国万里海疆中部一座充满活力的开放城市、"一带一路"和长江经济带连接点、江苏沿海中心枢纽。走进现代盐城，连片林地叠嶂染翠，纵横水网扬青溢彩，蓝天、大海、滩涂、森林、湖荡、水泊，诸多生态元素集于一身，绿色盖野、碧水空蒙，扑面而来的生态之美，让人艳羡不已。

　　盐城是中国海盐文化发祥地、华中抗日中心，新四军在这里重建军部，这座英雄的城市，曾经为中国革命事业做出重大贡献。改革开放以来，盐城经济社会发展逐步焕发生机，但由于历史和基础的原因，过去这里一直是沿海经济洼地，长期被打上发展滞后的烙印。而今天，这里以一再刷新的盐城速度、不断创造的盐城奇迹、频繁演绎的盐城跨越发展现象，特别是"一个让人打开心扉的地方"的城市宣言，开启了后发地区"绿色崛起"的成功试验，抒写了一幅最新最美的城市画卷。放眼同一个区域经济禀赋相似的不同板块，盐城正在悄然改写区域经济地理的版图。在盐城沿海500公里长的海岸线上，沉寂多年的盐碱滩上风机林立，全国首创的"风光渔""风电车""风电水"新能源利用模式，给原始的海涂湿地带来动人的现代气象，引动了千年古邑的青春脚步。从大海走来，又向蔚蓝深处走去，盐城人正在用坚毅笃实的绿色追求、高蹈宏阔的发展构想，描绘一幅壮阔的发展画卷，改革、创新、跨越发展的大手笔、大视野、大战略让这个区域充满梦想、浪漫和激情，为"美丽中国"呈上精彩的盐城篇章。

盐城在变，这是个"谜"。让我们思考，是什么成就了盐城？盐城的崛起又昭示着什么？与盐城市市委书记朱克江的深入交流，使我们感受到了这位盐城绿色事业掌舵人殷切深厚的绿色情怀、恢宏壮阔的绿色视野，以及一个地方转型发展探索者坚定执着的绿色担当。2013年全国"两会"期间，习近平总书记对江苏工作提出了"深化产业结构调整、积极稳妥推进城镇化、扎实推进生态文明建设"的三大任务要求。面对发展不充分、城镇化滞后、民生欠账多、生态保护压力大的市情实际，2013年年初上任的朱克江就在研究思考着如何把总书记对江苏发展新要求变为盐城的探索实践，在总书记讲话精神指引和江苏省委省政府部署的推动下，确立了未来发展的总体目标、城市定位、转型方向和民生追求，基于对发展态势、现实基础、客观条件的理性把握，逐步形成了通过绿色发展撬动增长、倒逼调整、引领转型、惠及民生以及提升环境的总体思路，总书记视察江苏的重要讲话坚定了盐城加快推进绿色发展的决心和信心。以总书记的讲话为根本遵循，盐城市委提出了推进六大发展、建设创业开放生态幸福的美丽盐城的发展目标，把绿色发展作为新的追求和新一轮发展的重大战略，鲜明地写在"建设新盐城、发展上台阶"的旗帜上。

一个市委书记的战略坚守、理性抉择，为"美丽中国"版图增添了一片绚丽的风景，让中国道路的"盐城版"焕发出时代的锦绣芳华，让后发地区的未来发展有了新的方向。盐城对于发展与生态这一历史命题、时代难题的深入破解，演绎了探索与创造、继承与发扬、开拓与革新、视野与胆识的时代大剧，从中可以解读绿色发展的模式路径、结构图景、战略理念、变革轨迹。梳理盐城绿色发展，其样本意义、发展抱负、哲学意蕴让人印象尤为深刻。

在这里清晰展示了一个典型样本的时代意义。考察盐城的绿色实践，是一个全方位、多维度、多层次的探索，包含对绿色发展本质、规律、价值、主体、路径等各种重大现实问题的思考、突破，盐城对生态特质的挖掘、路径的构建、模式的创新、体系的完善，种种努力已经形成具有代表性、辐射力的共性经验，构建组合性政策体系与制度框架，明晰了绿色发展的科学路径。市委书记朱克江在推进国家可持续发展实验区建设中定了一个目标要求：盐城有突破、江苏能推广、全国可借鉴。在各地绿色发展缺乏系统、整体、科学、规范实践流程的情况下，区域探索和局部突破对未来中国具有更为重要的实践意义。盐城人正在"发展一套人与大地之间的体面规则"（列奥波德），盐城"绿色发展"的先进理念、"宜业宜居"的成功实践，具有国家样本的典型意义，是当代发展的趋向和价值追求，是各地绿色发展的一个鲜明路标。

在这里我们看到了绿色发展的宏大抱负。盐城是东部沿海生态安全屏障和生物多样性宝库，同时，作为生态环保的重点和敏感地区，也是急需发展的地区，承担着发展与环保的双重难题、双重责任，优越的生态基因赋予这一方人民以绿色自豪，也让他们背负了巨大的生态包袱，保住"老版本"已让发展处处掣肘，创造"升级版"更需要胜人一步的胆识气魄。盐城主政者不囿于一时一地的发展，以为沿海、为长三角、为中国造一道绿色屏障的决心，以为子孙后代留下永续发展的绿色空间的襟怀，按照守住生态就是守住未来的逻辑思路，从宏观处把握，于微观处抓起，重构山海大地生态伦理，着力打造自然之美、产业之美、城乡之美、发展之美，构筑大美盐城，守住盐城最美丽的底色，守住百姓的幸福家园。绿色发展在盐城，空间上是立体的，时间上是持久的，方法上是综合的，近两年，盐城先后获批国家可持续发展实验区，创成"国家园林城市""国家卫生城市""国家创新型试点城市"，获评"中国投资环境百佳城市""中国十佳最具潜力发展城市""美丽中国之旅十佳绿色生态旅游城市"和"最美中国·生态旅游目的地城市"等称号。

在这里我们领悟到了盐城探索者的发展哲学。有什么样的人，就有什么样的哲学（费希特），一个人精神气质的基底就是他的哲学。同样，一个主政者的精神基底，决定着一个区域的发展哲学。盐城对于绿色的执着，背后延展的是科学发展的生态哲学和生态坚守的宏大叙事。人与自然的关系是实践基础上的"为我"关系，经济与生态之间的同时性平衡也往往会以现实与未来之间的历时性平衡为代价，近年来，盐城一直在反思和扬弃这种"为我"关系、即时心态，摒弃对抗思维、短期行为，在价值多元中保持定力，按照生态规律和生态阈值，一笔一画、一字一句地书写绿色传奇。从环境自省到生态自觉，生态之于发展，已经内化于心、外化于行，上升为全市上下的共同意志，并实现了形神兼备、丰盈充实的全域化、风景式展示。

绿色发展赋予了了新的盐城元素、标注了新的盐城符号。绿色追求带来发展自信，促进区域发展创新突进，绿色新政在坚守目标中展示魅力，演绎绿色加速度，赢得绿色盈盈的 GDP。异军突起的盐城现象，源于他们创新了引领跨越发展的盐城理念，创造了催生城乡变化的盐城速度，打造了彰显时代要求的盐城品质，锤炼了扎实过硬的盐城作风，培育了难能可贵的盐城精神。今天的盐城，增长与转型良性互动，发展与生态相得益彰，经济与社会协调并进，正经历着新的重大变化，展现出极大的张力与活力，我们完全可以期待，盐城必将走进沿海绿色崛起的新时代。

由江苏省社科名家、省委省政府评定的中青年首席科学家张颢瀚教授领衔的盐城市绿色发展课题组十多位专家教授，深入盐城城乡，历时数月，对盐城绿色发展进行了系统、全面、科学的研究总结，形成了这一成果，这既是专家教授们智慧的结晶，也是盐城发展成果的展示，既有文献价值，更富实践意义，可为历史存档，可资现实借鉴。

愿盐城这朵开放在黄海之滨的绿色之花更加绚烂。

愿美丽中国开放更多的绿色之花。

是为序。

本书课题组
2015 年 8 月

# 目　　录

# 第二篇　谋绿色发展篇

# 第三篇 走绿色发展路

# 第四篇 扬绿色变革曲

# 前　言
## 展开绿色发展的美丽画卷

　　绿色，是大自然的生命之色。生命、生气、生力是绿色的本质，是大自然赐给人类生存的依赖。绿色发展是人类社会的有生发展，是当代社会的可持续发展，是中华民族的永续发展。正是基于此，绿色浪潮已经成为当今全球的主旋律，绿色发展被认为是人类社会的"第四次产业革命"，中国提出了"绿色化"与绿色发展的重大战略。

　　然而，绿色发展在全球依然受到原有工业化发展模式的严峻挑战，中国的绿色发展，一方面受到传统发展理念、发展体制、发展方式的严重制约；另一方面又受到国际金融危机后经济下行巨大压力的困扰，似乎保护环境、绿色发展与发展经济仍然是难以解决的对立矛盾。中国的绿色化能否推进？如何推进？中国的转型发展之路如何走？是一个全国关注、需要着力探索的时代课题！在全国经济转型步履维艰、增长动力和转型方向不甚明晰的情况下，盐城奇迹般地走出了一条绿色发展的成功之路。这条发展之路，不仅仅具有盐城自身的特色，适合盐城市情，而且代表了我国广大后发地区的未来发展之路，也为发达地区转型发展提供了重要且有价值的经验启示。

　　资源消耗的控制与环境状况的维护是制约全球发展的两大难题，转型发展与绿色发展是当代全球共同探索的两大课题。当代全球发展遇到的共性问题已经证明，传统的发展模式不可持续，传统的发展路径面临新选择。自第二次工业革命一百多年以来，发达国家现在以全球18%的12.5亿人口，占据了每年全球石油消费量的51.5%左右、天然气消费量的48%左右、煤炭消费量的30%左右、核能消费量的81%左右、水电消费量的40%左右，其他可再生能源消费量的76%左右的资源。占全球82%的发展中国家和落后国家的人口，还期待依靠资源的开发、利用来消除贫困、获得发展。与人类长期发展需求相比，自然的可用资源供给是有极限的，环境对污染的承载也是有极限的。传统的资源消耗型发展模式，和"先污染后治理"的路径模式已经从根本上威胁到人类的生存，人类社会不得不重新作出选择。中国，作为世界上最大的发展中国家，拥有全球接近1/5的人口，更不可能重复高耗能、高污染的老路，中国需要的是转型发展、集约发展、和谐发展。中国必须创造性地探索可持续的现代化之路，探索适合中国国情的全面小康之路。

中国的转型发展与国际金融危机不期而遇，更加剧了转型发展的双重迫切性与艰巨性。中国广大的后发地区面临着与沿海发达地区不同的发展阶段、不同的发展背景、不同的国际国内发展条件。这些广大地区向哪里发展？如何发展？走一条什么样的转型发展之路？这些都是迫切需要认真探索和清晰回答、关系着国家战略方向的重大问题。而对这一问题的回答，决定了我们将以一个什么模样的全面小康社会实现党所确定的百年目标。

习近平总书记高瞻远瞩地指出，建设生态文明是关系人民福祉、关系民族未来的大计，我们既要绿水青山，也要金山银山，宁要绿水青山，不要金山银山，而且绿水青山就是金山银山。习近平总书记的讲话为中国的转型发展指出了绿色发展的战略方向，推动了中国绿色化的浪潮。作为这一号召的积极响应，江苏省委省政府将"建设经济强、百姓富、环境美、社会文明程度高，天更蓝、水更清、地更绿的美丽新江苏"作为全力推进的重要内容。

盐城，以她独有的资源、独到的眼光、独具的执着，先行探索着绿色发展的新型道路。盐城地处沿海和苏北，土地面积 1.7 万平方千米，是江苏地域面积最大的一个城市，人口 823 万人，为江苏第二大人口密集城市。多年来，盐城人一边守着丰富的生态资源，一边又感慨着自己滞后的发展。全球金融危机以后，多数后发地区都在探索后发崛起的路径，而且多以沿海发达地区作为可效仿的对象。盐城沿海的地理位置、生态的大容量、发展的迫切需求，使得大众普遍认为这是一个适宜接受落后产业转移的区域。当沿海发达地区已经步入后工业化时，盐城的发展尚处在工业化的中期，是坚持学习照搬沿海发达地区的"成功经验"，还是另辟蹊径走自己独特的发展之路？为实现真正意义上的跨越发展，转变思路，重新审视盐城的家底和所面临的问题，盐城人坚定地选择了后者。

盐城人以长远的眼光首先在发展观念上寻转变、在发展方式上求突破、在具体做法上找出路，努力摸索出一条绿色发展之路，积累了一系列有价值的可见可学的经验。课题组经过几个月的调查与研究看到，盐城绿色发展的意义不仅仅在具体的做法上，也不仅仅在具体的经验上，更在于在实践的探索中已初步形成了一个绿色发展体系，包括绿色发展理念、绿色转型、绿色增长、绿色制造、绿色农业、绿色生活、绿色国土和绿色发展模式等诸多方面；以绿色增长为标志的增长模式，以绿色产业为标志的结构层次，以绿色开发为标志的建设形态，以绿色农业为代表的现代农业，以绿色生活为代表的城乡环境，在全国率先形成了具有盐城特色的绿色发展体系，走出了盐城的绿色发展之路。本书第一章"美丽中国梦"，是绿色发展的大背景，也是盐城绿色发展的大前提，从中看到盐城绿色发展符合国际潮流，代表国家方向，体现江苏战略。第二章"盐城绿色行动"，梳理了盐城绿色发展道路执着选择的过程、历史成就与巨大变化，也是盐城绿色发展实践的总概括。第三章至第八章则逐一展开，分别展示盐城绿色发展实践的重点领域、主要做法与具体经验，也是绿色发展体系的基本内容支撑。通过上述研究自然得出最后两章即"发展模式"和"经验启示"。从中我们可以看到，这条绿色发展之路适应了时代的需要、适应了中央的要求、适应了盐城的未来、适应了人民的期盼；这个绿色发展体系使得盐城在经济上实现了发展的绿色转型与增长，空间上实现了城乡统筹协调发展，生产上实现了绿色集聚与创新驱动，生活上实现了绿色的价值取向。正如盐城市市委书记朱克江所说，"生态文明是发展的最高境界，生态优势是最大的后发优势。经济下行压力不是绝对的，就看你能否找到新的增长动力。绿色发展不仅没有影响增长速度，反而让盐城短期获利、长期受益，生态环境换来投资环境，资源保护变成地方财源，空气质量增强城市实力。与经济总量的增长相比，发展理念的跨越更让我们自豪！"

盐城成功了，转型阵痛之后的结果让盐城人兴奋、快乐。转型就是"舍得"，盐城人以壮士断腕的勇气，砍掉污染企业，压缩高耗能企业，发展绿色产业，换来让人惊喜的收获。2014年盐城实现地区生产总值3836亿元，同比增长10.9%，12项主要经济指标中9项指标增速居江苏省前三。地区生产总值和公共财政预算收入分别跃居全国地级市的第17位和第11位。2015年上半年，全市地区生产总值达2079亿元，同比增长10.5%，12项主要经济指标中，10项指标增速居全省第一，保持了平稳较快的增长态势。转型后盐城经济结构更趋合理，竞争力日趋增强。2014年，盐城市三次产业增加值比例调整为12.8:46.4:40.8。产业结构内部实现了由低到高的升级转型，2014年全市规模以上工业企业实现高新技术产业产值2045亿元，比上年增长15.3%；2015年上半年，实现高新技术产业产值1205.3亿元，同比增幅达 17.6%，其中节能环保等产业成长迅速，尤其是 2013—2015 年，规模以上节能环保产业产值增长了 30% 以上。与此同时，第一产业附加值不断提升，第三产业以旅游业为龙头蓬勃发展。产业结构的改变带来了环境改善，盐城空气质量由 2011 年的全省倒数第一，一跃成为全省最佳、全国前列。2014 年盐城市 PM 2.5 年平均浓度为 57.5 微克/立方米，是全省唯一低于 60 微克/立方米的城市。2015 年 1—9 月份，盐城市 PM 2.5 平均浓度为 44.4 微克/立方米，较 2014 年又下降 23.6%。空气质量综合指数为 4.61，全省最好；优良天数达 202 天，占总天数 74%，全省最高。9 月当月 PM2.5 浓度 25 微克/立方米，优良天数 30 天，再次进入全国前十。盐城人以坚定的探索和丰厚的回报，生动地诠释了为什么必须走绿色发展之路。

从盐城绿色发展执着探索的精彩画卷中，我们读出了什么？读出了思想的再解放、观念的再更新，读出了绿色发展的新跨越，读出了转型升级的新路径，同时也读出了一个领导群体超前的眼光与恒定的坚持，看到了中国转型发展的一片绿色新天地。

盐城的绿色发展道路是一个破解了三重困局的"超工业化"之路，同时也体现了盐城领导者发展观的新境界。面对着进入新常态背景下转型升级与发展路径的再选择，中国各地区普遍陷入了进一步发展路径选择的困局、产业结构转型升级的困局、经济增长与环境保护的困局。同时，这也是整个中国当前转型发展的基本难题，一方面，高耗能、高污染的产业结构难以为继；另一方面，一个市域领导层的首要任务仍然为"发展是硬道理"。在这种困局下，物质文明与生态文明的发展依然是对立的两张皮。作为一个后发地区，盐城仍然处在经济发展的加速期，数百万亩的生态保护区被禁止工业使用，同时，为生态保护还要对相关区域农民进行高价补贴，发展的党政责任与环境约束的紧迫对盐城的发展道路与发展模式提出了历史性的严峻挑战。在此状况下，盐城勇敢地探索出一条适应市情、省情，适应时代方向，同时又有全国示范作用的"超工业化"的绿色发展之路。

这一路径的果断选择彰显了盐城领导的生态文明的新境界、为子孙后代保护自然优势的新境界、不为 GDP 指标真正服务民生的新境界。在这一发展选择中，摆脱了"就环境讲环境，就发展讲发展"的老思路，确立了"把环境融入发展中，把环境资源变成发展资本""围绕环境优化发展，围绕发展提升环境""以环境支撑发展""以绿色发展增进民生福祉"的新理念。将民生幸福作为盐城绿色发展的出发点和归宿点，把绿色发展视为最公平的公共产品、最普惠的民生福祉，大力推进健康惠民、保障民生、宜居宜业、社会文明和谐建设，真正体现了以人为本的发展观，践行习近平总书记所讲的，"人民对美好生活的向往，就是我们的奋斗目标"。

这条"超工业化"之路是指没有遵循传统的由轻工业到重工业再到服务业的发展模式，而是在理念的成形与实践过程中，成功实现了三个跨越。一是发展观的跨越，实现了从污染不可避免、GDP 至上的发展观，到绿色发展才能全面发展与可持续发展的发展观的跨越。二是转型模式的跨越，产业类型跨越传统的重化工业主导，快速进入以"智造"为主导的新结构。三是发展阶段的跨越，后发地区跨越了重化工业化，直接进入绿色化的新阶段。体现了从资源掠夺型向保育再生型的转轨，从物质的富足功利向社会健康文明的转化，从工业文明向生态文明的转变，是一条从"环境换取增长"转向"生态优化增长"，再到"发展提升环境"的绿色崛起、生态赶超之路。

在盐城的绿色发展、绿色转型的哲学理念和实践道路中，还包含了对四大难题的突破，这是工业化进程中普遍遇到的四大基本矛盾，也是实现盐城绿色发展必须化解的四大关键。一是破解了工业化挤占农业发展空间的难题，破除农业发展不利于经济结构总体提升的迷信。盐城走出了以农业产业化为支撑、以农业的"接二连三"为主要路径，以农业六次产业模式为导向的农业现代化之路。在不削弱农业、不破坏农业的条件下，通过发展农业现代化，加快了工业与服务业的发展。二是破解了工业化与工厂化的难题。传统工业化路径带来了遍地的工厂化与污染的分散化，盐城通过有限工厂化、实行集约化、融合信息化、促进"智造"化，比较成功地解决了这一问题。三是破解了工业化与民生幸福的矛盾。传统工业化的高投入、高污染必然影响人民的生活环境。盐城通过推进工业化的高效益、着力实施生态及居住环境的"民生福利"，获得了老百姓的普遍赞誉。四是破解了工业化与可持续发展的难题。传统的工业化基本上是一个不可持续的工业化。高消耗、高污染、追求高速度的模式导致产能过剩、市场容量降低，这已经是现阶段的普遍问题。盐城市以市场需求为导向，以民生需求为原则，以产业的绿色化为指向，以生态环境的高门槛为措施，用绿水青山换来了金山银山，打造了一个宜业宜居的新盐城。

盐城的绿色发展也展示了解决全国性转型发展战略难题的方向与路径。在发展动力上，盐城充分利用环境资源促进经济发展，以环保、科技和环境来聚集发展的资源要素，增强发展的动力，跳出了原来依靠矿石资源、依靠外向经济、依靠资本投资为主要拉动力的传统模式，走出了一个依靠绿色资源、依靠智力资本、依靠体制机制，以"市场导向、高端引领、创新驱动、开放融合、生态底线"为特征的新路径。这种路径与发展模式，既不同于沿海先发地区曾经走过的代表性发展模式，也不同于处在工业化中期阶段的后发地区延续传统重化工业化路径的高耗能、争速度的发展模式，是一条适应后发地区可持续发展、对先发地区转型也有借鉴意义的创新转型跨越式发展的绿色化新模式。

近年来，盐城走出的绿色发展之路，体现了盐城人发展理念的坚定、发展道路的坚持，更饱含了探索实践的艰辛。盐城探索出的新路径恰恰是中国广大后发地区所急需的，盐城长远的眼光、坚定的毅力和拼搏的精神也是中国广大后发地区转型发展的宝贵经验和财富。在这里，我们听到了盐城绿色发展的脚步，看到了江苏绿色发展的特色，坚定了中国绿色发展的希望。同时，也感到了未来的发展还需要不断解决的一个一个难题。

　　随着盐城坚持的实践探索，我们把绿色发展的千里画卷一一展开。

# 第一篇　铸绿色发展魂

# 第一章　美丽中国梦

红色是中华民族的象征色彩，因此人们印象里的中国梦大多都是绚烂夺目、充满热情的火红色。"走向生态文明新时代，建设美丽中国，是实现中华民族伟大复兴的中国梦的重要内容"，习近平总书记的这一席话让我们看到了中国梦的另一种颜色——绿色。绿色是生态之色、生命之色、和谐之色，更是希望之色。中国梦向我们传达的信息不仅仅是实现伟大复兴，更是一种把复兴传递下去、延续下去的坚定决心和无畏毅力。她激励着我们，为子孙后代绘出一幅充满生机的中国画卷，为世界创造充满希望的绿色未来。绿色的梦既是中国的梦，也是世界的梦。

## 第一节　全球绿色浪潮

绿色化的道路由来已久。从环境意识的觉醒，到可持续发展概念的提出，再到围绕永续发展展开的实践，世界范围内的绿色理念和绿色行动，由点到面，渗透到了地球的每个角落、发展的每个环节。人类不再被动等待环境恶化来倒逼行动，而是主动出击掀起绿色浪潮，实现绿色变革。

### 一　危机反思与理念探索

纵观人类的发展历程，从原始农耕文明时代，到工业文明时代，人类实现了阶段式的历史递进发展。以 17 世纪末英国第一次技术革命为标志，工业文明带来的蒸汽机从根本上改变了人类的生产方式，机器大生产极大地解放了人类的双手，带来了生产力的飞速发展。

人类工业化、现代化的进程，是人类发展历程中不可磨灭的巨大成就，但与此同时，世界也为这种生产力的质变付出了高昂代价。伴随经济增长、传统工业化迅猛发展而来的，是自然资源的持续消耗、生态环境的加剧污染、生物链的无序破坏、自然灾害的频频发生。一直被奉为人类重大成果的工业现代化逐渐陷入瓶颈，人们发现严峻的资源危机、生态危机已经抵消甚至超过了经济增长带来的幸福感。

进入了 21 世纪，人们开始意识到，人类赖以生存的自然家园，身患着越来越多的"发展病"。化石资源的开采，驱动了经济的动力机，但是过度消耗产生的污染却让蓝天不再；土地资源的开垦，解决了人类的饥饱问题，但是粗放的开发经营却带来了盐碱化和荒漠化；森林资源的采伐，搭建起了人类社会的建筑骨架，但是滥砍滥伐却让全球的生态系统失去平衡……人类向自然界过多地索取，从　开始享受发展的"甜头"，变成了不得不品尝发展的"苦果"。

全球生态危机从本质上宣告了西方自第一次工业革命以来的高投入、高消耗、高污染的增长模式是不可持续的。人类如果不改变这种"黑色"发展模式，最终必将付出惨痛代价[①]。这一危机预示着必须从根本上转变传统发展模式，必须寻求新的发展方式，必须从任意、无序转向自觉、自律的科学发展。发展生态文明，进行绿色变革，与自然和谐共生，这是子孙万代在只有一个地球上繁衍生息、永续发展的必由之路，也是唯一之路。

---

① 胡鞍钢：《中国：创新绿色发展》，中国人民大学出版社 2012 年版，第 9 页。

危机孕育变革，绿色发展理念开始酝酿。从 1989 年英国环境经济学家皮尔斯第一次指明经济发展的绿色必然性以来，绿色理念覆盖了从生产到消费、从流通到分配、从技术到制度、从发展到文明的各个领域和各个层次。2008 年金融危机以后，绿色新政和绿色经济正成为越来越多的国家突破困境、谋划未来的"法宝"。回首往昔，纵观当代，三次绿色浪潮记录下了人类积极探索的深深足迹。

### 1. 第一次绿色浪潮——环境保护意识树立

第一次绿色浪潮发生在 20 世纪 60—70 年代，以关注经济增长对资源环境的负面影响为契机而产生。1962 年，伴随着莱切尔·卡尔逊《寂静的春天》一书的出版，对工业文明进行反思和批判的序幕就此拉开。这部环保的开山之作，标志着人类开始关注环境问题，唤醒了西方早期工业化国家的环境保护意识。

随着对环境问题的进一步研究和思索，1972 年，环境保护运动的先驱组织、著名的罗马俱乐部给世界的第一份报告《增长的极限》指出，人类社会如果按照当时的速度继续发展，对生态和环境不能给予足够的重视，人类社会发展将突破地球生态的极限。报告促进了人们对"全球性环境问题"的认识和理解，引起了全世界对生态问题的关注，可以说，对生态问题的认识思考开始从危机意识转化为长效发展的路径探索。

1972 年，在瑞典斯德哥尔摩召开了联合国第一次人类环境会议，审议通过了《人类环境宣言》，标志着宣言唤起了各国和各地区对环境生态问题的重视，标志着人类已经深刻地认识到实现传统的工业文明向生态文明转型的重要性和紧迫性。

第一次绿色浪潮的理论成果，不仅对追求无限增长的经济增长模式提出了批评和反思，同时强调先污染后治理，消除经济增长的负面环境影响。环境保护部门开始成为环境治理的体制力量。

**2. 第二次绿色浪潮——可持续理念初步形成**

第二次绿色浪潮发生在 20 世纪 80—90 年代，为了制止经济增长与资源环境退化的分裂状况而兴起。1980 年 3 月，世界自然保护联盟发表了《世界保护战略：可持续发展的生命资源保护》和《世界自然保护大纲》，强调了自然资源的重要性，并把自然与人类社会的未来结合在一起。同时第一次提出了"可持续发展"的重要概念，引起了世界范围内的关注。

1983 年，联合国世界环境与发展委员会以"可持续发展"为基本纲领，制定"全球变革的日程"。1987 年，联合国环境与发展委员会提交《我们共同的未来》的研究报告，正式提出了"可持续发展模式"，把可持续发展定义为：既满足当代人需求又不危及后代人满足需求能力的发展。由此，可持续发展成为世界关注的焦点。

1992 年联合国环境与发展大会通过《21 世纪议程》和《里约热内卢环境与发展宣言》，为人类发展理念、发展模式转变和生态文明建设，提供了重要的指导方针。1997 年联合国气候变化框架公约参加国三次会议制定并通过了《京都议定书》，为发达国家和经济转型国家确定了具体的和具有法律约束力的温室气体减排目标。

第二次绿色浪潮，提出了基于弱可持续发展的绿色思想，认为只要经济增长的成果能够充抵资源环境退化，发展仍然是可持续的。同时，也强调增长的绿色化改进，要求从生产环节入手，通过提高资源环境的生产效率达到可持续的目的。

**3. 第三次绿色浪潮——走向绿色发展新模式**

第三次绿色浪潮发生在 21 世纪初十年，实践发现过去 40 年的经济增长已经超越了地球的生态承载能力，要求环境非下降的经济增长的呼声不断强烈。

2005 年 2 月 16 日，旨在遏制全球气候变暖的《京都议定书》

正式生效，当时全球141个国家和地区签署了议定书，其中包括30个工业化国家。到联合国环境署2008年的《全球绿色新政》和2011年的《迈向绿色经济》，"可持续发展"理念掀起了真正的全球绿色发展浪潮。

2010年的"全球绿色发展2010"大会，引起很多国家政府积极参与并着力共同实现绿色发展。2012年里约热内卢举办的"里约+20"联合国可持续发展会议上，绿色增长也被作为会议的主要议题进一步引起世界各国的注意。

这一时期绿色理论的新特征表现在，不仅提出了基于强可持续发展的绿色思想，强调人类经济社会发展必须尊重地球边界和自然极限，而且强调"包含自然资本在内的生产函数，要求绿色经济在提高人造资本的资源生产率的同时，要将投资从传统的消耗自然资本转向维护和扩展自然资本，要求通过教育、学习等方式积累和提高有利于绿色经济的人力资本"[①]。与前两次相比，第三次绿色浪潮更具有变革性，这意味着，过去40年占主导地位的发展方式即将走向终结，代之以适应地球未来可持续发展的绿色新模式。

## 二 各国的绿色转型战略

绿色浪潮已经成为当今世界发展的主旋律。绿色发展被认为是人类的"第四次产业革命"，引起了世界各国关于自身发展道路的反思与探索。西方从重工业发展到轻工业的转变，从高能耗高污染产业向低能耗低污染产业的转变，就已经预示着绿色变革的开始，各国在这场绿色革命中纷纷酝酿着自身的转型。

发展中国家和发达国家，面对绿色发展这一课题有着不同的

---

① 诸大建：《从"里约+20"看绿色经济新理念和新趋势》，《中国人口·资源与环境》2012年第9期。

诉求。对发达国家而言，高度发达的经济水平往往以自然资源大消耗和温室气体高排放为代价，这些国家面临的挑战是在不降低生活品质的同时减少人均生态足迹。对发展中国家而言，虽然人均生态足迹较少，但是经济发展水平、生活物质条件的提升又催生出巨大需求，如何实现上述目标，而不大幅增加生态足迹是需要攻克的难题。[①]围绕着各自的课题，各国纷纷用绿色战略引导绿色发展，积极探索设计政策框架以指引绿色发展的方向。

发达国家以金融危机为契机，在经济的复苏进程中探索着突破传统模式的可持续之路。英国在2007年出台了《气候变化法案》，成了世界上第一个对二氧化碳排放进行立法的国家。2009年继续发布《低碳转型计划》和《可再生战略》等国家战略文件，鼓励低碳绿色产业发展，目标是建设更干净、更绿色、更繁荣的国家。美国从2010年开始发布并实施《可持续力绩效战略规划》，发动政府部门在温室气体减排、水资源与能源利用、污染预防和废物减量化等领域做出表率，以经济复苏为契机倡导建立"清洁能源经济"。2009年，德国公布的推动德国经济现代化的战略文件中，强调生态工业政策应成为德国经济的指导方针。同年，韩国公布《绿色增长国家战略及五年计划》，计划在2009—2013年累计投资107万亿韩元发展绿色经济，争取通过发展绿色产业、应对气候变化和能源自立等战略在2020年跻身全球7个"绿色大国"。2010年，法国先后公布了《绿色法案》及《2010—2013年国家可持续发展战略》，试图从绿色工业和可持续性农业等方面构建"绿色而公平的经济"，以实现"生态善治"。

发展中国家也没有慢下脚步，甚至在某些方面走在了发达国家之前。饱受"先污染后治理"之苦的墨西哥，在1990年就公

---

① 朱留财、杜譞：《全球绿色发展的现状与展望》，《环境保护》2011年第19期。

布了《全国生态保护纲要》，着力于创建自然保护区，保护水质，消除污染源。墨西哥还积极实施反污染整体计划，力图改善燃料质量和城市交通结构，利用先进技术控制工业和交通污染，并通过严格执法与经济杠杆实现绿色经济。为着力消除"三废"污染，政府严格控制汽车和企业的污染排放。墨西哥也是最早引入绿色GDP核算的国家和地区之一，通过估价将各种自然资产的实物数量数据转化为货币数据，在传统国内生产净产出基础上，得出了石油、木材、地下水的耗减成本和土地转移引起的损失成本，让人们同时感受到发展的"正"与"负"。

2011年，联合国环境规划署在系统分析未来40年绿色发展变化趋势的基础上得出结论：论长期效益，绿色发展模式必将胜出。这一预测掷地有声，让世界范围内的绿色浪潮有了坚实的港湾。从抽象的理念，到具象的行动，每一次新的浪潮掀起都将绿色发展的理念推上了一个新的台阶。正是这样的前进步伐，为许多深陷"资源诅咒"的国家指明了方向，也为绿色中国梦奠定了基础。

## 第二节　中国绿色变革

中国经济发展在世界范围内相对后发，绿色理念萌芽也较晚。但是，正如经济成果的举世瞩目，中国的绿色变革也是"厚积薄发"。在保护自然和经济发展的博弈中，中国人意识到"金山银山就是绿水青山"，绿色化不再是发展的"形容词"，而是与发展并驾齐驱、水乳交融的"关键词"。这一次，中国依旧满怀信心，要用行动向世界证明！

### 一　"凤凰涅槃"的变革决心

中国是思考着人与自然的关系一路发展而来的国家。习近平总书记曾经这样描述发展与生态关系演进："第一个阶段是用绿水青山去换金山银山，不考虑或者很少考虑环境的承载能力，一味索取资源。第二个阶段是既要金山银山，但是也要保住绿水青山，这时候经济发展和资源匮乏、环境恶化之间的矛盾开始凸显出来，人们意识到环境是我们生存发展的根本，只有'留得青山在'，才能'不怕没柴烧'。第三个阶段是认识到绿水青山可以源源不断地带来金山银山，绿水青山本身就是金山银山，我们种的常青树就是摇钱树，生态优势变成经济优势，形成了一种浑然一体、和谐统一的关系，这一阶段是一种更高的境界。"

中国在对待发展与环境的问题上的确有过误区，走过弯路，这是我们不可否认的。新中国成立之初，百废待兴，急于摆脱贫穷落后的迫切心情，使中国曾一度片面求成果，盲目谋增长，索取自然但回馈甚少。1972 年，中国出席了在瑞典斯德哥尔摩召开的联合国人类环境大会，这是中国第一次参加世界环境大会，也是这次契机让中国开始真正重视起环境问题。1974 年，国务院正式成立了环境保护领导小组，将环境保护提上议程。1978 年通过的《中华人民共和国宪法》明确规定"国家保护环境和自然资源，防治污染和其他公害"，为环境保护立法提供了法律依据。1979 年《环境保护法》通过。1983 年环境保护正式被确定为基本国策。至此，中国的环境保护工作全面起步。

20 世纪 70 年代之后，石油危机和经济危机的爆发使得发达国家开始了新一轮的产业结构升级，以美国为中心的知识经济的兴起，大大提升了电子、新能源、新材料等技术密集和知识密集型产业的比重，重化工业和资本密集型产业成了新一轮的转移对象。此时恰逢中国改革开放，发达国家"过剩的制造业转移"正是开放初期的中国所渴望和需求的。30 多年的"发展奇迹"让中国的经济与发达国家接轨，然而发达国家发展的"病症"也传染给了中国。大气污染、水污染、土地荒漠化和水土流失、生物多样性破坏，这一个个问题让发展的香甜硕果带上了酸楚的味道。

1995年9月，中国共产党第十四届五中全会将可持续发展战略纳入"国家九五发展规划"和"2010年中长期国民经济和社会发展远景目标"，此后环境问题受到越来越多的关注。2002年11月，十六大报告把建设生态良好的文明社会列为全面建设小康社会的四个目标之一，2003年又提出了包括统筹人与自然和谐发展在内的科学发展观，对于生态文明的认识上升到新高度。十六届五中全会提出"要把节约资源作为基本国策，发展循环经济，保护生态环境，加快建设资源节约型、环境友好型社会"，首次以国家规划的形式将"资源节约型、环境友好型社会"确定为国民经济和社会发展中长期规划的一项重要内容和战略目标。

2008年金融危机的爆发既是一次考验，也是一次机遇。一方面，依靠海外转移发展起来的高污染、高能耗的产业受到经济发展的冲击，陷入了低迷；另一方面，能源与环境的双重约束的压迫，使得上述产业的复苏举步维艰。在这种状况下，中国需要的不仅仅是先引的规划，更需要的是"凤凰涅槃"式的变革决心与行动，要积极推进绿色发展。

## 二　为绿色筹谋的战略部署

从"深入贯彻落实科学发展观"，到"建设资源节约型、环境友好型社会"，再到"提高生态文明水平"和"树立绿色、低碳发展理念"，我国绿色发展理念体系日益完善。2012年，"绿色发展"和"美丽中国"同时被写进十八大报告，让抽象的发展概念具象化成了人民心中的一个"美丽中国梦"，让绿之名、绿之意、绿之魂充实了发展的新内涵。

### 1. 建设生态文明，确立战略地位

十七大第一次把生态文明写进报告，提出"建设生态文明，

基本形成节约能源资源和保护生态环境的产业结构、增长方式、消费模式"。十八大从文明进步的新高度重新审视中国发展,强调尊重自然、顺应自然、保护自然,把生态文明建设纳入中国特色社会主义"五位一体"总布局,正式把生态文明建设提到战略高度地位,为绿色发展指明方向。习近平总书记在《全面贯彻落实党的十八大精神要突出抓好六个方面工作》的讲话中进一步指出:"我们要继续推进生态文明建设,坚持节约资源和保护环境的基本国策,把生态文明建设放到现代化建设全局的突出地位。"党中央对生态文明建设的思路清晰可见。

生态文明建设源于对传统发展的反思,对工业文明的超越。生态环境保护是功在当代、利在千秋的事业。要清醒认识保护生态环境、治理环境污染的紧迫性和艰巨性,清醒认识加强生态文明建设的重要性和必要性。生态文明建设事关实现"两个一百年"奋斗目标,事关中华民族永续发展,是建设美丽中国的必然要求,对于满足人民群众对良好生态环境新期待、形成人与自然和谐发展现代化建设新格局,具有十分重要的意义。

### 2. "十二五"规划的绿色发展总布局

中国的绿色发展始终是从全局高度入手,对中国参与全球绿色变革进行宏大规划。国家"十二五"规划,就是从全局谋划的战略高度出发,形成的中国首部绿色发展规划和中国参与世界绿色革命的行动方案规划,成为 21 世纪上半叶中国绿色现代化的历史起点。①

国家"十二五"规划专篇从"绿色发展"的角度出发,围绕着"加快建设资源节约型、环境友好型社会,提高生态文明水平"展开全面的谋划部署。从"积极应对全球气候变化、加强资源节约和管理、大力发展循环经济、加大环境保护力度、促进生

---

① 胡鞍钢:《中国绿色发展战略与"十二五"规划》,《农场经济管理》2011 年第 4 期。

态保护和修复、加强水利和防灾减灾体系建设"几个方面，指出了破解日趋强化的资源环境约束需要采取的有效途径。要求增强危机意识，树立绿色、低碳发展理念，以节能减排为重点，健全激励和约束机制，加快构建资源节约、环境友好的生产方式和消费模式，增强可持续发展能力等一系列战略安排。

可以说，国家"十二五"规划为这个需要承担艰巨变革任务的关键五年做好了全面的布局和规划，并坚定地表明，要以更大的决心和勇气全面推进各领域改革，保证了中国绿色转型中能够明确方向，坚定信心，积极参与到世界的绿色革命中。这是一部集聚胆识与创新的行动指南，是一部为中国绿色变革关键时期作保障的战略范本。

**3. "四化"变"五化"，"绿色化"的战略新方向**

环境问题的本质是发展问题。随着经济的快速发展和改革开放的持续推进，中国对生态环境问题的认识不断深入，取得的成就有目共睹。"绿色化"就是在总结国内外经验教训的基础上，对生态文明建设提出的新要求。2015 年 3 月 24 日，中共中央政治局会议审议通过《关于加快推进生态文明建设的意见》，首次提出绿色化概念，并将其与党的十八大提出的"新四化"（新型工业化、城镇化、信息化、农业现代化）并列，将其列为重要政治任务，成为"新五化"。

绿色化概念的提出，强调的正是将生态文明融入现代化建设的各方面和全过程。"绿色化"作为党在新时期对生态文明建设理论的一次创新与突破，极大地丰富了生态文明的内涵，明确了中国着眼永续发展、加速改革创新的决心和魄力。"绿色化"展示了可持续发展的新方向，它既是构建科技含量高、资源消耗低、环境污染少的产业结构和生产方式，也是养成勤俭节约、绿色低碳、文明健康的生活方式和消费模式。与此同时，"绿色化"还将纳入社会主义核心价值观范畴，形成人人、事事、时时崇尚生态文明的社会新风尚。

推进生态文明建设，实现"绿色化"，就要时刻牢固树立"绿水青山就是金山银山"的理念，坚持把节约优先、保护优先、自然恢复作为基本方针，把绿色发展、循环发展、低碳发展作为基本途径，把深化改革和创新驱动作为基本动力，把培育生态文化作为重要支撑，把重点突破和整体推进作为工作方式，持之以恒、常抓不懈，使生态文明建设既有了理论"抓手"，也有了实践路径。

2015年4月，中共中央国务院出台了《关于加强推进生态文明建设的意见》，9月份又出台了《生态文明体制改革总体方案》，提出推进生态文明建设是实现中华民族伟大复兴中国梦的时代抉择，着力构建系统完整的生态文明制度体系，从更高的战略层面、更远的目光、更强有力的举措上，对生态文明和绿色发展作出了新的谋划，对生态环境保护和绿色发展作出了整体部署，使中国在生态文明与绿色发展在战略层面、指导思想、推进举措等方面，又大大向前推进了一步。

正如习近平总书记所言，"我们在生态环境方面欠账太多了，如果不从现在起就把这项工作紧紧抓起来，将来付出的代价会更大"。中国现在已经找到了未来发展的突破口，找到了中国转变发展方式的关键。至此，实现中华民族伟大复兴的中国梦，又有了新的希望与实现路径。

### 三　为世界贡献的庄严承诺

中国的绿色发展，是一个大国对世界的责任。这不仅仅旨在实现中国梦，更是在完成世界人民共同的绿色梦想。习近平总书记在致"生态文明贵阳国际论坛2013年年会"贺信时表明："中国将继续承担应尽的国际义务，同世界各国深入开展生态文明领域的交流合作，推动成果分享，携手共建生态良好的地球美好家园。"这是中国向世界做出的诚挚且郑重的承诺。

"良好生态环境是最公平的公共产品，是最普惠的民生福祉。"可以说构建良好的生态环境，不仅是中国人民的福利，更是全世界的福利。中国作为最大的发展中国家，也作为工业化快速发展的国家之一，中国每一步绿色的努力，都会给同处于发展中的国家以标杆和引领效应。不仅为更美丽的中国，也是为世界的每一处生态律动、绿色呼吸做出贡献。

在绿色化的进程中，中国彰显了大国的责任感和气度。2007年联合国气候变化大会上，中国提交的《中国应对气候变化国家方案》堪称发展中国家行列中的楷模。2014年，我国单位国内生产总值能耗和二氧化碳排放分别比2005年下降29.9%和33.8%，"十二五"节能减排约束性指标顺利完成。同时，我国也已成为世界节能和利用新能源、可再生能源第一大国，为应对全球气候变化做出了实实在在的贡献。2015年中国正式公布中国国家自主贡献预案——《强化应对气候变化行动——中国国家自主贡献》，确定到2020年单位国内生产总值二氧化碳排放比2005年下降40%—45%，非化石能源占一次能源消费比重达到15%左右，森林面积比2005年增加4000万公顷，森林蓄积量比2005年增加13亿立方米。二氧化碳排放量将在2030年左右达到峰值并争取尽早达峰，到2030年，单位国内生产总值二氧化碳排放量比2005年下降60%—65%，非化石能源占一次能源消费比重达到20%左右，森林蓄积量比2005年增加45亿立方米左右。这一自主行动目标，是中国向自己施压，也是中国对深度参与全球治理、打造人类命运共同体、推动全人类共同发展的责任担当。

习近平总书记在中央政治局第六次集体学习时指出：要明确自身所肩负的重大责任，着力在"增绿""护蓝"上下功夫，为子孙后代留下可持续发展的"绿色银行"。中国作为一个发展中国家，在世界的发展浪潮中，不断觉醒，不断反思，不断加压，不断前进。走向社会主义生态文明新时代的美丽中国，是每一个中国人的向往与期待。中国正在用自己的努力向世界证明，中国有能力也有实力肩负起为人民创造更美环境、为世界增添更多绿色的光荣责任。

## 第三节　江苏绿色战略

江苏省经济发展的领头、率先，既为发展转型升级奠定了基础，也让转型升级的需求更为突出和迫切。走在前面的江苏人最早意识到了传统模式的弊病，先于其他地区迈向了绿色化。整治过程下狠心，规划政策亮决心，措施手段有匠心，绿色转型的瞩目成效让江苏省在全国再一次领跑。

### 一　始终不变的战略推进

江苏省经济建设成果丰硕，如画风景也广受赞誉，因此经济发展与生态环境的矛盾在这里似乎更为激烈和突出。保持经济发展优势的同时，守护这片秀美的土地，是江苏的心愿，也是江苏的责任。

在可持续发展的浪潮之下，江苏省喊出了响亮的声音，要"更大力度建设生态文明，让生态文明成为江苏的重要品牌"。以可持续发展战略为指引，生态文明为引擎，江苏省不断探索绿色发展的新思路，正在以绿色发展的新方式，向世人昭示着自然天成的湖光山色与流光溢彩的霓虹灯影完美融合的无限可能。

#### 1. 立足新起点，迈出新步伐

2007年太湖蓝藻事件是江苏环境之痛，也是江苏转折之运。痛的是失去的碧波清水，恶化的生存环境；运在于为江苏省敲响了生态警钟，认识到转变经济增长方式已刻不容缓。这是江苏省经济转型的新起点、生态意识的转折点，也是发展理念的转折点。

十七大期间，中央领导同志希望江苏立足新起点、开启新征程，在坚持科学发展、转变经济发展方式等方面迈出新步伐。要着力构建资源节约型、环境友好型社会，努力走出一条经济又好又快发展、人民生活富裕、生态环境良好、社会文明进步、人与自然和谐相处的发展之路。

根据中央要求，把握科学发展主题和加快转变经济发展方式主线，顺应全国建设生态文明的大趋势，江苏省将生态文明建设作为提挈经济增长，加速结构转型的有力工具和强大支撑。随后江苏省第十二次党代会和"十二五"规划更加强调发展绿色经济，突出转型升级。江苏省委省政府表示，从江苏的能源人口等各方面的发展现状分析，绿色发展不仅是世界大势之所趋，更是破解发展制约之所需；不仅是转型升级之所要，更是人民群众之所盼。

**2. 实现新突破，塑造新品牌**

站在新起点上，率先发展的江苏描绘了生态文明建设的崭新蓝图——"坚定不移走生产发展、生活富裕、生态良好的文明发展之路，更大力度落实环保优先、节约优先方针，使'生态文明'成为江苏的重要品牌"。

"八项工程"正是在立足江苏省情基础上，对新历史阶段江苏发展新战略与生态文明建设的新诠释。转型升级、科技创新、农业现代化是经济转型的内容，文化建设、民生幸福是经济转型的成果体现，社会管理创新和党建工作创新是经济转型的保障，而生态文明建设则是贯穿着全过程与全部主要内容的指导思想和最终要义。

根据2011年《关于推进生态文明建设工程的行动计划》，围绕生态建设工程全面实施"六大行动"，即"生态示范创建行动""生态保护与建设行动""植树造林行动""碧水蓝天宜居行动""绿色增长行动""节能减排行动"，以期在环境优化发展、构建生态经济体系、打造城乡宜居环境、绿色江苏建设、恢复生态系统功能、夯实生态文明建设基础六个方面实现新突破。2013年，《江苏省生态文明建设规划（2013—2022）》又将"六大行动"拓展为"七大行动"，即"生态空间保护行动""经济绿色转型行动""环境质量改善行动""生态生活全民行动""生态文化传播行动""绿色科技支撑行动""生态制度创新行动"，使得体系更加完善，进一步强化了生态文明建设的战略性、全民性。

江苏省生态文明建设工程将自然环境、人文环境和经济环境融入了一个体系，让生态提升、人民幸福和经济增长实现了互相推动，共同进步。

### 3. 肩负新使命，迈上新台阶

习近平总书记高度重视江苏的发展，2014年12月视察江苏时发表重要讲话，对江苏新一轮发展提出了要求，他"希望江苏的同志认真落实中央各项决策部署，紧紧围绕率先全面建成小康社会、率先基本实现现代化的光荣使命，努力建设经济强、百姓富、环境美、社会文明程度高的新江苏"。按照习近平总书记的最新要求，江苏不仅满载着建设更绿更美的江苏梦，也肩负着为中国的绿色发展做贡献、为中国其他地区做榜样的重要使命。百尺竿头，更进一步。紧紧围绕"迈上新台阶、建设新江苏"发展定位，江苏省委省政府主动把握和积极适应经济发展新常态，坚持稳中求进工作总基调，坚持以提高经济发展质量和效益为中心，把转方式、调结构放到更加重要的位置，以全面深化改革为动力，以创新驱动发展为核心，以保障改善民生为根本，以强化风险防控为底线，促进经济平稳健康发展和社会和谐稳定。深入推进生态文明建设工程，加强空气污染、水污染治理，大力发展循环经济、低碳技术、环保产业，强化节能减排倒逼机制，推动形成有利于资源节约、生态保护的生产方式。

## 二　领跑全国的瞩目成效

"坚定不移走绿色发展、循环发展、低碳发展之路，让江苏天更蓝水更清，增添更多美丽色彩"，这是江苏人民共同的愿望与心声。

江苏对自己高标准严要求，立志要通过生态意识、生态经济、生态环境、生态人居、生态行为和生态制度等生态文明核心要素的建设，形成一个具有先进生态文明观念特色的江苏，形成具有代表性的绿色品牌。如今，江苏的生态文明建设已经颇显成效。初步建立高效的自然生态体系和文明的社会生态体系，自主创新能力显著提升，公共服务体系基本完善，节约资源和保护环境的产业结构、增长方式、消费模式基本确立，生态环境显著改善，生态安全得到可靠保障，全社会生态文明意识普遍增强，人民群众对生态环境满意率明显提高，生态文明城市创建水平高。可谓生态文明全方面推进，真正开始成为江苏发展新引擎。

### 1. "铁腕重拳"进行环境整治

为建设美丽江苏，江苏省从蓝天、碧水、绿地三个方面积极推进环境整治。在大气治理方面，污染治理和污染物管控并重。通过"碧水蓝天"工程、大气污染防治行动计划、大气污染防治区域联防联控机制建设等措施，在现有基础上优化大气环境。同时积极推进产业结构和能源结构调整，着眼长远，从源头削减污染。在水环境治理方面，以保障饮用水安全为重点，加强水污染防治，持续改善重点饮用水水质，南水北调江苏段水质持续达标，长江、淮河流域治污规划考核居全国前列。在国土绿化度提升方面，统筹城乡两方建设，累计完成3.7万个城市环境综合整治项目、16.6万个村庄环境整治任务，新增造林65.2万亩，新增城市绿地7.5万亩，林木覆盖率达到 22.2% 。

### 2. 节能减排低碳发展颇具成效

低碳发展是世界发展的主旋律，低碳发展水平代表着一个地区的发展观念和发展实践的先进性，江苏近几年着力实施节能减排低碳发展行动，推进重点节能减排工程，节能减排年度任务全面完成。从 2007 年开始，江苏就将节能减排纳入领导干部业绩考核体系，制定出台《节能减排工作实施意见》，明确把节能减排指标完成情况纳入经济社会发展综合评价，同时严格限制高能耗企业和投资项目的发展，坚决淘汰落后产能。根据《2014—2015 年节能减排低碳发展行动实施方案》，2014 年江苏省单位地区生产总值能耗目标下降 3.6%，到 2015 年年底，全面完成"十二五"节能减排降碳目标，全省单位地区生产总值能耗比 2010 年下降 18% 以上。2015 年，江苏共安排减排项目 2106 个，并着力推进实施重点工程，加大机动车减排力度，强化水污染防治，强化工业、建筑、交通运输等领域的节能降碳，进一步将低碳工作深入生产、生活的方方面面。

### 3. 生态建设法规政策陆续出台

有好的政策保驾护航，发展才能有条不紊地推进。江苏省委省政府相继出台了《关于加强生态环境保护和建设的意见》《关于落实科学发展观促进可持续发展的意见》《江苏省循环经济发展规划》等一系列重要政策，保证江苏的生态建设持续稳定发展。2013 年，江苏在生态文明建设上大步启程，出台《关于深入推进生态文明建设工程率先建成全国生态文明建设示范区的意见》，发布全国第一个生态文明建设规划。随后，江苏省政府又在全国率先出台了《江苏省生态红线区域保护规划》，制定出台了《江苏省生态红线区域保护监督管理考核暂行办法》和《江苏省生态补偿转移支付暂行办法》。江苏的生态建设政策始终是以领跑者的姿态，奔驰在绿色发展道路上。

### 4. 保护生态工作机制不断完善

在保护生态工作机制的建设上，江苏省将思路的大胆创新发挥到了极致。利用市场的配置功能，提升管理效率。在太湖流域排污管理问题中，江苏省首创排污权有偿使用和交易试点，在污染物排放总量控制的前提下，排污单位与环保部门（一级市场）或排污单位之间（二级市场）可以进行排污指标购买或出售。这一举措让资源的无形价值有形了起来，实现了环境资源的优化配置，促进了污染减排的成本节约。双管齐下，让经济上的惩戒和激励同时发挥作用。在生态补偿机制方面，江苏省创新提出"双补偿"模式，明确了"谁达标、谁受益，谁超标、谁补偿"的原则，在控制破坏行为的同时促进了保护积极性的提升。健全评价机制，动态掌握建设进度。江苏省是最早将环境质量综合指数纳入全面建设小康社会指标体系的地区之一，并且针对绿色发展建立起了专门的指数评价体系，以追踪评价全省绿色发展水平引导全省国民经济和社会发展绿色转型。以江苏绿色发展指数，对全省经济社会发展的资源消耗、环境损害以及生态效益进行评估，引导政府和社会在关注 GDP 增长的同时，更加注重降低 GDP 增长付出的资源环境代价，更加重视生态环境建设与保护，促进社会经济可持续发展。

### 5. 大力推进"生态省"建设

江苏着力于构筑节能宜居的生态环境，使城乡环境得到明显改善，城市生态功能全面提升。近年来，江苏省委省政府扎实推进以"绿色江苏"为代表的生态文明建设，大力推进"生态省"建设，积极开展生态创建活动，建成全国第一个环保模范城市，创建了第一批全国生态示范区和国家生态市。仅仅到 2010 年，江苏省就已建成"国家生态城市"6 个，占全国总量的一半，国家环保模范城市 19 个，占全国总量的 1/4。目前，全省共有国家生态市县 35 个，占全国总数的 38%，这个队伍至今仍在不断壮大。江苏还成为获批低碳试点城市最多的省份，相继有一批城市获得"联合国人居奖"的国际荣誉，得到国内外的认可。

**6. 战略新兴产业促进结构优化**

用新的绿色增长点拉动经济的全面调整优化，实现经济转型升级。江苏这几年来致力于打造以绿色理念为指导的经济结构调整和产业优化升级，逐步形成具有江苏特色的产业体系。战略性新兴产业正在成为江苏经济发展的强大引擎和新兴力量。2013 年江苏省战略性新兴产业法人企业占全国的比重高达四成。2014 年，江苏省战略性新兴产业销售收入同比增长 18%，总量突破 4 万亿元，是 2010 年的 2 倍。其中，云计算产业同比增长 50.9%，新一代信息技术产业同比增长 30%，物联网产业增长 33%，节能环保产业同比增长 25.4%，软件产业同比增长 24.2%，高端装备产业同比增长约 16%。产业规模不断扩大，产业层次持续提升，日益成为江苏省产业升级的重要支撑和经济发展新的增长点。江苏用高新产业为绿色发展开拓了广阔的道路。

江苏始终在用自己的不懈努力为更美的绿水蓝天做贡献，为绘出一幅充满更多美丽色彩的江苏做努力，为每一个江苏人民的期盼与希望而奋斗。一个经济发达与生态宜居协调融合、都市风貌与田园风光相映生辉、人与自然和谐共生的新江苏正在展示靓丽的色彩。

盐城选择绿色发展之路，正是对中央最新精神和江苏发展最新部署的准确把握，在贯彻要求中找准定位，在顺应时代中坚定方向，在掌控市情中选准路径，盐城的绿色发展是在全国及江苏生态文明建设大背景下的率先探索。

# 第二章　盐城绿色行动

在全国上下积极探索转型发展路径的时候，盐城——这个我国东部沿海可以生长土地的"珍宝之地"，正在用其自身的丰富实践做出响亮的回答。历史的教训、条件的限制、发展的困惑曾让她踟蹰犹豫，但是解放思想、突破观念，让她勇敢地从被动跟随向主动引领的角色转换，率先走出了一条与众不同、与以往不一样的绿色发展之路。实践收获的新果实、领略的新风景、展示的新未来，已经成为盐城人不懈前进的巨大动力和他人学习的榜样。盐城这幅绘满蓝天绿地的画卷，给江苏的绿色发展、给中国的绿色明天展示了美好希望。

## 第一节　历史困境下的坚定选择

### 一　转型发展只能选择绿色

#### 1. 传统发展方式的困惑

作为苏北的后发地区，盐城的发展面临着历史积累困难以及自身条件缺陷等多方面因素制约。盐城第一阶段的工业化之路走得并不顺畅，和苏北的其他地区一样，盐城没有苏南地区的区位优势，没能够在初期发达国家的产业转移中争得一席之地。盐城一直以来都被认为是中国沿海经济低谷区、江苏经济后发区、沿江重化工业转移区，背负着底子差、机遇少、污染重的劣势。同时，盐城还面临许多现实层面的阻碍。产业基础的薄弱、发展环境的脆弱让盐城与苏南等发达地区相比，存在转型的鸿沟以及吸引人才、资本、技术、管理集聚能力的种种困难；滩涂资源优势所提供的生态价值难以转化为现实的经济价值，而维护其生态平衡又需要支付高额的成本。面对着上天所赐予的充满原始魅力的珍宝大地，面对着工业化与现代化的时代发展进程，面对历史上的落后基础和现实的条件阻碍，盐城陷入了迷茫与困惑。

### 2. 从惠民出发破解发展与生态的两难矛盾

在传统发展观念看来，物质文明与生态文明是自相矛盾的。长期以来，发达地区的经验也将经济发展与环境保护对立了起来。是否应该以自古以来大自然孕育下来的这块绿色宝地来换取发展，盐城感到了两难。传统的发展逻辑是"就环境讲环境，就发展讲发展"，将两者视为割裂，甚至是冲突的两极。盐城市决策者们清晰地认识到，盐城的特殊环境和条件，让它既不能离开发展谈环境，更不能离开环境谈发展。经济发展能够保障人民的物质幸福，环境保护是为了实现人民的健康长寿和身心幸福，在"以民为本"的执政思想之下，两者都不能放弃，需要统筹兼顾、协调推进。

### 3. 立足时空动力转换突破增长与转型的双重压力

增长与转型存在短期增长与长期转型的相互冲突，是任何一个地区发展都必然要面对的双重压力。在区域开放的环境下，需要妥善处理好增长与转型的时间、空间及动力三方面关系。当代中国正处于一个转型发展的关键时期，各地都在探索转型特别是产业转型问题。经济相对发达的地区增长的需求依旧存在，在当前大的背景下又同时面临着转型的任务，然而长期的高污染、高消耗工业化模式，使很多经济发达地区都处于积重难返的艰难状态。面对增长和转型的双重压力，如何摆正关系，使得增长能够为转型提供空间、赢得时间，同时通过转型为增长形成动力、提供支撑，是大多数先发地区面临的难题。而盐城是一个工业化起步比较晚的地方，目前总体上处于发展的机遇期、上升期。这一方面使得经济增长的需求更为迫切；另一方面也意味着当地经济的可塑性较强，存在多种产业发展的可能性和可行性。随着沿海开发、长三角一体化和"一带一路"等国家战略的逐步实施，盐城对外开放不断扩大，为其在开放融合中有效解决增长与转型的空间及动力问题提供了有利条件。

不辨不明、不破不立，盐城人认清自己的发展现实情形后，决定在困境中突破前行，将劣势转化为优势，探索对发展的新认识。市委书记朱克江鲜明提出：经济发展是可以替代的，然而自然资源却是无法再生的；依靠发展重化工实现的增长是可观的，然而这种增长却是有限的；通过承接转移产业实现的结构转型是迅速的，然而这种转变的结果却是阶段性的。经济与生态结合、增长与转型互动的发展才是可持续的发展，这条路才是盐城应该走、适合走、值得走的绿色发展之路。

## 二 只有绿色才能持续发展
### 1. 绿色发展可以取得多要素的"共赢"

绿色发展是发展前提的转换，可以实现经济增长与生态保育的双赢。传统 GDP 至上的发展观将经济利益放在了环境利益之上，驱使人们不惜环境代价来谋取经济效益。绿色发展的前提是保护生态，人地和谐，生态价值的重新认识让经济增长成为生态保育的基础，实现了以经济增长推动生态保育，生态保育支撑经济增长的良性循环。

绿色发展是发展要素的转换，可以实现发展动力与资源节约的双赢。以土地、化石资源等自然资源为生产要素的生产模式，在耗竭了地球大量资源赋存的同时，造成了环境污染、生态恶化等问题，而且很多甚至是不可逆的。从绿色发展战略的抉择、产业绿色化创新到绿色意识的扎根，盐城迎来了一个发展要素的革命性转变。生态资源在传统体制下是发展经济被损坏的要素、制约的要素，而不是发展的要素。在盐城的绿色发展中，自然资源不仅不是发展的约束，而是能实现多重价值的生产要素，同时也是提升民生福利的高效资源。绿色发展依靠的不只是自然的资源，而主要是人力的资源、智力的资源。这种要素是"清洁"的，更是可持续的，也只有这样的要素才可以适应绿色发展的核心要义。

绿色发展是发展手段的转换，可以实现发展耐力与环境的双赢。盐城市经济的后发虽然使其在产业基础和发展条件上处于劣势，但是相比于发达地区以重工业为主的产业结构，具有更大的可塑性。因此在产业的选择上，盐城坚决不能走"先污染、后治理"的老路，而是跨越承接重化工转移的路径依赖和传统的递进模式，由中低端直奔高端，实现产业结构的跳跃式变迁。

2. **绿色发展能够形成"压力"与"动力"的合力**

盐城的绿色发展之路是一条"主动谋划发展"与"环境倒逼发展"相结合的道路，一条"压力"与"动力"相合力的道路。"人只有动力，没有压力，事情就做不好，问题就无法解决。"这是盐城市市委书记朱克江在谈到创新发展时说过的一句话。动力解决的是花多少心思做的问题，而压力则解决的是做与不做的问题。以压力为前提，动力为支撑的发展才能加足马力，才是可持续的。同时，在压力的倒逼之下，动力也会应运而生。

发展的困境、环境的约束以及传统发展路径的弊病，让盐城人不得不主动去认识、去重新思考发展这一课题，在"压力"的作用之下，绿色发展成了一条必然之路。同时，领导层高瞻远瞩的目光，对形势科学的判断和对未来合理的谋划，让盐城对绿色发展充满了信心，在这一"动力"之下，绿色发展成了一条希望之路。正所谓"倒逼之苦"换来"发展之甜"。

从盐城市产业结构的转变过程中最能感知到"压力"与"动力"这种双向合力的巨大能量。明确了绿色发展导向后，盐城市决策层"主动谋划"，将节能环保、大数据、高端装备制造等高新技术产业确定为产业发展的重点。同时，大力实施"环境倒逼"，积极推动"无化区"建设，通过抬升产业准入门槛，剔除产业结构中的那些落后成分和不可持续因素。在这一措施的影响下，盐城整体面貌"脱胎换骨"，不仅产业的层次、生产的效率得到了提升，空气质量及整个生态环境显著改善，盐城变成了"一个让人打开心扉的地方"。

主动与被动，谋划与倒逼，双向的合力让盐城的机遇加倍、能量加倍、动力加倍，开辟出了一条绿色发展之新路。

## 第二节　绿色发展的历史性成就

"盐城绿色发展之路是弯道的超越之路，是美丽中国的筑梦之行"。

2013 年，盐城市首次将绿色发展提升为全市重大战略，突出了"从物质的富足功利向社会的健康文明转化""从资源掠夺型向保育再生型转轨""从工业文明向生态文明转变"[①] 的思路，在传统的可持续发展理念基础上作出提升。在这种具有前瞻性、创造性的战略谋划下，盐城的绿色发展道路一步步结出了令人欣慰的果实，使盐城更加坚定信心迈步"绿色化"，走好未来的道路。

### 一　经济增长实现逆势高位上扬
### 1. 质量统一的有效增长

经济不减速，处处有突破。2014 年，在全球经济依然低迷、

---

① 《"东方湿地之都"的绿色崛起——解码盐城绿色发展》，http：//www.qstheory.cn/zoology/ 2015 – 02/10/c_ 1114319806.htm。

全国经济下行压力加大的逆境下，盐城市地区生产总值增长10.9%，经济增速减缓好于全国全省，分别比全国全省少降1.3个百分点和1.5个百分点。公共财政预算收入增长14%，全市人均GDP突破8000美元。工业开票销售达到4010亿元，位居苏北第一。服务业投资突破1000亿元，农业产值突破1000亿元，3个百强县和国家级开发区综合实力排名均上升进位。

单项经济指标增速居省前列，整体经济苏北领先。近年来，盐城市10项主要经济指标保持两位数增长，地区生产总值、固定资产投资、工业投资、规模以上工业增加值、公共财政预算收入、外贸出口总额、农村常住居民人均可支配收入等指标增速位居全省前列。2015年上半年，全市固定资产投资1462亿元，增长23%；工业开票2185亿元，增长12.4%；服务业增加值845亿元，增长12.6%；进出口总额42.3亿美元，增长18.4%；其中出口增长39.6%；贷款余额2882亿元，增长10.7%；居民储蓄2355亿元，增长13.9%，均居全省第一。全市经济发展总体水平已实现向苏北第一迈进。

GDP增长资源消耗少、环境影响小。对2013—2014年盐城市经济发展水平核算显示，在扣除了经济发展的资源消耗以及环境污染减损等"负分"之后，全市GDP的"绿色成色"始终保持在95%左右，发展的环境友好程度以及资源利用效率在全省处于领先水平。

### 2. 结构优化的合理增长

区域差距不断缩小，增长空间优化。盐城市经济总体上进入均衡增长阶段。2014年经济增长速度超过部分苏中、苏南先发城市，缩小了与省内城市之间的经济差距。与此同时，市域内各县（市、区）经济增长快慢差距也由2010年的2.1个百分点回归到2014年的1个百分点，区域发展进一步协调均衡。

民营企业迅速成长，经济产出优化。近年来，民营经济增长贡献不断增强，贡献率超过 70%。2015 年上半年，盐城市完成民间投资 1209 亿元，增长 28.5%，占固定资产投资的比重达82.7%，对全市投资增长的贡献率达 90%。规模以上民营工业实现增加值 719 亿元，增长 12.2%。

重点转向现代产业，投资结构优化。盐城市投资结构发生积极变化。2013 年以来，工业投资占比由 62.4% 降为 60.5%，服务业投资占比由 36.3% 提高到 38.5%，新兴产业投资占工业投资比例由 25% 提高到 30%。

### 3. 低污染和低能耗的可持续增长

"四个决不"让治污决心充分彰显。近年来，盐城市坚持决不以牺牲环境为代价换取一时的经济增长，决不把降低环保门槛作为招商引资的条件，决不在接受产业转移中接受污染转移，决不让开发区和工业集中区成为新的污染源，真正从源头上治理污染、控制排放。这种"压力式"的发展思路，将大市区倒逼成"无化区"，将盐都区倒逼为高新区，从产业结构中拔除了污染的根。全市已累计关闭污染企业 480 家，化工园区产业集中度达到82%，淘汰落后小火电机组 67.5 万千瓦。

"四大举措"让节能减排落地生根。几年中，盐城市关停并转迁一大批落后企业；推动化工企业进入专业园区发展，降低污染范围；建立最严格的环境准入制度，严把新增项目"排放关"；探索能耗负面清单管理，实行"提高门槛、强化监管"的节能管理新模式。2014 年全市完成减排项目 100 个，组织实施 47 项重点节能项目。化学需氧量、二氧化硫累计削减 10.6%、25.8%，相比全国同期水平，上述两项污染物削减率分别高出 0.5% 和 12.9%。

## 二　产业结构由"低散小"转为"高聚大"

### 1. 工业结构从重化工为主体升级到"智造"为主导

重点培育"4 + 3"新兴产业，关键环节实现重大突破。盐城市依托自主创新，重点培育"4+3"新兴产业，即新能源、节能环保、电子信息、高端装备四个主导产业和新能源汽车、海洋产业、航空装备三个先导产业。中国第一架 AT3 通用飞机在盐城生产，推动着盐城工业结构实现从"四轮崛起"向"两翼腾飞"的历史性转变。

绿色能源及其装备产业品牌化、链条化。盐城市有效利用先天优势，重点发展风电和光电产业为代表的绿色能源及其装备产业，首创风电开发立体综合模式，目前，全市风电和光伏发电并网容量均占全省一半，光电产业形成完整的全产业链。2014 年，全市新能源发电量同比增长 30%，占全市用电总量的 13.9%、全省新能源发电量的 60% 以上，相当于节约标准煤 119 万吨，相应减少温室气体二氧化碳排放 309 万吨。2015 年上半年，新能源发电企业发电 21.2 亿度，同比增长 14.7%。相当于节约标煤 67.7 万吨，减排二氧化碳 176 万吨。可再生能源装机容量达到 206 万千瓦，占本市电力装机容量近 40%。海上风电开发规模达 181.25 万千瓦，占江苏开发总量的 52%，在全国地级市中独占鳌头。

新能源汽车产业从无到有、从弱小到强大。运用汽车制造基础，促进新能源汽车产业载体建设初具规模，龙头企业不断壮大，整车产品门类齐全，配套体系逐步完善，已形成年产 1 万辆电动专用汽车的能力。2014 年推广新能源汽车 1237 辆，超额完成省定目标任务 228 辆；2015 年计划推进新能源汽车 2500 辆，投入规模在 50 亿元左右。

节能环保产业形成要素集聚、功能集成、产业集群。盐城把节能环保产业作为战略性新兴产业的重要支柱，初步形成以烟气除尘、脱硫、脱硝、水污染治理设备等为主的产业格局。现有企业 400 多家，其中规模以上企业 224 家。2014 年，全市规模以上节能环保产业实现主营业务收入 813 亿元，同比增长 24.3%，

2015年预计将突破千亿，增幅在23%以上。

**2. 服务业及"两新"产业发展迅速**

服务业发展拉动整体产业结构转变。2013年以来，二、三产业比重年均提升0.7个百分点，2014年服务业增加值增幅首次高于第二产业0.2个百分点，服务业增加值比重提升0.9个百分点。2015年上半年，全市服务业增加值增长12.6%，高于同期GDP增速2.1个百分点，占GDP比重达40.6%，比上年同期提高1.5个百分点，增速全省第一；服务业投资增长28.7%，增速全省第一，分别高于工业投资、固定资产投资增速9个百分点和5.7个百分点。其中，生产性服务业对服务业的税收增长贡献高达92.2%。

高新技术产业和新兴产业成为驱动工业的主引擎。近两年，盐城市高新技术产业和新兴产业产值增幅都在15%以上，2014年高新技术产业产值突破2000亿元，占规模以上工业总产值比重达28.3%，比2010年的17.46%提高了10.8个百分点。战略性新兴产业销售收入年均增长35.6%，占规模以上工业比重已达到14.7%，比重年均提高1.7个百分点。成功获批国家战略性新兴产业区域集聚发展试点城市、国家新能源示范城市、国家新能源汽车推广应用试点城市、国家新能源淡化海水试点城市、国家知识产权试点城市等多种荣誉称号。

产业创新能力持续增强。通过大力实施创新驱动发展战略，坚持以市场为导向、企业为主体、产业为重点、人才为支撑，持续加大研发投入，极大提升了产业创新能力，为经济转型发展提供了内生动力支撑。2014年盐城市全社会研发投入占GDP比重达1.72%，同比提高0.07个百分点，科技进步位列苏北第一，全市科技进步贡献率达56%，提升4.5个百分点。拥有国家级企业技术中心4家、省级技术中心100家，大中型企业研发机构实现全覆盖，省级以上企业技术中心、两化融合企业数量苏北第一，获省首台（套）重大装备及关键部件认定数全省第一。科技型中小企业培育和创新载体建设取得成效，工业科技的机构数加速增长，2014年比2013年增加机构数169家。2015年上半年获批省级工程中心数跃居全省第一。

### 3. 现代农业"接二连三"演绎第六产业

农业规模、产量、质量全省领先。盐城市现代农业加快发展，高效农业比重达到60%。粮食产量实现"十一连增"，连续三年被评为"全国粮食生产先进市"，农业"三品"认证数量和"三品"基地占耕地比重均居全省各市前列。全市种植业无公害产品、绿色食品和有机食品面积累计达1103.7万亩，居全省首位。2014年，新增高效设施农业面积19.92万亩，总面积达191万亩，比重达15.5%，增量和总量继续保持全省第一。2015年上半年全市新增"三品"129个，全年预计将达到260个；新增高效设施农业面积12万亩，全年新增将超过15万亩。

形成"五化"农业新特色。盐城在"互联网＋"技术平台和农业体制机制的双重作用下，深入挖掘农业第二产业、第三产业发展机遇。以农产品加工提升产品价值，通过乡村生态园经营新模式，打破第一产业与第三产业壁垒，推进绿色农业转型，使传统资源得到新价值的创造，转化为新资源。以农业产业化为支撑、以农业的"接二连三"为主要路径，盐城市成功推动了农业第六产业发展，探索出以循环化、园区化、观光化、设施化和产业化"五化"为特色的新范式，塑造了新的产业结构，形成了新的经营模式，实现了农业的规模效益和科技效益。新创城南新区世界农业之窗等省级现代农业产业园区3个和省级出口农产品示范基地9家，新增数量全省第一。新创全国首批农产品质量安全风险评估试验站、蛋鸡标准化示范养殖场、全国新型职业农民培育试点县、农机安全服务创新示范基地等国家级牌子9个，居全省第一。

### 三　生态环境成为盐城靓丽名片

#### 1. 节能减排成效显著

这几年，盐城市以推进产业转型升级为突破口，大力开展节能减排工作，取得了显著成绩。2014 年全市每万元 GDP 能耗 0.57 吨标准煤左右，全省最低，同比下降 4.08%，已接近江苏省基本实现现代化的目标。在经济快速增长的背景下，煤炭年消费量基本稳定在 2200 万吨，万元 GDP 煤炭消耗量降至 0.59 吨，在能源消费结构中占比不断下降，由 68.2% 降至 60.4%，非化石能源占一次能源消费提前 6 年达到国家能源规划目标。COD（即化学需氧量）、氨氮等主要水体污染物以及二氧化硫等气体污染物的排放总量也呈现出下降趋势。

#### 2. 空气质量全国领先

空气质量状况排名上升。通过深入实施"蓝天工程"，市区空气质量跃居全省第一、全国领先。2013 年 9—10 月在环境保护部发布的全国 74 个城市空气质量状况排名中，盐城空气质量进入全国相对较好城市的前十名，成为江苏省唯一一个连续两个月进入全国前十佳的城市。2014 年盐城空气质量达到及好于二级的天数占全年的 74%，其中 9 月份优良天数比例达 100%，在全国 74 个重点城市中跃居第 4 位；2015 年上半年，空气质量继续保持全省最优。

空气质量综合评价指标逐年降低。2014 年，盐城市区环境空气综合污染指数为 5.26，江苏最低，较 2013 年下降了 0.98。评价空气质量的二氧化硫、二氧化氮、PM10、PM 2.5、一氧化碳、臭氧六项指标，和 2013 年相比，分别下降 31.0%、6.9%、12.5%、10.8%、33.2% 和 12.5%。从群众高度关心的 PM 2.5 指标状况来讲，2014 年盐城市 PM 2.5 年平均浓度为 57.5 微

克/立方米，比2013年度下降了10.8%，超额完成国家要求下降
2%的考核指标，是江苏唯一低于60微克/立方米的城市。2015
年上半年，全市PM 2.5平均浓度继续保持全省最低，较2013年
下降了19.9%，比2014年同期下降24.6%。

### 3. 生态创建全面推进

生态建设硕果累累。盐城上下高度重视生态环境建设，所
辖县（市、区）全部建成省级以上生态县（市、区）。目前全
市已有30个镇（街道）获得国家级生态镇（街道）命名，99
个镇（街道）获得省级生态镇（街道）命名，分别占下辖镇
（街道）总数的27%和89%。2014年成功摘得第一枚金字招
牌——"国家园林城市"，接着又成功创建为"国家卫生城
市"，努力到2016年创成"国家环保模范城市"、2017年创成
"国家生态市"。盐都、东台、大丰、建湖四个县区争创国家级
生态县（市），通过环保部考核验收。此外，盐城市还荣获
"全国最佳生态保护城市""最美中国生态旅游目的地城市"等
殊荣。

形成秀美城市和田园乡村风貌。全面开展美丽乡村创建，重
点推进农村环境综合整治，投入7.6亿元，全市整治完成村庄
5215个，有4个村入选全国"美丽乡村"创建试点，"星级康居
乡村""环境整洁村""森林生态示范村"数量位居苏北之首。
以格网式农村环境综合整治为抓手，对农村垃圾集中处理，建立
垃圾处理现代化调度系统，在江苏率先实现村镇垃圾无害化，处
理率达100%。以创建"全国绿化模范城市"为抓手，累计投入
26亿余元，实施绿色化重点工程76项，新增成片造林面积14万
余亩。以创建国家卫生城市为抓手，投入10亿余元，全面推行
老旧小区治理、农贸市场整治、城中村改造等工程，市区169条
河沟全面净化、绿化、美化。

#### 四　幸福盐城建设增进民生福祉

##### 1. 居民收入加快增长，城乡差距持续缩小

近年来，盐城市全面小康社会建设进程明显加快，2015年全省新近公布的综合得分，盐城为87.1分，居苏北第一。城乡居民人均收入快速增长，基本保持与经济发展同步增长的趋势。2014年，城镇居民人均可支配收入达25854元，同比增长9.2%；农村居民人均可支配收入达14414元，同比增长11.6%，收入水平继续领先苏北。2015年上半年全市城乡居民人均收入增幅全省第一。连续两年人均储蓄苏北最高，城乡居民储蓄存款新增总量全省第一。城乡居民收入之比由1.94:1降为1.79:1，城乡居民收入差距进一步缩小。

##### 2. 民生保障日臻完善，社会环境和谐稳定

深入推进民生幸福"八大体系"建设，注重民生普惠，除看"平均数"，还看大多数，更看"末位数"，防止"被小康"，甚至拖着"贫困的尾巴"步入全面小康。盐城市民生幸福满意度居全省第二、苏北第一。全市有14.9万低收入人口实现脱贫，预计2015年全市年收入低于4000元的人口全部脱贫，并将按照更高标准实施新一轮扶贫开发。

鼓励全民创业，完善就业服务体系。全市发动青年、妇女、大学生、回乡人员等八大类主体齐创业，2014年全市新增创业主体7.9万个，实现了翻番；以创业带动就业，新增就业10.99万人，城镇登记失业率为1.91%。

统筹推进社会保障体系建设。社会保障主要险种参保率稳定在95%以上，2014年市区出台困难群众托底救助制度，7万多特殊困难群众纳入政府救助体系，财政年净增支出4000多万元。2015年起，在全市推行这项制度，力争两年内实现35.7万困难群众基本生活有稳定来源、社会保障无后顾之忧。

不断提升医疗服务和保障水平。全市722万常住人口免费享受11类43项基本公共卫生服务，农村公共卫生服务网络日益完善。在全省率先同步实施城镇职工和城镇居民大病保险制度，个人报销比例平均提升10%。全市新农合参合率达100%。推进新农合大病保险，符合救助条件的困难患者报销比例达90%。

深入推进平安盐城、法治盐城建设。完善社会矛盾预防化解机制，进一步畅通群众诉求表达渠道，帮助群众切实解决问题。建立健全社会公共安全体系，以社会化、网络化、信息化为重点，着力构建立体化治安防控体系。在这一努力下，社会大局保持和谐稳定，获评全国新一轮社会管理综合治理优秀市。

严抓干部考核，融洽干群联系。以更强意识、更多举措推进全面从严治党，持之以恒加强作风建设，推动各级干部以积极向上的姿态适应新常态、焕发新风貌。2014年起，每年选派500名机关干部开展驻村下访活动，在基层一线直接联系服务群众，进一步融洽了干群关系。

### 3. 加强惠民工程建设，推进城乡公共服务均等化

2014年，盐城全市公共财政预算支出603亿元，占GDP比重达15.7%，公共财政支出的70%以上用于民生保障。推进"双源供水"和城乡统筹区域供水，绝大部分地区实现区域供水全覆盖，建立了从"水源地"到"水龙头"的安全屏障。2014年，解决新增55.7万农村居民饮用水安全问题，城乡居民吃上了同质、同价、同服务的安全水、放心水。

### 4. "厚德盐城"卓有成效，社会文明程度日渐提高

"厚德盐城"是盐城在培育和践行社会主义核心价值观过程中重点打造的道德实践品牌。通过广泛宣传发动和深入建设，一举荣获"2014年度全省宣传思想文化工作创新奖"。

领导干部带头，宣传厚德思想。从干部层面，编印《凡人善举，厚德盐城》学习读本，市、县成立"厚德盐城"先进事迹报

告会巡讲团，2014 年已在全市举办各类道德宣讲 400 多场次，听众 20 多万人。开设"周一大讲堂"，在全市单位、农村、社区普遍建立"厚德盐城"榜，对厚德盐城建设进行宽领域展示、形象化表达。

加强典型培树，引领人民崇德向善。广泛开展"每月一星""盐城好人"等评选活动，2014 年全市有 5 人当选中国好人，列全省第二；4 人当选江苏"最美人物"，19 人当选"江苏好人"，60 人当选"盐城好人"。《人民日报》头版头条报道盐城市"厚德盐城"建设的经验做法，央视《新闻联播》先后四次报道"厚德盐城"建设。2015 年上半年有 7 人入选"中国好人"，形成了月月有人入选的好人频出现象，人数也是全省第一。2015 年 9 月中国好人榜入选名单发布仪式在盐城举行，江苏 7 人当选，其中 3 人来自盐城。全市 1000 多个公益组织、60 多万名注册志愿者已成为展示"厚德盐城"建设成就的一道亮丽的风景线。

上述这些变化说明了绿色发展抉择的正确性、科学性和时代性。盐城市绿色发展的理念与可持续发展、生态文明建设是同根同源的，是对理论思想在实践层面上的阐释和延伸，证明了绿色发展是未来发展的新方向，同时也为其他正在探索这一道路的地区提供了具有示范性和借鉴性的生动案例。这一绿色体系虽然是短短几年艰辛探索的结果，也仅仅是一个地级市的成果，但她已经折射出全球绿色浪潮的色彩、中国绿色变革的特征，相信会在中国大地上生根发芽、开花结果。

当然，这些充满开拓性精神的成果和经验，毕竟还是阶段性的。"盐城已经具备向更高层级迈进的坚实基础，时和势总体有利，但艰和险仍在增多。"盐城人深刻地认识到，取得丰硕的成果固然振奋人心，但探索的脚步决不能因此停滞。如何更深入更彻底地推进转型？已经初具形态的绿色化发展模式如何进一步优化？对未来可能出现的新问题新状况是否做好了心理准备与预期筹划？这都需要盐城人不断发展谋划，不断大胆创新，以形成更完善、更成熟、更具体系化的发展模式与绿色发展体系。盐城，正迈步走向充满希望的绿色未来。

# 第二篇　谋绿色发展篇

# 第三章　绿色转型

"走遍江淮千山水，犹道盐城更清美"。天之蓝，水之韵，人之俊，物之珍，镌刻着盐城大美的永恒经典。盐城这幅碧水蓝天的生态画卷，得益于发展理念的绿色转型，来自发展路径的绿色变革。盐城过去是典型的欠发达地区，经济发展长期依赖投资拉动，粗放型发展模式带来生态与经济的对立，盐城的空气质量曾一度居全省后位。2009年的水污染事件，更把发展方式转变摆上迫在眉睫的位置。

习近平总书记指出："加快转变经济发展方式是大势所趋，等不得、慢不得。早转，早见效，早主动。慢转，积累的问题会越多，后续发展会更加被动。"对于总书记的重要论述，现在盐城人在实践层面上做出了响亮应答。面对稳增长与促转型的双重任务，75%是传统产业、90%是中小企业的盐城，在深入分析外部环境和自身条件的基础上，做起了"绿"文章——传统产业"变绿"，清洁能源"保绿"，生态经济"添绿"。跳出了传统意义上生态绿色的框架，盐城市提炼出了"绿"的"灵魂"，绘制了绿色转型的盐城图谱。

## 第一节　市场决定转型方向

绿色转型朝哪里转？盐城的探索和实践是，以市场为主导，产业"向后转"——转向低碳经济，理念"朝前看"——盯住生态文明。

## 一　叫响绿色"卖点"

### 1. 环保产业谱写绿色生产旋律

传统的环保产业发展往往建立在高污染产业增加环保投入的基础上，所以具有明显的政策驱动性特征，需要环保政策、法律等措施来保障全社会环保投入持续增加。随着经济发展带来的环境负面效应加剧，人们的环保观念发生转变，大众的环保诉求越来越高。环境污染正从一个国家层面的战略性问题开始向民众的生活中渗透，企业、家庭等微观层面的环保需求增长迅速。2013年年底完成的第四次中国环保产业调查显示，近年来，我国环境产品年均增加超过30%，环境服务业年均增加超过28%，资源回收利用年均增长超过14%，环保产业年均增长超过20%。[①]

江苏省是中国环保产业起步较早的地区，环保产业被列为全省重点培育和发展的六大新兴产业之一。近年来，盐城市环保产业发展迅猛，在省内外独树一帜，被有关报道称为环保产业发展的"盐城模式"。目前，盐城节能环保产业已经形成大气和水污染治理两大产业集群，烟气治理装备制造业产值占全国3%，成为集聚度较高、市场份额较大的国家级雾霾治理研发和制造基地。

进驻环保科技城的江苏科行集团是盐城环保产业的代表性企业。集团董事长刘怀平曾在接受采访时说道："现在拿订单拿到手软，简直是井喷！"科行集团专业从事电力、化工、水泥等行业烟气除尘除灰、脱硫脱硝等环保技术装备研制、工程设计、设施运营与总承包业务，是国家重点高新技术企业。随着环保需求

---

① 吴晓青：《中国环保产业十年间年均增长超20%》，http://news.youth.cn/gn/201403/t20140308_4833014.htm。

的增长，科行集团发展十分迅速，几年来产值增加了 10 倍以上。浏览集团网站，布满了中标全国各地重大项目的喜讯。通过"高起点定位""三年赶超同行""两个战略转移""品牌决胜未来"四个发展规划以及"跨越提升、人才科技、走出去"三个战略，集团综合核心竞争力不断增强，已经先后获得 60 多项省级以上荣誉。当前我国环保产业需求正从环保产品向环保服务转变，瞄准这一趋势，科行集团又将重点转向"四精"质量方针（精心设计、精益制造、精品上市、精诚服务）、三级质量保障体系、全程跟踪服务机制等质量服务工程。

盐城市的环保产业，叫响了绿色"时代"卖点。首先，环保是可持续发展时代的主旋律之一。其次，对战略的准确把握，对人才的高度重视，对品牌的执着追求和对质量的严格标准，又是当前环保需求微观化时代下，环保产业精细化的必然要求。抓住了这两大时代要素，盐城的环保产业定会焕发勃勃生机。

**2. 生态旅游引领绿色消费时尚**

谈到盐城，所有人都能联想到丹顶鹤和麋鹿，全球 25% 的麋鹿和 60% 的野生丹顶鹤生活在这里。大丰麋鹿国家级自然保护区是"青奥之旅指定接待景点"之一。盐城拥有世界级品质的湿地生态旅游资源，东部沿海 45 万公顷海涂湿地，是太平洋西海岸亚洲大陆边缘面积最大、原始生态保持最好的海岸型湿地；西部大纵湖、九龙口、马家荡等湖泊水域面积近百平方千米，为典型的潟湖型湖荡湿地。受发展条件制约，盐城长期守着大自然的馈赠却没有从中挖掘真正的发展资源，丰富的生态资源一度被视为发展的枷锁。近年来，盐城人找到了打开这把枷锁的钥匙，那就是生态旅游。

2013 年盐城人均 GDP 超过 6000 美元，按照旅游业发展的一般规律，盐城旅游业发展已步入大众化、产业化新阶段，多重优势叠加的综合效应日益凸显。生态旅游市场的成长为盐城城市转型提供了一个重要的思路。为了将生态旅游的品牌打出去，盐城市坚持五步走的策略：第一步，以规划来引导安排，推动旅游业向集约节约和环境友好转型；第二步，做精做美来夺人眼球，形成城市特色与亮点；第三步，拉长产业链来提升附加值，丰富旅游业内涵；第四步，完善功能载体来配套支撑，将旅游元素融入城市建设；第五步，培育消费市场来宣传推广，提升盐城知名度。

如今，盐城旅游不仅仅是江苏的宣传册，也成了中国的一张名片。这几年到盐城旅游的人次每年保持较高增幅，2014 年全市实现旅游总收入 201.05 亿元，同比增长 15.9%，增幅列全省第二；接待游客 2018.89 万人次，同比增长 14.9%，增幅列全省第三，其中境外游客 4.22 万人次，同比增长 61.9%，增幅列全省第一。2014 年 9 月第二届旅游业融合与创新论坛暨 2014 最美中国榜发布会上，盐城市以生态旅游和特色魅力两大特色从众多参评城市中脱颖而出，荣获"最美中国·生态旅游、特色魅力旅游目的地城市"称号。2015 年上半年，盐城旅游延续了较快增长态势，盐城机场旅客进出港数量增幅高达 30.7%；全市接待游客 1268.5 万人次，同比增长 18%，高于全省平均增幅 7 个百分点；旅游收入 121.8 亿元，增幅达到 17%，高丁全省平均增幅 6 个百分点。

盐城市的生态旅游，叫响了绿色"时尚"卖点。生态旅游顺应了当前人们最新、最强烈的需求，是一种消费的"时尚"。盐城在生态旅游发展过程中采取的手段、传达的理念、显示的特色，又形成了一种"时尚"模式。这一"时尚"的卖点，正吸引越来越多的目光。

## 二  打造绿色品牌

在绿色市场规模不断扩大的同时，一批围绕绿色产业的企业在盐城得到了快速发展，并在空间上形成了有特色的集聚：以东台市为代表的新能源产业和有机农副产品种、养殖及加工产业集聚，以大丰区为代表的海洋产业和生态产业集聚，以亭湖区为代表的环保产业集聚，以盐城国家经济技术开发区为代表的汽车产业集聚，以建湖县为代表的节能产业和通用航空产业集聚，以射阳县为代表的有机乳品全产业集聚，等等。通过空间集聚产生集聚效应，将不同企业的精华浓缩和提炼，形成了绿色产业集群品牌。

在盐城市诸多的绿色产业集群品牌中，节能环保产业近年的增长尤其突出（图3-1），品牌效应明显。2013—2014年，全市规模以上节能环保企业产值增长了30%。截至目前，全市绿色照明制造业规模以上企业达到32家，主要生产螺旋管节能灯和LED产品，2015年上半年实现主营业务收入44亿元，同比增长14%。一批特色突出的节能企业也开始涌现，豪迈照明就是其中之一。这是一家以研发、生产、销售高效照明产品为主的民营科技企业，部分产品远销美国、德国、荷兰、俄罗斯等国家，是国内最大的节能灯管生产基地。

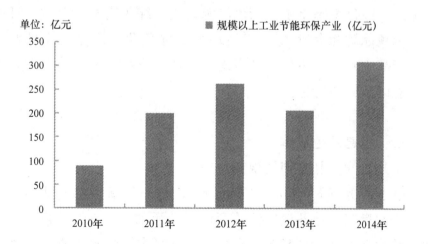

图3-1　2010—2014年盐城市规模以上节能环保产业产值①

---

① 从2011年开始，国家统计调查将规模以上工业企业的统计范围起点标准从年主营业务收入500万元提高到2000万元。

　　豪迈照明不仅仅把握了全球节能的浪潮，将节能产品推向市场，通过研发与生产的结合，将"节能制造"变成"节能智造"，点亮了盐城市节能产业发展的未来。公司具有一支精干的专业技术团队和较为先进的照明产品研发、生产、检验检测设备，拥有发明、实用新型和外观专利40多项，其中2项发明专利获得美国、日本、韩国等20多个国家批准。研发、生产了世界上第一支螺旋形节能灯管，主导制定了冷阴极荧光灯国家标准，参与修订了自镇流荧光灯国家标准。公司技术中心被认定为国家级企业技术中心和省级绿色照明工程技术研究中心，检验检测实验室被认定为国家级能效标识能源效率检测实验室，被认定为国家高新技术企业。公司拥有的"豪迈"商标被认定为中国驰名商标，"振亚"商标被认定为江苏省著名商标，产品被认定为江苏名牌产品、江苏省高新技术产品、江苏省质量信用产品。

　　豪迈照明是节能环保企业的代表，也是盐城市绿色品牌的一个缩影。绿色生态旅游、绿色能源利用、绿色有机食品等，让盐城的绿色品牌熠熠生辉。产品理念的绿色化、产品技术的高端化、产品创新的自主化，是当地企业所追求的目标，也是盐城绿色品牌的最鲜明特色。

### 三　搭建绿色载体

#### 1. 电商平台拓宽市场规模

　　电子商务（Electronic Commerce）是一种新型的商业运营模式，通常指在全球各地广泛的商业贸易活动中，在互联网开放的网络环境下，基于浏览器/服务器应用方式，买卖双方不谋面地进行各种商贸活动，实现消费者的网上购物、商户之间的网上交易和在线电子支付以及各种商务活动、交易活动、金融活动和相关的综合服务活动。这是一种迅速成长中的交易形式，它的应用打破了时空的界限，在加速社会的商品流通、有效降低企业的生产经营成本、提高企业的竞争能力等方面都具有不俗表现。同时，电子商务还具有资源消耗小、污染排放低的绿色经济特征，不仅仅是经济发展的"倍增器"，更是发展方式的"转化器"、产业升级的"助推器"。

统计数据显示，2014 年全国实现社会消费品零售总额 26.2 万亿元，同比增长 12%，扣除价格因素实际增长 10.9%，同比分别放缓 1.1 个和 0.6 个百分点。而网上零售额同比增长 49.7%，达到 2.8 万亿元。电子商务交易额（包括 B2B 和网络零售）约为 13 万亿元，同比增长 25%，① 电子商务无疑已经成为推动我国消费市场的第一驾马车。国家发改委、外交部、商务部联合发布的《推动共建丝绸之路经济带和 21 世纪海上丝绸之路的愿景与行动》文件中提出"创新贸易方式，发展跨境电子商务等新的商业业态"。电子商务无地界、无国界的特征必将成为加强对外贸易交流的重要抓手。

盐城市凭借对市场的敏锐嗅觉，以电商发展来释放市场活力，促进经济增长和人民增收。2015 年，盐城设立 1 亿元专项资金，在重点项目入驻、企业做大做强、平台宣传推广和电商示范企业创建等方面给予奖励，不断加快推进电子商务产业园建设。在参与主体上坚持政府引导与企业主导相结合，按照市场规律推进电子商务普及应用；在途径上坚持网络经济与实体经济相结合，促进电子商务向实体经济全方位渗透；在操作上坚持重点推进与全面发展相结合，推进电子商务健康持续发展；在管理上坚持鼓励发展和规范管理相结合，维护电子商务活动的正常秩序。位于城南新区的盐城电子商务产业园成功获批省级电子商务示范基地，成为盐城首批省级电子商务示范基地之一。随着盐城电子

---

① 商务部：《1—12 月全国零售总额 26.2 万亿元 呈六大特点》，http：//intl. ce. cn/specials/zxxx/201501/21/t20150121_ 4395514. shtml。

商务产业园的建设成型，电子商务发展的环境将更为成熟完善，服务业界一个新的增长极将出现。2015 年上半年，全市电子商务交易额达 700 亿元，增长 28%，网络零售额增长达 48%。

盐城淘同城信息科技有限公司借助全球排名第二的奥托集团的商业模式，立足于 O2O，发展本地 B2C 平台，打造新一代销售模式，为本地商家提供多渠道的销售解决方案。公司运行以来，每天都有上百笔、超万元的订单量。淘同城这样的先行者是城南新区电子商务快速发展的缩影。近年来，园区内一批企业充分利用网络信息资源，运用自主网站、淘宝天猫、京东商城、苏宁易购、国美在线等网络销售平台进行网上交易，保持了产品旺盛的销售势头。

盐城电子商务产业园围绕"苏北第一、全省一流、全国有影响"的目标定位，正在着力打造"一基地三中心"，即电子商务企业总部培育基地，电子商务创业中心、中小企业孵化中心、综合配套服务中心。同时，按照迅速启动、分步实施、快见成效的要求，改变传统的"一对一、点对点"单个招商模式，重点对接 2015 年 1 月底刚签约的中国网库、虹桥一号等全国知名电商运营管理企业入驻，以期形成整幢楼招商效应。

### 2. "互联网+"实现产业智慧升级

在十二届全国人大第三次会议政府工作报告中，国务院总理李克强提出："制订'互联网+'行动计划，推动移动互联网、云计算、大数据、物联网等与现代制造业结合，促进电子商务、工业互联网和互联网金融健康发展，引导互联网企业拓展国际市场。""互联网+"是创新 2.0 下的互联网与传统行业融合发展的新形态、新业态，是知识社会创新 2.0 推动下的互联网形态演进及其催生的经济社会发展新形态。互联网不再只是一种信息传播的工具，而是深度融入生产，在更大范围内发挥优化资源配置的作用。

　　如今，互联网对实体经济的影响已经遍及第三产业，形成了诸如互联网金融、互联网交通、互联网医疗、互联网教育等新生态，而且正在向第一和第二产业渗透。在这一过程中，传统产业与互联网的融合正是"互联网＋"的核心内容。在盐城，一场互联网带动起来的变革也已经在慢慢渗透，现代农业和旅游业通过互联网这一媒介爆发出了新的生命力。

　　"互联网＋农业"，走出致富新路子。盐城市农副产品在省内外都有口皆碑，而由于生鲜食品易变质的特性使得其销售市场往往局限在某些地方。"互联网＋农业"模式为解决这一局限提供了平台。盐城淘同城信息科技有限公司为当地农户开拓出了新的销售渠道。公司打造的"中华果王"产地直销水果，由于省去了店面费用和中间环节，在确保果品新鲜的同时，果农和消费者都得到了实惠，而销售方的利润也有了保障，实现了"三赢"。此外，来自射阳渔港的生鲜海鱼，也在形成独特的销售渠道，确保当地的海产品在 5 小时之内送到食客的厨房，无须冷冻，保持了原有风味。

　　"互联网＋旅游"，探索管理新模式。在旅游消费个性化、多样化的当下，互联网俨然成了旅游业发展不可或缺的要素，途牛网、携程网等一系列网络旅游公司的成长便是"互联网＋旅游"模式的最佳例证，盐城旅游业的加法不仅做在营销上，更渗透进了管理中。位于大丰区的荷兰花海坚持智慧旅游与电子商务同步发展的思路，通过牵手互联网，加强与阿里巴巴天猫网站的深度合作，开辟荷兰花市网络销售店铺，同时联手深圳嘉讯公司，投资 700 万元建设荷兰花海智慧旅游项目，目标是以 Web 门户网站为载体，以微博、一卡通系统、微信公众平台为抓手，搭建可扩展的荷兰花海基础信息化框架，确保景区的智慧、特色和现代化发展，并将逐步实现停车、门禁、购物、郁金香农园等智能管理，为游客提供旅游套餐式服务。短短一年时间，荷兰花海将实现由线下到线上、假日到周末、日光经济到月光经济的全面转型。

## 第二节  创新驱动结构升级

绿色转型怎么转，盐城人有自己的"运算法则"——"乘法"乘效益，让旧产业焕发新面貌；"加法"加科技，让旧结构拥有新内涵。将传统转化为前沿，将资源转化为财富，科技厅厅长出身的朱克江书记，以他对创新发展的切身感悟，率领一班人推动着这座城市走出了一条既顺应规律又彰显特色的创新转型之路。

### 一  创新密码开启绿色天地

化工、汽车、机械制造、纺织等产业是盐城工业的代表，支撑着盐城的经济命脉。实现绿色转型，首先必须从这些传统产业上寻找突破。对重化工业带来的负面效应，盐城明确说"不"，做起了"减法"。而对保留下来的产业，需要的是"乘法"，以提升内涵、迸发活力。传统产业最大的需求是附加值的提升，不同产业转型需求又存在差异，改造路子要多，手段要活。

在盐城，农业既是不可或缺的基础产业，也是必须肩负的特殊职责。传统农业生产劳动力投入大，但是缺乏技术含量，因此产品附加值不高，单一的农产品生产、销售链条无法从竞争激烈的市场中脱颖而出。盐城市顺应生态旅游的热潮，加快步伐，将农业与第二、第三产业交叉融合，以有机农业、生态农业、科技创意农业和功能性农业等新形式，将农业的生产性、观赏性、互动性潜力挖掘出来，构筑起以农业生产性保障粮食安全，以农业观赏性提升附加产值，以农业互动性促进人与自然交流的循环链条。联耕联种的新型管理耕作模式、产加销一体化的市场化经营模式、"龙头＋农户"的新型合作模式，让盐城的农业脱胎换骨。科技含量的提升，产业形式的多样化，降低了体力劳动的负荷，发挥了智慧的力量，也让农民口袋鼓了起来，生活美了起来。

在工业发展方面,目前正值全球第四次产业转移,要想把握这次机遇就必须进一步降低生产对环境的影响,提升企业的自主创新能力,迎合不断变化的市场需求。东风悦达起亚汽车有限公司是盐城市传统工业中最具代表性的一家,由东风汽车公司、江苏悦达投资股份有限公司、韩国起亚自动车株式会社共同组建。成立十余载的东风悦达起亚,从第一辆千里马破壳而出,到2014年7月24日第300万辆整车成功下线;从首家4S专营店落户京城,到实现全国布局近700家网点;从单一的车款,到布局全系多达数十款车型,东风悦达起亚以前所未有的速度奋力赶超、跃居而上,不断赢得大众青睐。

东风悦达起亚汽车有限公司三家工厂均布局在盐城境内,盐城是其制造研发的大本营。这三家工厂实际就是起亚在探索汽车业转型升级路上的三个足迹。位于亭湖区的第一工厂,年设计产能14万辆,具备冲压、焊装、涂装、总装、检测等先进工艺生产线。第二工厂位于盐城经济技术开发区,工厂具备整车年30万辆的产能规模,在保持第一工厂原有优势的前提下,采用了目前世界上最先进的柔性化生产方式,并对生产设计设备进行了升级,确保了生产线的国际一流水准。机遇总是偏爱有准备的人,正是这个第二工厂的投入,使得东风悦达起亚全新设计、技术先进的新车型可以逐步实现全面覆盖,从而再度成为车市耀眼的明星。新建的第三工厂同样位于盐城经济技术开发区内,与第二工厂毗邻而建,这样的布局有利于充分利用现有的生产体系,有效整合资源,在新老工厂间形成优势互补的协同效应。第三工厂内建有技术中心,专业从事传统汽车整车和新能源汽车的研发设计、试制及零部件的研发、试验工作。

从第一工厂到第二工厂再到第三工厂,起亚所彰显的是从对品质的执着,到对市场的准确把握,再到提升自主研发水平、摆脱技术依赖的成长历程。工业企业的发展中,细心、胆略和创新是不可或缺的三项因素。起亚的经验不仅为盐城市提供了一种转型的模式，也为千千万万徘徊在转型期的工业企业做出了示范。

传统企业的发展关系着一个地方经济的根基。根基不能断，要让根上长出新芽。科技、决心、眼界就是滋养其成长的养分。盐城市传统产业的转型升级虽然尚未全面实现，但这一个个鲜活的案例、一项项成功的探索，让盐城人信心满满。

## 二　科技发动机驱动绿色崛起

人类社会的发展史实际上也是一部科技的进步史，人类历史上的重大事件无不伴随着科技的进步和突破。科技改变着人们的生产方式、生活方式和思维方式。在人们传统的概念里，绿色往往只是和环境、生态联系在一起，而忽视了科技对于要素的替代作用。在过去，科学技术水平低下，无法找到替代的资源，人类不得不以消耗自然资源，减损环境容量来换取发展。而资源毕竟是有限的，环境的承载力也是有限的，只有科技能突破这种限制，真正实现资源环境的永续、绿色发展的永续。

### 1. 科技让资源可持续利用

2014 年 9 月初在南京召开的 APEC 中小企业部长会议上，一种名为"海露"的产品引起关注。作为会议唯一指定饮用水，海露的特别在于，它不是矿泉水，而是经过海水淡化后达到国家一级饮用水标准的纯净水。同样特别的还有盐城丰海公司"海露"生产线。这是一个非并网风电和海水淡化集成系统，生产线所需要的电力，不是来自公共电网，而是自身的 1 台风电机组、3 组储能蓄电池及 1 台柴油发电机，既能解决风电上网、脱网、弃风等难题，又能将新能源直接应用于海水淡化，减少网电所用燃煤消耗。降低成本、减少碳排放、开拓新资源，海水淡化技术称得上是绿色产业中的代表。

海水淡化技术具有战略意义，淡水资源短缺不仅仅是在中国，在全世界范围内都受到广泛关注。海水淡化技术的推广增加了淡水供给总量，有助于缓解水资源危机。相比较南水北调的浩大工程量，对于近海地区而言这一技术的成本相对较低，可行性也更强。盐城市靠海，又是全国风力发电的核心区域，具备风力淡化海水的独特条件。而"海露"的问世则让海水淡化走出了实验室，走向了市场。走在科技前端的盐城市，资源因此"绿"了起来。

## 2. 科技让环境可持续常绿

目前，中国环保产业初步形成"一带一轴"的总体分布特征，即以环渤海、长三角、珠三角三大核心区域聚集发展的环保产业"沿海发展带"和东起上海沿长江至四川等中部省份的环保产业"沿江发展轴"①，江苏省正处于这"一带一轴"的交汇处，环保产业规模全国领先，盐城则是全省环保产业的一支生力军。

全国首家环保产业集聚区——中国盐城环保科技城就坐落在盐城市亭湖区，是全国环境产业最具竞争力的园区之一。环科城坚持"科技为先、产业兴城"的发展思路，主攻烟气治理、水处理、固废综合利用和新型材料等优势领域。在产业发展轴——环保大道两侧，中国环境科学研究院、中科院过程研究所、中建材环保研究院、清华大学、东南大学、同济大学、德国 GEA、日本上岛等国内外顶尖院所，中电投远达环保、中国国电集团、中国节能集团、浙江菲达、福建龙净、北京万邦达、北京天壕、上海复旦复华等行业领军企业高密度集聚，使环科城呈现出产业集群发展的爆发性态势。创业投资服务中心、环保科技产业孵化基地、国际会展交易中心等公共配套服务类、科学家工作室、绿巢等科技研发平台 21 个。在绿色能源、清洁生产、区域治理、新材料等领域形成技术优势，在提供环境整体解决方案能力上拥有全国领先地位，特别是在煤炭清洁燃烧、催化剂再生、膜技术、

---

① 赛迪顾问：《中国环保产业地图白皮书（2011 年）》。

土壤修复等方面拥有核心自主知识产权，先后被授予"中国首家环保产业集聚区""国家地方联合工程研究中心""中国火炬计划特色产业基地""国家燃煤污染物减排工程实验基地""江苏省首批新型工业化产业化示范基地"等20项省级以上牌子。环科城突出"环保产业"主导，重抓"科技创新"核心，打造"产城融合"支撑，加快"对外开放"步伐，不断促进科技城内涵的提升与外延的扩展，推动服务能力的升级与创新体系的建设。随着公众对环境治理的日趋重视，除尘、脱硫、脱硝、污水治理、垃圾处理等系列配套环保设备市场需求不断扩大。

　　一个环保科技城折射出了盐城在环保上的不一样思考。首先，环科城突破了传统只生产环保产品的环保科技路径，将产业链向更高层次的环保服务升级。环保服务业提供的是环保产品的服务方案，依托"互联网＋"模式，将绿色的理念、绿色的市场推向更广大的平台。园内产品服务覆盖面广阔：污水处理等技术有助于生产绿色化，空气净化技术在家居中的应用实现了生活绿色化，空气污染测定等技术打造环境绿色化。单纯的环保产品制造不能称为环保产业，盐城抓住了这点，目前正在逐步实现从单纯的环保产品生产向应用的延伸，一条从研发、生产到应用的环保产业生态链正在形成，真正意义上建立起了环保产业。城南新区聚龙湖绿色建筑示范区就是环保应用的最佳案例。盐城环保科技城已不仅是盐城市一个重要的绿色增长极，在省内甚至是全国都起到了引领作用。

　　**3. 科技让创意可持续迸发**

　　以化石能源为支撑的传统产业如今正不断受到以知识、信息、技术为支撑的新型产业的冲击，创意又是新型产业的灵魂。中国创意研究院院长陈放说：现在世界已处于全球性的经济、科技大战之中，大战的制高点就是"创意"——看谁在高技术、高创新领域有"制创权"、开创权，是领头羊。谁拥有更多的"知识产权"，谁在国际上说话就有分量。因此，现在全球大战其实就是一场"创意争霸"战！而实现创意，关键在于科技。

大丰区内的东方1号创意产业园是苏北地区首个工业设计示范园区、江苏省文化产业示范基地。园内以创意产业集聚为支撑，以工业设计和文化创意产业为抓手，以发展现代服务业、促进工业经济转型升级为首要任务，发展迅速，影响力逐步扩大。园内集聚了法国朱古力、台湾煜庆、上海德稻、东方旅游品牌研究院等50多家著名设计企业，拥有国际国内高端设计师百余名，同时多层次多领域与高校联盟，进行深度的产学研合作，设立了江南大学、华东理工大学、西北工业大学等10多家高校产学研合作基地，成立东方1号江南大学研究生工作站，取得多项创新性科技成果和设计成果。通过先导区的规划运营，园区市场发展成绩显著，并与台湾、香港等境外企业紧密联系，有力提升了东方1号的品牌市场，初步成为苏北第一、国内知名的创意产业基地。园区自主研发的"欢乐麋鹿园""知青农场""Vimini"等品牌产品已进入周边地区及上海等发达地区的各个旅游景点，各销售点的经济效益一直保持持续、快速的运行态势。

任何一样新事物的发明都离不开创意和创新，科技则是将创意变为现实的工具。如果仅仅作为一个陈列展示创意产品的平台，东方1号创意园肯定不会像现在一样充满活力。通过"创意＋科技＋服务"的运作体系，一个集创新产品展示、工业设计服务、创新产品交易、创新项目投资、创新专利转化和政产学研合作六大服务于一体的平台正在建立。作为一家非营利性的科技创业服务机构，其所能产生和转化的经济效益却是无穷的。

### 三 智慧平台承载绿色梦想
#### 1. 大数据支撑下的智慧平台
知识经济是当前最富有生命力的经济形态，发达国家经历的发展之路告诉我们，从农业和工业经济向知识经济的转变是历史的必然选择。现行的农业和工业经济都是以物质为基础的经济，正是这一特性导致了经济发展过程中对于物质资源的大量消耗。知识经济是一种"非物质经济"，其依托的是知识，是信息。可以说，知识经济的发展是突破产业结构对资源依赖的关键，离开了知识经济的发展就谈不上真正的绿色发展。如何让知识经济迸发活力，成为绿色发展之路上的"助推器"，盐城把目光投向了世界。

1980 年，未来学家阿尔文·托夫勒在《第三次浪潮》一书中，将大数据热情地赞颂为"第三次浪潮的华彩乐章"，这是"大数据"这个词汇第一次出现在人们的视野中。全球知名的咨询公司麦肯锡对"大数据"的评述将这个概念推上了风口浪尖——"数据，已经渗透到当今每一个行业和业务职能领域，成为重要的生产因素。人们对于海量数据的挖掘和运用，预示着新一波生产率增长和消费者盈余浪潮的到来"。人类历史上经历了漫长的三次革新浪潮：农业革命、工业革命、信息革命。而如今，人类已经迅速卷入了第四次革命浪潮——大数据时代，这是继云计算、物联网、移动互联网之后 IT 技术的又一次颠覆。它不仅提供了一项新的技术，甚至改变了人们对于因果关系的认识，数据说明一切！

大数据产业不仅仅是一个新增长点，更是盐城市科技创新、产业升级、城市转型的重大标志。国家经开区、国家高新区、智慧科教城、环保科技城是盐城市重点打造的"两区两城"四大增长极，其中智慧科教城的建设正是瞄准了大数据产业的前景。2015 年 4 月，盐城市与省经信委签订省市共建江苏省大数据产业园战略合作协议，打造江苏省首个大数据园，将盐城大数据产业园列为全省首批互联网产业园加以推进，纳入省互联网经济和云计算与大数据产业发展总体规划，并帮助盐城积极向上争取，将盐城大数据产业纳入国家"十三五"产业专项规划。2015 年 7 月，盐城市与华为公司签订合作协议，共同建设云计算数据中心，把盐城打造成华东大数据处理中心、现代汽车服务中心、智能制造平台中心、电子商务服务中心、江苏省信息消费支撑中心和云计算人才培育中心，推动盐城成为全国领先的云计算、大数据产业基地。

作为住建部城市科学研究会"微城市"试点城区、苏北唯一获得"国家智慧城市"试点城市的盐城城南新区，抓住这一难得的历史机遇，围绕大数据产业链的拓展和延伸，打造大数据产业发展先行示范区。目前，城南新区正在加大大数据产业培育力度，挂牌成立了中关村（盐城）大数据产业联盟，初步构建大数据产业"载体—平台—应用"的完备功能体系。计划到2017年年底，建成大数据数据中心载体10万平方米，引进落户大数据龙头企业10家，相关联企业100家，建设大数据研发、展示、应用等相关平台10个，新增10000个就业岗位，大数据产业实现年产值100亿元。目前，全市大数据产业发展势头良好，数据应用方面，重点发展大数据处理、应用技术的创新研发、互联网＋、产业金融、文化创意、电子商务、服务外包、数据交易。现已入驻中关村大数据交易中心、甲骨文大数据人才外包平台、东南大学大数据研究院、南邮大数据研究院、软通创新研究中心等51个项目。高端产品制造方面，主要围绕大数据全产业链，重点发展智能终端、服务器及网络设备、可穿戴设备等高端制造产业。现已入驻中科伺服智能制造、斐讯智能终端网络设备等12个项目。以大数据为龙头搭建智慧平台助推绿色发展，为知识经济培植新载体，盐城再次腾云而起。

## 2. "产、城、科、教"四位一体

盐城科教城位于盐城市城南新区南部，规划面积10平方千米，目标是打造江苏一流、全国有影响的智慧产业高地，重点发展新一代信息技术、文化创意、电子商务、智慧互联网、互联网金融、新材料、生物医药等智慧产业。科教城的第一大特色是在传统"产城融合"的基础上,将教育作为一个功能模块独立出来,打造人才智库,为整个科教城的知识经济发展提供原动力。

整个科教城由职业教育园、智慧谷、创新产业园三个模块构成。职业教育园位于智慧科技城的北部,园区规划面积为3.7平方千米,已基本建成,目前已有7所学校入园开班,开设了电子商务、经贸、物流、机电、酒店管理、师范、纺织、医疗卫生、数控、汽车等30多个专业,在校生5万人,每年输送高技能人才1.5万人,可满足当地高科技企业劳动力需求。智慧谷是智慧科技城的核心区域,位于职业教育园和创新产业园之间,是全市智慧产业发展和高端人才集聚的标志性载体。规划布局混合功能区、产业功能区和生活功能区。重点建设"三园一基地",即电子商务产业园、互联网金融产业园、数字文化娱乐产业园和智慧互联网产业基地。创新产业园位于智慧科技城的南部,规划面积5.3平方千米,是智慧产业拓展区和高新技术产业区,通过主导产业培育和产业园区建设,形成智慧产业加速发展格局。

从空间布局来看,智慧谷位于职业教育园和创新产业园两者之间。职业教育园作为人才基地,有针对性地为智慧谷和创新产业园培育高知识、高技能人才。智慧谷是连接人才和生产的桥梁,通过科技研发和科技服务,将抽象的信息、知识和智慧转变成具象的产品和理念。最后通过创新产业园这一载体,将这些产品和理念应用化、实体化,最终推向市场。这种"产、城、科、教"的联动是盐城市让知识经济"绿"起来的秘诀之一。知识经济的主体无疑是人,而知识经济如果不能同生产、市场联系起来,其发展的空间也是有限的。科教城将人力、智力和创新力"三力合一"的功能集成于一体,形成了一种知识经济运作的新空间和新形式。在"以人为本"的思想得到更多关注的当下,这种模式不仅仅局限于知识经济产业,对盐城市其他产业发展也起到了示范作用。

### 3. "载体—平台—管理"协同搭建"智慧盐城"

作为科教城的核心，智慧谷"内藏玄机"。智慧谷规划重点建设"一核四区三基地"："一核"，即公共服务核，包括云计算大数据中心、知识产权交易中心、科技服务中心、产品展示交易中心、商务中心等标志性建筑；"四区"，即公共服务区、智慧产业区、商业配套区、生活服务区；"三基地"，即智慧技术研发孵化基地、智慧运用试验示范基地、智慧产业集聚发展基地，形成以科技创新大厦、留学生创业园和上海张江久有盐城高新技术产业示范园为主体的格局。

当前，"智慧盐城"建设正在展开，其中市"三中心"，即市政府信息资源中心、智慧城市展示体验中心、智慧城市指挥中心就落户在智慧谷的留学生创业园内。市政府信息资源中心应用智慧科技最前沿的云计算技术，为"智慧盐城"信息提供存储和处理的载体。智慧城市展示体验中心，通过交互式的体验，搭建起了"智慧盐城"推广平台。智慧城市指挥中心则负责整个系统的运营管理工作。科教城的整体氛围是"智慧盐城"建设的温床，"三中心"的建设则是三颗种子。通过构建"载体—平台—管理"体系，"智慧盐城"也走出了新路子。

## 第三节　开放拓展转型空间

绿色转型谁来转，盐城人在行政助力与市场活力之间，寻找到了平衡点，即以政府为媒介，搭建开放合作平台，将各方面的力量吸纳进来——国内、国外经验融会贯通，省内、省外资源合作共享，政府、企业、社会三方合力。开放推动了转型，转型又促进了开放，两者之间的这种反馈机制，正是绿色转型的"永动机"。

偏守一隅，难以经略天下；借船扬帆，方能达济沧海。盐城的地理空间大，但要素空间小。虽然面积全省第一，但1.7万平方千米土地上支撑发展的主要生产要素过去一直不足，经济密度和投资强度都远低于全省平均水平。推动转型发展新跨越，需要装上更高水平的"发动机"。把资源空间的潜力优势最大限度地释放出来，方向在市场化改革，把选择权、配置权交给市场，努力使自身要素禀赋融入国内外市场，实现与外部世界的开放合作。近年来，盐城围绕开放调整布局，拓展对外开放的空间、深化区域合作的空间、调优产业布局的空间，着力推动区域物理空间向发展空间转变，提出了"北合央企、南连上海、融接苏南、东向出海"的战略布局，以开放促开发，加快融入经济全球化和区域经济合作体系，建立起资源高效配置的新机制，真正发挥战略资源的"虹吸效应"。

## 一　国际对接扩大技术空间

### 1. 技术合作推进绿色创新

随着经济的发展以及国际地位的提升，我国与其他国家之间的联系也在不断加深加宽。在国际舞台上，我国企业正从传统的以技术、投资引进为主的参与模式向互动、协作式的参与模式转变。2013 年"新丝绸之路经济带"和"21 世纪海上丝绸之路"战略构想的提出，将我国对外开放推向了一个新台阶，合作发展的理念得到进一步的强调。依靠中国与有关国家既有的双多边机制，借助行之有效的区域合作平台推进发展和创新，将是未来我国构建对外经贸关系的重要内容。

经济全球化背景下，技术的更新速度在不断加快，产品和工艺生命周期日益缩短。虽然在科技创新和技术研发方面国内投资力度和水平提升显著，但是发达国家的领先优势依旧是毋庸置疑的。同国外优势资源技术合作，实现优势互补，成为很多地区和企业提升自身技术创新能力和竞争能力的关键步骤。从国际技术合作的模式来看，主要分为"硬件"上的引进和"软件"上的协作。硬件引进主要指成套设备、关键设备等物理机械的引进，对国内企业的技术要求层次较低，而且很大程度上将受制于国外企业的输出情况。"软件"的引进则涵盖了专利技术、技术服务、咨询等知识、信息层面的内容，是当前主要的对外技术合作模式。

绿色发展离不开国际协作。国外先进的技术是实现绿色发展的重要技术支撑，国际的交流是激发绿色发展思路和理念创新的重要手段。只有进一步融入世界的绿色浪潮，才能保证盐城绿色发展的活力。为此，在实现国际技术协作上，盐城人开始了积极的探索。

建湖县鸿达福石油设备有限公司与世界 500 强美国 WFT 公司合资 1.296 亿美元石油钻采设备项目，使鸿达真正步入了国际化企业的轨道，登上了经济国际化大舞台。如今，鸿达福的产品以上乘的质量，出口供应合资方 WFT 公司在全世界范围内的油田基地。江苏蓝天航空航天产业园与波兰艾雷奥特有限公司合作新上小飞机项目，在西安举行的 2013 年中国国际通用航空大会上，与美国因特达斯、北京泛亚等 4 家航空企业签订 35 架 AT 系列通用飞机销售协议，合同总金额超过 6300 万元。以市场引技术、以发展引人才、以合作促提升，为盐城的转型跨越发展提供了强力支撑。

## 2. 技术引进与本土根植性叠加

上海电气集团是国内装备制造业的领军企业，聚焦低碳经济，主导产业为高效清洁能源、新能源、工业装备和现代服务业，在推进我国重大装备国产化、高端化等方面发挥了重要支撑作用。新能源产业是上海电气近年来开辟的新领域，2011 年，上海电气与西门子宣布建立战略联盟，目标瞄准中国的风电市场，其中风机制造项目正式落户在东台，已成为地方新能源产业的龙头企业。

在两家合资公司中，西门子占有49%的股份，中方合作伙伴上海电气占有51%的股份。西门子公司主要负责风电设备的技术支持、研发和生产，并通过其全球供应网络提升产品的国际影响力，满足全球市场需求。上海电气则依靠其在国内装备制造业积累的声誉以及市场开拓、产品服务等方面积累的经验，负责在中国地区的风电设备的销售、市场推广、项目管理、项目执行和服务。近年来，中国风电规模发展迅速，跃居世界第一。中国已经成为世界上最大的风电市场，在利用陆上及海上风能（主要集中在东南沿海）领域，拥有巨大的潜力。到2020年，中国计划实现150吉瓦（GW）的风电总装机容量，这相当于整个德国可再生能源发电及火力发电装机容量的总和。通过与长期合作伙伴上海电气签订战略联盟协议拓宽国内市场，西门子在世界上最重要的风电市场实现了突破。而对于上海电气，与西门子建立战略合作关系，一方面有利于提升风机行业的制造能级，推动技术、管理、人才等方面迈上新台阶，为跻身世界一流风机行业创造条件；另一方面也为新能源战略的实施创造了契机。

西门子的先进技术加本土根植性的管理经营模式，不仅将上海电气风电制造业发展推上了一条新的轨道，也为中外协作模式提供了一个新思路。外国的企业和机构往往在技术创新领域走在前端，同时具备国际化项目管理以及项目执行专业知识和经验。国内企业则具有独一无二的地域优势。首先，充分利用已经建立起来的本地供应商网络，为产品在国内推广提供平台。其次，对国内需求市场的准确把握使得国外企业的研发能够实现"量身定制"，更精准瞄准国内市场。中国经济发展在世界范围内相对属于后发，不仅是风电，在其他许多领域的市场潜力都是巨大的，经济实力的加强和国际角色的提升将使得这一潜力受到更多的关注。技术引进加本土根植性的模式无疑是打开这一市场的"金钥匙"。

### 3. 中外合作打造城市品牌

良好的投资环境是吸引国外资本和技术的"磁石",产业聚集有助于提升影响力,实现规模效益。将外资引进环境的打造和产业链条的延长相结合,盐城市在国际合作园区上做起了文章,韩资工业园正是其中最亮眼的一环。

盐城韩资工业园起步区规划面积 3 平方千米,以承载韩资企业为主,是集汽车整车制造、关键汽车零部件生产及其配套的物流、咨询、研发、服务等为一体的工业园,也是全省首家韩资工业主题园区。以悦达为龙头,园内的整车制造、汽车关键零部件生产及其配套服务发展得如火如荼,这一汽车产业链的发展也为国内自主技术研发提供了极佳的技术和资源环境。围绕"全国第一、世界领先"的定位,咬定率先实现"百亿园区培育工程"的目标,园区强调制造业项目与服务业项目并重,并不断致力于韩资多元化和产业化发展。2014 年 12 月 23 日,盐城被国家商务部正式推荐为中韩产业园重点合作城市,创建中韩盐城产业园正式提上日程。2015 年 3 月 13 日,按照"两国双园"模式,盐城经济技术开发区与韩国大邱庆北经济自由区域厅签署了合作共建中韩产业园谅解备忘录,使中韩盐城产业园创建工作又迈出重要一步。2015 年 6 月 1 日,中韩两国政府正式签署自贸协定,正式确定盐城为中韩产业园合作共建城市,"江苏韩企之乡",已经成为盐城市对外的一张靓丽名片。

## 二　区域合作做大产业空间
### 1. 南北合作共建园区,改被动承接为主动合作

城市经济是创新型城市建设的主题,产业园区是城市经济发展的载体,推进园区创新发展是增强城市核心竞争力的关键所在。江苏省最早的一批园区大多以引入外资为基础兴建,而目前一些跨市、跨省的园区建设数目也逐渐多了起来,这部分园区被

冠上了异地产业区、体外（工业）园区、转移工业园等称号。异地园区可以定义为在工业化和城镇化过程中，两个互相独立、经济发展存在落差的行政区经济体打破原有区划限制，通过跨空间的经济合作开发，实现两地资源互补、协调发展的一种区域经济合作模式。① 江苏省区域经济发展差异十分明显，先发地区面临着资源供给、环境容量、要素成本制约等问题，而后发地区则需要产业谋发展、需要技术求转型，两者之间的优劣势恰好互补，这就为建设异地园区提供了条件。

盐城南北合作共建产业园区是江苏省委省政府为全面落实科学发展观、推进苏南产业转型升级、加快苏北新型工业化进程的重要战略举措，对加快苏北振兴、促进区域经济协调发展具有重大现实意义。围绕打造"产业转移集聚区、外向带动先导区、机制创新试验区"的目标，盐城市不断加快南北合作共建园区步伐，越来越多的南北合作园区落户在盐城。

常州高新大丰工业园是按照省委省政府关于南北挂钩、合作共建苏北开发区的统一部署，由常州市与盐城市合作，常州国家高新区与大丰区共建。园区以建设南北共建示范区和苏北一流、宜业宜居的现代新型园区为目标，产业定位为机械、电子、新材料，重点发展高端装备制造、新能源新材料和电子信息产业，现有代表企业有迪皮埃风电叶片大丰有限公司、江苏谷登工程机械装备有限公司等。近年来，苏州盐城沿海合作园区等合作共建园区也相继建成，并呈现蓬勃发展态势，使得盐城市与上海、苏南等地方的联系进一步紧密。

盐城市在南北共建园区方面的成果和经验为江苏其他后发地区的发展起到了带头作用。经验告诉我们，长三角地区的传

---

① 肖建、唐铁球：《嘉兴市跨省市合作共建"异地园区"的构想》，《中国商贸》2013年第10期。

统产业转移方式已经不适应当前发展要求，产业转移虽然取得了初步成效，但在发展过程中也显露出诸多问题，例如投资合作的成功率不高，而生产要素和生产服务成本上升较快，资源无序开采，污染转移，等等。① 正是这种模式，使得后发地区在产业转移中始终处于被动的地位。由于各方面条件上的不足，在与其他地区的资源竞争中处于劣势，为了谋求发展往往只能接受其他地区淘汰的产业。这部分产业附加值低、资源消耗多、环境影响大，不利于区域可持续发展，更谈不上"绿色"。在这一点上，盐城市"先发制人"，改被动接受为主动争取。明确自身定位，挖掘地方优势和特色，在园区产业类型的选择上充分争取话语权；规划先行，科学发展，以南北合作实现区域融合；在园区建设上注重基础设施的配套和产业发展的平衡，体现产城融合。通过这种平等的、协同式的合作模式，避免了"接受产业转移等于接受污染转移"的怪圈，也加强了与省内其他区域之间的联系。

## 2. 盐沪牵手，深度融入长三角

上海是长三角地区的龙头城市，然而，受地理空间和交通条件的阻隔，上海对周边省市的辐射带动长期以来局限在苏南、浙北地区，而苏北地区则很少能够享受到这种作用。近年来，上海处于加快转变经济发展方式、调整产业结构的关键时期，许多上海企业试图抢抓产业转移的有利时机，根据自身发展和转型升级的需要来拓展发展新空间。

国务院出台《关于进一步推进长江三角洲地区改革开放和经济社会发展的指导意见》后，盐城市瞄准机遇"走出去"，成为第一个到上海进行园区合作共建专题签约的城市。沪盐两地异地共建园区的先行尝试，开创了区域经济合作的新途径，在长三角

---

① 商硕：《盐城合作共建园区发展模式研究》，《科技广场》2013年第9期。

乃至全国范围内都产生了较大影响。这种通过政府间的合作，共同筹建"园中园""共建园"等异地工业园，组织和吸引上海企业向外迁移的形式，是优化区域资源配置、促进区域协调发展、提高区域整体竞争力的重要途径，已成为长三角区域合作的重要抓手，成为上海产业转移合作模式的一种新趋势。如今，盐沪合作已经从一开始的部分合作转向了全面合作，并上升到江苏省和上海市合作的更高层面来实施，盐城已然成为上海对外合作投资的一个重要窗口和平台。盐沪合作的脚步遍及整个盐城市，每个县（市、区）都与上海有合作，形成了多种合作模式，产业合作的内容也涵盖了不同的工业部门。

表 3 – 1　　　　　　　盐沪区域合作共建园区情况表

| 序号 | 共建园区名称 | 产业定位 |
|------|------------|---------|
| 1 | 上海嘉定汽车产业园区亭湖工业园 | 汽车零部件、光伏新能源、轻工、电子、通信、食品和机械加工 |
| 2 | 上海闵行盐都工业园 | 电子信息 |
| 3 | 上海市工业综合开发区滨海工业园 | 泵阀机械、高新技术、新型材料 |
| 4 | 上海漕河泾新兴技术开发区盐城工业园 | 新能源汽车、汽车零部件、新光源和新能源装备制造业 |
| 5 | 上海南汇工业园区响水工业园 | 纺织、电子和机械制造 |
| 6 | 上海西郊工业园区东台工业园 | 机械制造、电子电器和新材料 |
| 7 | 上海嘉定工业区建湖科技工业园 | 绿色照明、石油机械 |
| 8 | 上海杨浦区大丰工业园区 | 车辆传动设备、船舶自动化控制系统、精密机械、风电叶片、中空智能调光玻璃等 |
| 9 | 大丰上海光明工业区 | 食品加工业、物流业 |

上海漕河泾新兴技术开发区盐城工业园是盐沪合作共建示范区，也是盐城市高新企业发展样板区、体制机制创新试验区。漕

河泾是我国国家级经济技术开发区中发展速度较快、技术含量较高、经济效益较好的开发区之一，经过 30 年的发展已经形成了相对成熟的管理体系。随着经济体量的增长，漕河泾需要更多的发展空间，而盐城市则需要先进的理念、高端的技术。园区通过主动接纳上海产业转移和高新技术企业，旨在产业创新、项目牵引、财政税收、低碳环保、产城互动、开发模式 6 个"贡献度"上做文章、出成果。

漕河泾既是招商选资的平台、人才培育的摇篮，又是品牌管理的模范。以此为契机，盐城既能够积极融入上海漕河泾大招商体系，增加发展机遇，又能利用漕河泾基地培养人才，学习漕河泾先进理念，进一步提高了招商技能和业务素质。将漕河泾开发区"客户至上、深层服务"的理念贯穿园区的所有工作，上海漕河泾新兴技术开发区盐城工业园着力打造"服务、诚信、创新、超越"的园区文化，从项目注册审批、建设推进、投产运行等各个方面，对园区企业开展全方位、无缝隙、零距离服务，进一步做优投资发展软环境，增强园区对外吸引力。漕河泾开发区则通过盐城这一载体提升了产业容量，并为其更新升级腾挪了空间。

盐城与上海渊源深厚，通过盐沪牵手，为长三角积极探索异地园区共建模式作出了有益的尝试，也进一步拓宽了上海在江苏的经济腹地，成为苏北地区深度融入长三角的重要一环。

## 三　产学研联盟放大智力空间

科技创新是当前众多企业发展中的最大课题，但前期研发投入大，而且是一个长期持续的过程。企业作为"经纪人"，效率和成本是其考虑的最重要因素。在当前技术更迭迅速的环境下，企业很难依靠自身的资本和研究力量支撑起这一任务，对一些中小企业而言更是如此。企业需要的是一个平台，将自身需求以及最新、最尖端的技术相结合，产学研联盟便应运而生。所谓产学研联盟，就是以技术合约为基础，企业、科研机构、高等学校等主体利用各自优势提供技术创新不同阶段所需的资源，共同合作，进行技术创新的模式。① 目前发展状况及未来发展要求都表明，要加快提升我国企业在国内外市场上的核心竞争力，必须大力支持企业技术创新，必须加快建设企业为主体、市场为导向、产学研相结合的技术创新体系②。

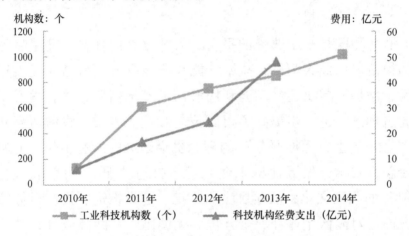

图 3 – 2    2010—2014 年盐城市工业科技机构数变化情况

　　盐城市在产学研合作方面始终坚持"建平台、引人才、创品牌"的三步走战略。"政产学研"合作，瞄准国内相关领域优势团队，柔性引进高层次人才和科技创新队伍，争当专业领域的领跑者。如今，盐城市和省内外高校、科研机构不仅实现了合作范围的扩展，合作深度和强度也在不断加大。从全市来看，工业科技的机构数自 2010 年以来增长越来越快，2014 年相比 2013 年增加机构数达到 169 家。科技机构的经费支出总额也不断上升（图 3 –2），2013 年相比 2012 年增长近一倍。从区域层面来看，仅盐

　　① 深圳大学经济特区研究中心课题组：《产学研合作技术创新的理论与实证分析——来自深圳电子计算机行业的数据》，《中共青岛市委党校·青岛行政学院学报》2015 年第 1 期。
　　② 仲伟俊：《产学研合作技术创新模式分析》，《中国软科学》2009 年第 8 期。

城经济技术开发区一家，目前有重点高校科研院所 10 家、科技平台 133 个进驻，签订产学研合作协议 103 份。

作为盐城市重要的科技增长极，位于亭湖区的环保科技城在诸多产学研合作的案例中尤为突出。科技城建设之初，市委书记朱克江就指出，要建设"国家平台集中、企业人才集聚、产业链条完整、功能设定完善"的环保科技城，迫切需要高校院所提供强有力的科技支撑和智力保障。在产学研合作的指导思想下，环科城内各大企业机构和国内外科研单位形成了紧密的联系。通常情况下，企业遭遇技术瓶颈却突破无门，高校、科研院集所有技术力量但难以应用，而盐城环保科技城正是搭建了一个平台，整合了这两种资源。

南京大学盐城环保技术与工程研究院是环保科技城产学研合作的一个代表，是南京大学创办的 14 个校外产学研合作平台之一。研究院主要研发方向是环境功能新材料的研发与应用、高浓度有机废水的治理与资源化、饮用水安全保障以及工业三废的治理与资源化，涉及环保服务研发、设计、检测评估，环保设施设计，建设与运营，环保成套装备的技术研发、设计、工程化及生产制造几大环节。南京大学是江苏省领军高校，代表着全省乃至全国最尖端的科研水平，盐城则是江苏省环保产业的重要孵化基地，两者之间的合作可以称作"强强联手"。通过这一平台，一方面使得环保科研成果得以付诸实践，为环境问题的解决提供了重要的技术支撑；另一方面也推动了环保城产业力量的壮大，实现了科技向生产力的转化。

盐城市的转型，思路是"绿"的。着眼未来，但是立足当下，不能只追求眼前的利益，而要谋划长远的、可持续的收获；不能只看重个体的先富先赢，而要让绿色发展的成果惠及全体，实现资源分配的帕累托最优。盐城市的转型，途径是"绿"的。无论是生态旅游的经营、节能环保技术的创新还是知识经济的崛起，都彰显着绿色的活力，在提升生态环境中实现经济利益的最大化，谋求自然和人类之间的和谐共存。盐城市的转型，未来更是"绿"的。正是因为有着绿色思路的引领和绿色途径的保障，这条绿色发展之路一定会越走越好。

# 第四章　绿色增长

随着经济发展步入新常态，稳定增长成为当前的首要任务。新的历史背景和发展阶段决定了新常态下盐城发展要上台阶，关键要走出一条与宏观大势相适应、与资源禀赋相吻合的绿色增长之路。盐城转变过去依靠低成本要素投入和人口红利及资源环境消耗式的高速增长模式，全力加快经济发展方式的转型，走以绿色经济、低碳经济、循环经济为支撑和特点的新型工业化道路，把发展经济的主动力转到依靠科技创新上来，转到低碳绿色、内涵发展的道路上来，通过科技含量高、资源消耗低、环境污染少的产业结构和生产方式，实现经济总量高效、真实、绩优的稳健增长。盐城，胸怀绿色，瞄准了发展的源头，迈出了关键的第一步。

## 第一节　生态优化增长

"每个地方都有自己的本钱。盐城最大的本钱就是丰富的自然资源和广阔的生态空间，关键在于尊重规律、科学利用，让发展真正绿起来"。盐城人的思考是，生态建设是影响发展还是促进发展？经济增长和生态优化是否就不可兼得？在困惑、矛盾和探索质疑中，盐城把生态做美了、做活了，也做成了财富。用好自然底色，将负担转变成利器，在发展和保护中找到平衡。作为国家可持续发展实验区，盐城坚持"有所为有所不为"，探索了一条绿意盎然的发展路径。

### 一 绿色：盐城的自然底色

盐城市位于亚热带和暖湿带交汇之处的黄海之滨，得天独厚的地理位置和气候条件造就了丰富的自然资源和特殊的生态环境。

生态宝库，绿在滩涂。盐城拥有江苏省最长的海岸线、最广的海域面积以及太平洋西海岸、亚洲大陆边缘最大的海岸型滩涂湿地。盐城近海水质肥沃，是各类植物生长和各种动物栖息、索饵、繁殖、生长的良好场所，被列入世界重点湿地保护区。滩涂的功能性在一定程度上决定了其脆弱性，滩涂生态环境的破坏不仅会影响到陆域生态系统，而且对整个海洋生态系统的冲击也不可忽视。国外开发较早的沿海城市已经逐渐发现人类活动对于沿海滩涂的侵蚀和破坏，滩涂生态环境的保护也日益成为全球的共识。

苏北水乡，绿在湖荡。盐城境内河流纵横，湖泊密布，是"不是江南胜似江南"的鱼米水乡。市域内河流分属淮河水系和沂、沭、泗水系，市域西部地处里下河地区腹地，有大纵湖、九龙口、马家荡等湖泊水域面积近百平方千米，为典型的潟湖型湖荡湿地。境内还分布通榆河、泰东河、射阳河、新洋港等清水通道维护区，蟒蛇河、盐城市区饮用水水源地共计6处饮用水源保护区，对环境污染特别是水污染尤其敏感。

地球之肾，绿在湿地。湿地资源价值和生态价值极高，素被称作"地球之肾"，具有调节气候、净化环境、剔除海岸污染等生态功能。盐城除广袤的海岸型湿地外，河流环境也孕育了丰富的湿地资源，目前射阳湖已淤变成水域面积约13平方千米的马家荡及水域面积6.3平方千米的九里荡等浅荡；位于盐泰交界处的大纵湖是里下河地区最大、最深的湖泊；建湖县蒋营乡的九龙口属于里下河潟湖发展的湿地沼泽阶段，具有湿地沼泽地貌景观。为有效保护境内宝贵的内陆湿地生态系统，现建有九龙口和大纵湖两个县级自然保护区，构筑起了"地球之肾"的保护壳。

## 二 绿色：增长的所谓"负担"

经济的增长与空间开发、资源利用之间存在着密切的联系，这一观点已经得到理论和实践的证实。以自然空间的缩水和自然资源消耗为代价的增长，是许多国家和地区一度采用的模式。一个地区可供开发利用的资源越多，则其发展的空间也就越大，这几乎已经达成了共识。盐城市是江苏省土地面积最大的地级市，也是江苏省资源赋存量最大的地区，但由于社会经济发展相对滞后，在几年之前依旧被视为后发地区，甚至是发展的落后地区。政治经济学之父威廉·配第的那句名言"劳动是财富之父，土地是财富之母"在盐城市似乎行不通。

### 1. 农业地位坚实，建设用地受限

盐城市是江苏省的农业大市，第一产业在产业结构中所占比重较高，总产值常年位居全省第一。2014年，盐城市第一产业实现增加值516.9亿元，占全省第一产业增加值的14.22%，第一产业产值增长速度超过全省平均水平0.6%。在谋发展、求增长的大背景下，盐城市第一产业能与第二、第三产业基本保持了同步的发展趋势，为维护粮食安全做出了巨大贡献。

根据2012年土地利用现状调查结果，盐城全市土地总面积169.31万公顷，主要以耕地和水域及水利设施用地为主，两者分别占据土地总面积的49.38%和29.22%。城镇及工矿用地为21.92万公顷，仅占土地面积的12.95%，土地开发强度水平在省内靠后。2013年盐城市共计划定基本农田76.61万公顷，占耕地面积比重超过90%，占土地总面积45%以上。基本

农田是按照一定时期人口和社会经济发展对农产品的需求，依据土地利用总体规划确定的不得占用的耕地。基本农田动不了，空间资源不能用，盐城市建设的空间因此被压缩。充足的耕地资源不但没有成为拓宽发展空间的"蓄水池"，反而制约了建设的发展。

### 2. 滩涂面积广大，围垦利用效率低下

在我国荒山地、荒坡地、荒草地、荒碱地和荒沙丘等六大后备土地资源开发利用中，滩涂资源开发潜力最大，沿海滩涂资源的开发因此成为我国东部沿海地区一项重要的国土开发事业。目前，滩涂向陆地方向发展最主要的途径是围垦，将滩涂资源转化为可供生产利用的农田或是其他用地类型。由于滩涂常年受到海水的淹覆，土质中盐分含量较高，因此海涂垦区首先要引淡水淋洗土壤盐分，并采取蓄淡养青、种植耐盐作物等措施积累土壤有机质，加速土壤脱盐，提高土壤肥力。这一过程不仅需要耗费大量的人力物力，还必须经历一定的过渡时期，成本高而效益低。即使是经过围垦后的土地，也存在着生产力低下等问题，如果寻找不到行之有效的利用手段，滩涂资源只能闲置，无法短时间内转化为有效资源。

### 3. 生态保护区是不可触及的"生命线"

在环境日益受到人类活动侵害，生态不断恶化的现实情况下，为了维护国家和区域的生态安全，国家提出了生态保护红线政策。这是关系到国家未来发展的另一条"生命线"，政策对自然生态服务功能、环境质量安全和自然资源利用等内容，在空间上划定边界并进行管理限制，来维持人与自然环境之间的和谐。根据《关于加强国家重点生态功能区环境保护和管理的意见》"对国家重点生态功能区范围内各类开发活动进行严格管制，使人类活动占用的空间控制在目前水平并逐步缩小，以腾出更多的空间用于维系生态系统的良性循环"。生态红线的划定意味着这

片区域的开发被带上了枷锁，对于许多地区而言，划生态红线就是"割肉"。

盐城市省级生态红线区域包括自然保护区、洪水蓄调区、饮用水水源保护区、重要湿地等 7 个类型 49 个区域，总面积 3686.89 平方千米，占到了国土面积的 21.77%。这些生态资源价值的区域外部性极强，资源的保护不仅使盐城受益，更是为江苏甚至是世界做出贡献。然而，生态环境又是极为敏感和复杂的，不同要素之间息息相关，生态质量牵一发而动全身。因此，盐城的环境标准不能降低，污染产业不能发展。在这样的背景下，盐城市不但开发受到限制，而且为了维持生态条件的稳定还需要投入精力进行管理维护，生态资源似乎不仅不能带来经济的增长，反而成了盐城市的"负担"。

### 三 绿色：增长与生态的"最大公约数"

发展必然会消耗资源，也不可避免地改变着自然的环境和循环，历史经验告诫我们，经济的发展往往伴随着资源耗竭和环境退化，"增长"和"生态"就这样被对立了起来。改革开放以来，大部分沿海城市的崛起也与大规模的开发和资源的消耗密不可分。乍一看，前述的盐城市三个优势也是负担，仿若三道"紧箍咒"束缚了盐城市的发展之路。为了打破这一悖论与僵局，盐城开始了思考。

盐城发展突破的关键就在于寻找"增长"与"生态"的"最大公约数"。改革开放的前 30 年，国内大部分先发地区是在以经济建设为中心、以 GDP 增速为核心的思路下实现发展的。"增长"和"生态"两者"鱼与熊掌不可兼得"的尖锐对立和突出矛盾，成了约束绿色发展和可持续发展的魔咒。是否存在一个最大公约数，从而实现"增长"与"生态"的"公约"，把约束要素变成发展要素，把制约力变成发展力，这是摆在全国绿色发展和盐城绿色突破面前的难题。

## 1. 勇做破解难题的"开路"人

盐城市需要发展，但是绝不是踏上多数地区"蔓延式扩张保总量""牺牲资源换发展""忽视生态求政绩"的老路。首先，盐城市特殊的生态环境不允许采取这一方式。一旦过量攫取资源，改造环境，将对当地的环境造成不可逆的损失。不仅影响盐城市的可持续发展，亦可能由于生态系统之间不断的交互作用，影响整个江苏省，甚至是更大范围的区域。其次，经验教训已经证明这条通往发展的老路虽可能是捷径式的，但却是不可持续的。改革开放初期正值国际产能过剩、工业大规模转移的洪流，我国的南部沿海地区把握这一契机承接了大量的国外产业，积累起了坚实的经济基础。但是这些产业大部分是依托化石能源的高能耗、高排放的工业，或是附加值低、技术含量低的劳动密集型产业，造成了一系列资源环境问题。这类产业逐渐在当地扎根，为地方带来了GDP，带来了增长，但在目前转型升级的要求下，上述产业结构"积重难返"，这些城市陷入了难转难升的窘境。因此，这样的道路既不符合盐城市对于生态维护的诉求，同时也不能长期支撑本地区的成长。在这样的背景下，盐城市开始了新道路的探索。

可喜的是，在盐城，这种"开路"的精神已经生根发芽。辉丰农化是大丰区内的一家农化企业。谈到农化，人们印象中总是离不开污染、排放这些负面关键词。但是在这里，污染、排放、残留成了"倒逼"的力量。近年由于农药和兽药残留问题，我国的农产品出口遭到过很大的损失和挫折。这一事件让辉丰公司意识到农产品的无污染、绿色化将是未来市场需求的必然趋势，作为农药和农化产品的经营商，降低自身产品的残留量不仅能够提升公司产品在市场上的竞争力，也是一件惠及广大消费者的好事。前两年，公司下定决心将年产1万吨的辛酰溴苯腈原药项目产量缩减一半，剩余资金用于投资 GLP 实验室建设项目，目的在于严格控制化学品安全性评价试验的各个环节，确保试验结果的准确性、真实性和可靠性，促进试验质量的提高，更好地保护人类健康和环境安全。除此之外，公司依托 QEHS 体系（质量、环境、健康和安全的英文缩写）、清洁生产、安全生产的模式及持续创新等优势，进一步提升企业间协同效应，优化了生产管理销售等流程，提升了运营效率，降低了环境负面效益，并取得了可喜的经济效益。

正是这种点点滴滴的探索，汇聚成了"全市一心，力求破题"的干劲。"增长"触及了"生态"的内心，"生态"也拥有了"增长"的动力。

### 2. "增长"和"生态"的最大结合面在绿色

习近平总书记指出，"保护生态环境就是保护生产力、改善生态环境就是发展生产力"，"绿水青山和金山银山绝不是对立的，关键在人，关键在思路"。解决环境问题的本质就是处理好人与自然、人与人、经济发展与环境保护之间的关系。

传统数学意义上的公约数，指的是两个或多个整数共有约数中最大的一个。盐城寻找的"最大公约数"，就是"增长"与"生态"的最大结合面，而这一结合面最终就落在"绿色"二字。在旧思路之下，为了实现保护，绿色资源就必须挤占经济发展的空间。"增长"减去"生态"才是发展，两者之间是互斥的。因为在这一阶段，以 GDP 为第一要务的增长模式弱化了资源环境的价值，因此产生了"增长"和"生态"这对矛盾。绿色这一关键词，将自然资本的地位和价值提了上来。对经济发展而言，虽然生态的保护是其成本，但反观生产过程，成本的降低也是提升效益的一大途径。同时，经济发展速度的持续性和稳定性，依赖自然资源的丰富程度和持续生产能力，保护和改善环境提供了经济稳定持续发展的物质基础和条件。[①] 在这样的一个思路之下，"增长"加上"生态"推动了发展，两者之间是叠加融合的。滩涂、湿地、森林这些生态资本不是盐城"绿色负担"，而是盐城充当了这些资本的"绿色银行"，让"生态"在正确的经营下，不仅保持其自身的价值，还能实现增值获利。

对最大公约数的寻求，摆在盐城面前的是一种跳跃式的发展路径。从轻工业到重工业再到高新技术产业，这是世界上几乎所有国家和地区走过的"经典"发展线路。但是在"增长"和"生态"均衡发展的目标下，不仅要从轻工业的低附加值经济圈中跳出来，又要避开重工业发展的污染带，因此只有跳跃式的发展，只有向"轻、高、优"的产业结构直接转型才是出路。

"增长"与"生态"的"最大公约数"约减的是落后、污染和耗能，公约出来的是绿色、叠加效益和可持续。盐城市的绿色底色是难能可贵的财富。避开建设和围垦，对这部分资源进行保护，并以生态经营将静态的、脆弱的资源转化成动态的、强劲的"绿色生产力"。在原来的行进方向上绕个弯，绕开污染、绕开高能耗，通往可持续的绿色发展，原来被视作是劣势的环节就这样转变成了优势。

### 3. 绿色名片推动开放集聚

辟出了新路的盐城，让绿色转变成了一种生产性要素，其本身就能带来的经济增长，成了推动发展的后劲。同时，绿色也是一种服务性要素，良好的生态环境为生活、生产提供了支撑，成了孕育发展的摇篮。在竞争日趋激烈的背景下，不同地区基础设施条件逐渐趋同，越来越多的企业和个人在投资、发展时，将环

① 牟绘桦：《经济发展与环境保护的共存关系》。http://abc.wm23.com/muhuihua/66913.html。

境作为重要的决策因素。良好的环境已经不仅被视为一个地区的财富，更是构成区域竞争力的一大要素，是一座城市的靓丽"名片"。

递出绿色名片的盐城市，也打开了对外开放的大门。人流、物流、资本流开始涌向盐城，经济结构、生产方式和消费模式逐步优化调整。这里，聚集起了海外的资本技术，2014年盐城市进出口总额五年增长了近一倍。2015年上半年进出口总额增幅为28.4%，全省第一。合作范围从以东南亚地区国家为主逐渐向欧美延伸。这里，聚集起了高端制造业的"细胞"，越来越多的全产业链组织模式正逐渐支撑起盐城的经济。大数据产业从初级的数据存储分析，向云平台、技术研发、数据银行等综合开发利用转型；光伏产业与光伏电站、风光渔立体开发、绿色建筑协同推进；以航空装备制造为起点，串联航空服务，打破第二产业与第三产业之间的壁垒。这里，聚集起了"生龙活虎"的人气，他们或是眷恋这里的景色宜人，或是致力于奋斗于这片热土……

盐城是幸运的，生态资源的优势为对内、对外的开放提供了条件。盐城人是智慧的，在对自身条件的准确判断下找准了开放的路径，抓住了开放的时机。绿色潜力正蓄势待发！

## 第二节　环境"换取"增长

为了发展而不顾对环境的影响甚至牺牲环境，是经济发展初期许多地区走过的一条路，盐城也曾有过伤痛。当年为追赶先发地区脚步而不计成本地加快工业发展，已经让盐城警醒、思考。盐城人意识到：发展离不开环境，但不能以环境为代价换取发展，而是应该在保全环境的基础上"焕新"增长，将环境资本转换为经济增长。

## 一　稳速与调优的双赢

### 1. GDP 增速连续五年超过江苏省平均水平

目前，世界各国经济普遍在艰难复苏中，中国经济经过30年的高速发展，依然保持稳中有进。然而，由于内生动力不足、产能过剩、结构失衡等诸多隐忧，经济发展已经出现疲软的征兆。尤其是 2011 年以来，GDP 增速逐年下滑，经济发展由高速向中高速转变的"新常态"特征明显。在这样的经济背景之下，江苏省的经济发展也开始减速，和全国呈现出基本一致的变化特征，尤其是 2012 年开始告别了高速增长阶段。

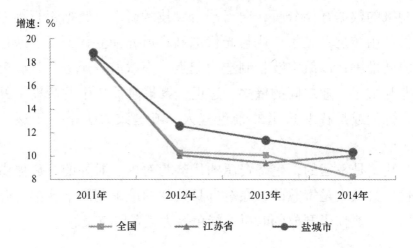

**图 4 - 1　中国、江苏省和盐城市 2011—2014 年 GDP 增速**

资料来源：《中国统计年鉴》和《江苏省统计年鉴》。

2010—2014 年，与全国、全省 GDP 增速年均下降 0.75 个和 0.95 个百分点相比，盐城市近四年的 GDP 增长速度始终高于全省平均水平，2012、2013 年两年 GDP 增长速度分别超过全省平均水平的 2.5% 和 2.0%，并呈现出稳定的变化趋势，在全省各市中表现突出。

## 2. 单位 GDP 能耗得到有效控制

单位 GDP 能耗是反映地区发展可持续程度的重要指标之一，从这一指标的变化来看，盐城市发展的能源消耗远低于全国平均水平，在江苏省内也处于低消耗的行列。根据最新统计数据，2014 年盐城市单位 GDP 能耗较 2013 年下降了 6%，在 2013 年单位 GDP 能耗不减反增的压力下，2014 年盐城市在节能增效方面加足马力，单位 GDP 能耗降至 0.518 吨标准煤，为全省最低水平。

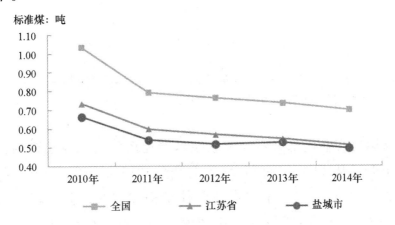

**图 4-2　全国、江苏省和盐城市万元 GDP 能耗**

资料来源：数据由盐城市经济和信息化委员会提供。

## 3. 产业结构调绿调优

近年来，盐城市产业结构中第一产业的附加值不断提升，第二产业结构转型顺利推进，第三产业以旅游业为龙头、生产服务业为主体蓬勃发展。2013 年以来，二、三产业比重年均提升 0.7 个百分点，到 2014 年，盐城市三次产业增加值比例调整为 12.8∶46.4∶40.8。

从三大产业部门的增速来看，第三产业的增速领先于第一产业和第二产业，2013 和 2014 两年在第一产业和第二产业增速都出现下滑的情况下，唯有第三产业的增速出现上扬，充分反映了盐城市产业结构的优化趋势。

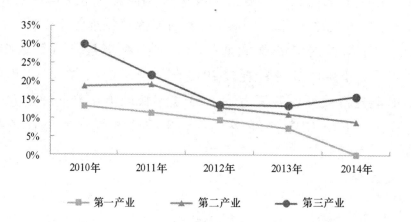

**图 4 – 3　2010—2014 年盐城市第一、第二、第三产业增速**

资料来源：数据由盐城市统计局提供。

从第二产业内部来看，高新技术产业产值占工业总产值比重逐年上升，从 2010 年的 17. 54% 上升至 2013 年的 27. 48%，年均提高 3. 31 个百分点。第二产业整体结构向"高、新、轻"方向转变。2014 年，高新技术产业产值突破 2000 亿元，增长 17%，占规模以上工业比重达 30% 以上。

**4. 资源综合开发成效显著**

秉承"以生态撬动发展、经济环境协同并进"的理念，盐城市通过产业的融通和资源互补的循环形成了"纯"绿色、"真"绿色的增长氛围。尤其是在生态领域，力求自然生态与产业生态相得益彰，让好环境成为盐城市重要的生产资料。蓝色海洋文化、红色铁军文化、白色海盐文化和绿色湿地文化四色合一、交相辉映的旅游业发展格局，"风光渔""风光电"的立体式开发模式，循环农业、休闲农业等产业再造案例，近年来规模逐步扩大，结构日趋完善，不仅助推了盐城市经济的发展，也成为省内外可圈可点的成功案例。

## 二 绿色 GDP 的增长

### 1. 什么是绿色 GDP

既不能"守着金饭碗，叫着没饭吃"，更不能重蹈"先污染后治理"的老路。市委书记朱克江提出，破解盐城的两难甚至多难，就要打破"资源诅咒"，奔向绿色发展，盐城 GDP 必须是绿色的。

什么样的 GDP 才是绿色的？

在实际生活中，人类的经济活动是一把双刃剑，一方面创造国民财富，提高人类物质生活水平，体现其积极效应；而另一方面又以各种形式和手段阻碍经济长期持续发展，体现其负面影响。这种负面影响集中表现在两个方面：一是无休止的耗竭自然资源推动经济发展，使得各类自然资源在绝对数量上不断减少，比如对矿产资源的掠夺式开采和对森林资源的滥砍滥伐等；二是向周围环境任意排泄生活和经济活动产生的废弃物，比如废气、废水、废渣，使人类生态环境在质上不断降级。十六届三中全会以后，我国明确提出要坚持以人为本，树立全面、协调、可持续的科学发展观，促进经济社会和人的全面发展，并决定把经济发展中的自然资源耗减成本和环境资源耗减成本纳入国民经济的核算体系，即建立绿色 GDP 国民经济核算体系。习近平总书记在 2013 年中央政治局第六次集体学习时也指出，要"彻底转变观念，再不以 GDP 增长率论英雄"，"如果生态环境指标很差，一个地方一个部门的表面成绩再好看也不行，不说一票否决，但这一票一定要占很大的权重"。传统 GDP 数值只能反映经济活动的"正面效应"，无法反映经济活动对自然资源和生态环境产生的负面影响，只有剥离了资源消耗和环境减损下的 GDP 才是真实的增长、绿色的增长，也只有这种绿色的增长才能体现一个地区发展的灵魂。

在关注这种发展的负面效应的同时，人们为保护涵养资源和改善优化环境做出的努力和获得的成果则是经济发展的"正面效应"。经济增长带来的技术水平的成长和观念意识的改变让资源得以循环利用，实现了"再生"。人为培育、建设的绿色环境与自然环境相辅相成，让生态的服务和效益能够渗透到人类活动的各个角落。这种"正面效应"的考量不仅是对地方践行可持续发展观、建设生态文明的肯定，同时也是对绿色行动的一种激励。

因此，绿色 GDP 应该满足这样一个公式：

绿色 GDP = 传统 GDP − 自然资源耗竭总价值 − 环境污染损失总价值 + 资源生态效益

**2. 发展的"正"与"负"**

从整体的趋势来看，盐城市自然资源损失价值呈现逐年上升的趋势。由于自然资源的价值随着经济发展在不断增长，损失总量的增加也是不可避免的。2010—2011 年这一量的变化尤为明显。《盐城市海洋功能区划（2006—2010）》确定的围海造地面积为 192.2 平方千米，因此 2010 年盐城市耕地面积出现了较大的增长，由此提升了当年自然资源的正效益。环境污染损失价值和资源生态效益在观察期间波动变化，但是从总量来看数值基本稳定。2013 年后，随着环境质量水平的上升，盐城市环境污染损失总价值出现了下降。（图 4 – 4）。

资源生态效益的核算中，碳排放价格以美元计算后折合成人民币。由于经济危机以来美元价格下跌严重，因此影响了资源生态效益价值核算结果。决定资源生态效益价值的另一大基本要素是当地的园林绿地面积，仅从这一指标的变化来看盐城市园林绿地面积呈现出明显的增长趋势。因此此处计算所得绝对数字不能完全客观地反映盐城市经济发展的效益，还受到其他一些经济因素的影响。

**3. "绿"起来的经济增长**

为了更直观地反映盐城市绿色发展水平的变化，图 4 – 5 将

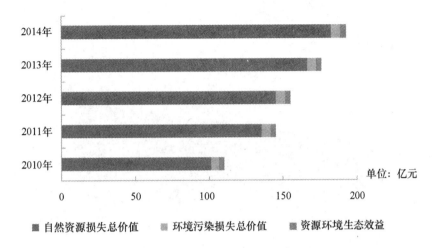

**图 4 - 4　盐城市绿色 GDP 构成要素**

资料来源：计算数据由盐城统计局、环保局提供。

2010—2014 年盐城市绿色 GDP 与传统 GDP 进行对比。图中浅灰色表示盐城市绿色 GDP，深灰色表示盐城市绿色 GDP 和传统 GDP 之间的"绿色鸿沟"。可以看出，盐城市绿色 GDP 占 GDP 的比重维持在较高的水平，超过了 95%，经济发展的"绿色鸿沟"也得到有效的控制。

　　为了进一步推进绿色发展，从绿色 GDP 各项指标来看，盐城市仍存在需要改进的地方。虽然各个城市单位 GDP 能耗、水耗等指标都在下降，但是从先发地区的经验来看，随着经济体量的增长，自然资源消耗的规模也必然会增长，这是摆在盐城市面前的路。要实现自然资源耗竭价值的控制，必须通过新能源、新资源的开发实现，目前盐城市已经开始积极的尝试和实践。同时，依旧需要重视生产过程中的"三废"排放和治理，减少经济发展对于环境的负面效应。进一步加强发展的正面效益，让发展成果不仅仅体现在经济总量的增加上，还要通过拓宽资源综合利用的形式，反馈自然，惠及自然，为经济增长"加分"。

单位：亿元

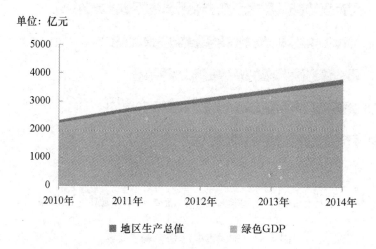

图 4 - 5　2010—2014 年盐城市传统 GDP、绿色 GDP 变化趋势

资料来源：计算数据由盐城统计局、环保局提供。

### 三　财富结构的优化

#### 1. 哪些资源是财富

人类社会财富是全社会所有财富的总和。人类的财富观与人类的生存条件、生产力水平和所追求的社会发展目标密切相关，因此在不同的时代，人类社会财富的内涵也发生着变化。

第一代可持续发展观强调公平性和持续性，从宏观的层面指出了发展的思路和理念。从功能界定上讲，绿色发展观是第二代的可持续发展观，是第一代可持续发展观的具体化，强调经济系统、社会系统和自然系统之间的系统性、整体性和协调性①。从绿色发展观出发来审视人类社会财富这一概念，其内涵也"绿"了起来。这种"绿"体现在两个方面。首先，这是一种自然的绿色，彰显生态的"绿"。绿色财富不仅关注资源市场价值对经济

---

① 胡鞍钢、周绍杰：《绿色发展：功能界定、机制分析与发展战略》，《中国人口·资源与环境》2014 年第 24 卷第 1 期。

发展的支撑作用，也关注非实体的、无形的生态服务价值对经济的承载和引导作用。其次，这是一种以人为本的"绿"。除了传统的土地、森林、矿产等自然资源和以固定资产为代表的物质资源之外，智力要素得到越来越多的重视。随着全球化的推进和信息技术的普及，高技术含量产业逐渐在经济活动占据主要地位，知识取代自然资源和物质资源成为最重要的生产要素。智力要素有别于传统的化石要素，生产过程中既不消耗资源，也不产生污染，因此其生产价值是绿色的。

1995 年，世界银行发布报告，将每个国家所拥有的财富划分为自然资本（Natural Capital）、人造资本（Produced Assets）和人力资本（Human Resources）。借鉴这一分类方式，并融合绿色发展理念，这里将自然资本、物质资本和智力资本作为绿色财富的成分进行考量。其中自然资本包含了自然资源的市场价值和非市场价值，物质资本包括人类劳动创造的物质资产，智力资本则反映的是人类自身生产创造价值的能力（见表 4 - 1）。

表 4 - 1　　　　　　　　　　绿色财富分类及估算方法

| 财富类型 | 内涵 | 估算方法 |
|---|---|---|
| 自然资本 | 自然生态系统为人类所提供的各类价值，包含了市场价值和非市场价值 | 收益还原法以及生态服务价值核算 |
| 物质资本 | 人类在劳动和生产中所创造的物质资产 | 永续盘存法 |
| 智力资本 | 人类本身的生产能力或创造价值的能力 | 收入还原法 |

### 2. 盐城财富结构现状及变化

从整体情况来看（图 4 - 6），2010—2014 年，盐城市财富总值呈现出逐年增长的趋势，2014 相比于 2010 年财富总额增长了26493.7 亿，其中自然资本增长 2694.7 亿，物质资本增长6047.1 亿，智力资本增长 17751.9 亿，且增速较为稳定。

从财富的分项来看，自然资本、物质资本和智力资本都出现了增长，但是增幅各不相同。在核算过程中，自然资本市场价值主要来自农业用地的价值，资本非市场价值主要来自水域、湿地的生态服务价值。盐城市这几项资源赋存量高，且近年来尤其重视生态的保护，因此自然资本不减反增，与部分地区以资源为代价的发展模式相比显得难能可贵。物质资本主要以各市的固定资产投资情况确定，在房地产投资热潮尚未退去的情况下，增长较为明显。智力资本的资本核算结果主要取决于当地的人口总量和年龄结构。

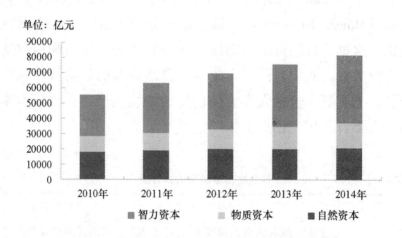

**图4-6  2010—2014年盐城市财富结构变化情况**
资料来源：计算数据由盐城统计局、环保局提供。

自然资本财富额增长主要来自市场价值的增长，变化并不显著，占全市财富总值的比重逐年下降，到2014年约为25.33%。物质资本增长幅度略高于自然资本，近两年增速加快，其占全市财富总值的比重从2010年的18.7%上升到了2014年的20.04%。智力资本的增长最为显著，其占全市财富总值的比重在5年间上升了5.91%。

### 3. 未来财富结构转变方向

财富的结构也是划分一个国家或者地区经济发展水平的参照之一。世界银行将全世界的国家和地区分为低收入、中低收入、中高收入和高收入四个组别，其中世界经济合作及发展组织（OECD）的成员国全部位于高收入国家之列，而中等发达国家也基本都位于高收入国家之列（表4-2）。从划分的标准来看，经济越发达，智力资本的比重越高，自然资本的比重越低，物质资本呈现先增长后下降的趋势。

表4-2　　　　2005年不同收入水平国家与盐城市资本结构比较　　　单位：%

| 地区 | 自然资本 | 物质资本 | 智力资本 |
|---|---|---|---|
| 低收入国家 | 30 | 13 | 57 |
| 中低收入国家 | 25 | 24 | 51 |
| 中高收入国家 | 15 | 16 | 69 |
| 高收入国家（OECD） | 2 | 17 | 81 |
| 世界 | 5 | 18 | 77 |
| 盐城市（2010年） | 33 | 19 | 49 |
| 盐城市（2014年） | 25 | 20 | 55 |

对照盐城市在2010—2014年的结构变化，可以发现以财富结构来衡量，盐城市正逐步向高经济发展水平迈进。根据2010年的数据，盐城市隶属低收入国家行列，而2014年的数据显示盐城市进入了中低收入国家阶层。需要指出的是，由于核算的方式不尽相同，因此上述对比不具备绝对意义，仅仅是用作趋势判断的参照。同时表中所列的数据代表的是不同阶层国家的平均水平，而盐城市的情况显然应该归属于特例。其丰富的生态资源不仅在江苏省、在全国乃至世界都是极为少见的，因此上述划分方式对盐城不具备很强的适用性。但是通过进一步的比较，我们能够找到盐城市未来的发展方向。

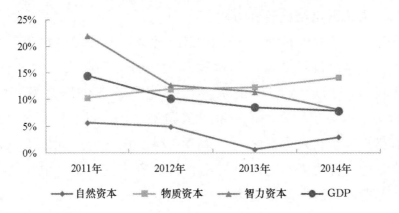

图 4 – 7    2011—2014 年盐城市 GDP 和各项资本存量增速

资料来源：计算数据由盐城统计局、环保局提供。

将各项资本的增速和 GDP 增速进行对比（图 4 – 7），可以看出 2011—2014 年，自然资本增速相对稳定，物质资本增速缓慢上升，智力资本增速和 GDP 增速之间有同步的趋势。由于自然资本的更新速度极其缓慢，而且一些资源如矿产资源属于不可再生资源，因此自然资本的增速远低于其他两类资本。虽然盐城市目前自然资本存量比重较高，但是今后依旧需要重视生态资源资本的维护。随着经济的发展，人类创造的财富越来越多，而固化成为物质资本的部分也随之增长。经济成果的转化再生是盘活经济发展的关键手段，而固定资产形式存在的资本则由于形式的限制活力不足。因此物质资本的总量应当存在一个合理区间，既满足生产生活的需求，又不影响经济成果的转化。从表 4 – 2 的阶层划分来看，16%—18% 是较为合理的区间，而盐城市近年来的发展则出现了比重加速上升的趋势，对比之下未来盐城市财富结构仍需进一步优化，降低物质资本比重。

经济增长速度快于智力资本增长容易导致后期动力不足，而智力资本增长快于经济增长则反映出人力资源利用效率的低下。盐城市智力资本存量和经济发展之间的变化逐步趋同，说明经济发展和人才孵化两者间已经形成了较好的互动机制。一方面经济增长吸引了人才的进入；另一方面人力资源的充分利用也成了经济增长的"助推器"。

## 第三节　发展提升环境

### 一　EKC 曲线：难以破解的诅咒

自然资源是有限的，有些甚至是不可再生的。20 世纪 70 年代早期，罗马俱乐部的增长极限观点指出，当人类社会经济发展到一定阶段之后，这种有限性对经济增长将产生制约作用。然而，理论和实证均对这一观点提出了质疑，关于环境质量和经济增长之间阶段性联系的争论层出不穷，环境库兹涅茨曲线理论在争论声中产生。

1991 年，美国经济学家 Grossman 和 Krueger 对 $SO_2$、微尘和颗粒悬浮物这三种环境质量指标与收入的关系进行研究显示，这三种污染物的排放量与收入之间呈现"倒 U 型"的关系，即当经济发展达到一定水平后，由于技术的成长和理念的转变，经济增长将反过来成为环境改善的前提条件。以此模型为基础进行回归测算，在人均收入阈值达到 5000—8000 美元之后，环境污染的水平会开始降低。1996 年 Panayotou 借用 1955 年库兹涅茨界定的人均收入与收入不均等之间的倒 U 型曲线，首次将这种环境质量与人均收入间的关系称为环境库兹涅茨曲线（EKC）。环境库兹涅茨曲线的假说认为在经济发展的初期阶段，随着收入增加环境质量将不断恶化，当收入越过某一特定的"转折点"后，环境质量将得到改善，即"污染—收入"之间存在一种倒 U 型关系。[①]

---

[①]　陆旸、郭路：《环境库兹涅茨倒 U 型曲线和环境指出的 S 型曲线：一个新古典增长框架下的理论解释》，《世界经济》2008 年第 12 期。

（图 4 - 8）

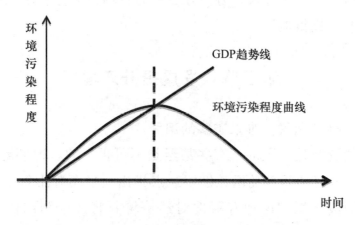

图 4 - 8　环境库兹涅茨曲线表明，经济发展初期 GDP
的增长往往伴随着环境污染问题的加重

在人们收入水平较低的时候，人们对于收入提高有着很高的
要求，生态环境资本相对处于供给大于需求的状态，这就决定了
今后一段时期经济的发展在一定程度上以会牺牲生态环境为代
价，以节省经济发展的生态环境保护成本。但是随着人们收入的
提高，生态环境问题日趋严重，到了经济发展的第三个阶段，人
们这时对于生活质量的要求不仅要求有相当高的经济收入，还要
求有良好的生态环境，这时人们就愿意牺牲一定的经济发展速度
来改善生态环境。这就是环境经济学家库兹涅茨（Kuznets）于
1955 年提出的环境经济理论假说。从这一理论可以看出，人们对
于经济发展的认识过程也是一个生态环境资本比重与经济资本比
重交替变化的过程。在第一阶段，生态环境资本比重较高而生态
环境资本的边际效用则呈下降趋势，经济资本效用开始上升；在
第二阶段，生态资本边际效用下降至最低点，而经济资本效用上
升至最高点；第三阶段，生态资本边际效用开始上升，经济资本
边际效用开始下降，直至生态环境资本与经济资本边际效用曲线

相交，而使得区域生态环境—经济总资本效用最大。当生态资本边际效用下降至最低点，而经济资本效用上升至最高点，即达到了环境库兹涅茨曲线的拐点，此时环境污染水平达到最高值。

## 二　困境突围：劣势之下谋出路

发达国家走过的路告诉我们，在工业化的初中期，环境污染总是与经济发展相伴而生。最早掀起工业革命的英国，饱受煤烟污染的困扰；后来居上的德国，水污染导致的霍乱酿成惨剧；日本采矿过程失当引发的足尾事件，让几十万人流离失所。这些案例绝不是特例，而是众多国家和地区在发展中真真切切经历过、痛苦过的过程。

对于盐城而言，对这一体会尤其深切。盐城市位于淮河下游，又处于水系出海口位置，在水质上先天处于劣势，水污染是当地长期以来的"痛"。一方面上游的水污染极易转移；另一方面，许多地区都会将排污口设置在沿海的位置，盐城市生态容量又高于周边地区，因此似乎就成了理想的"污水中转站"。盐城是一座平原城市，又是江苏省农业大市，由于农业水利等方面的需求，人工挖掘了大量河道。随着城市的发展和扩张，这一过程中大量河道被填埋和占用，原本贯通的河流被截成段，地表水循环受阻，加上城市生活垃圾和污水的排入，地表水环境急需改善。

正是"水"点醒了盐城人，先天条件上的劣势和曾经经历过的污染事件让他们深切意识到了环保的重要性，绝不能等到环境威胁到了生存、生计再行动，寻回绿水青山必须刻不容缓。传统的发展理论将经济发展初期环境的退化和产业的进步捆绑了起来。在经济和生态这对矛盾上，盐城已经破解了难题。在环境和产业进步上，盐城也想要解脱松绑、破除诅咒，新的思考再次起航。

### 三 EKC 削峰：生态赶超破诅咒

传统 EKC 理论是以发达国家经验为基础总结得出的，从对它的理论分析中可以得出这样一个结论，即环境库兹涅茨曲线在初期出现环境污染随着经济增长而加剧的现象，是由于在这一阶段人类对于收入提高有着极高要求，并愿意以牺牲环境资源为代价来换取这种增长，因此生态环境资本的边际效用呈下降趋势，经济资本效用则上升。"EKC"拐点的出现不仅仅代表着技术水平成长带来的环境污染治理能力的提升，实际也是人类发展观开始转变的一个过程，即从追求收入向追求生态环境和收入并重转变。

当发展的思路、背景发生转变，EKC 曲线也将发生变化。盐城市所走的绿色发展之路是在可持续发展的背景下提出的，追求经济增长被放到了次要的位置，保护生态资源，实现人与自然的和谐共存成为盐城人最高的诉求。因此，生态资本边际效用和经济资本边际效用之间的关系也由此发生变化。一开始盐城市经济发展的起步不免对生态环境产生了一些负面的影响，与上述假说的第一阶段是吻合的。发展思路转变之后，生态资本边际效用发生了突跃，超过了经济资本边际效益。随后，通过生态经营的思路，盐城市正在寻找一个新的平衡点，以实现生态资本效益不减状态下两者之间效用总和的最大化。

思路的转变让盐城市"告别"了 EKC 拐点。一方面，改被动等待为主动出击，不等环境污染达到最糟糕、不得不治理的状态，就先行阻断了其恶化的趋势。这样一来使得 EKC 曲线被"削峰"，避开了传统 EKC 曲线的最高点。另一方面，在时间上 EKC 拐点提前出现了，生态资本边际效用超过经济资本边际效用后，随着经济的增长环境污染逐步下降，而且这一趋势将越来越明显。

### 四　永续发展：告别拐点续"蛮拼"

环境库兹涅茨"倒 U 型"曲线的拐点由于污染物或环境指标不同而各自相异，对于大多数污染指标而言，估算出的转折点一般都存在于人均收入位于 3000—10000 美元的区间内（以 1985 年美元的不变价格估算）[1]。2009 年盐城市人均 GDP 达 3000 美元，2014 年盐城市人均 GDP 突破 8000 美元，可以说 2010—2014 的五年间，盐城市正位于 EKC 拐点出现的关键时间段。此处选取盐城市煤炭消耗量、水体中 COD 和氨氮排放量以及空气中 $SO_2$ 和烟尘排放量五项指标，来观察盐城市近年经济增长与资源环境状况变化的趋势。

煤炭是传统化石能源的代表，由于其在储量上比石油等其他化石能源要丰富，长期以来一直是我国能源结构中重要的组成部分。2013 年，煤炭在中国能源结构中的比重下降到历史最低点，但是依旧占据了 67.5%。煤炭燃烧产生的碳氧化物、硫氧化物、烟尘和粉尘是影响空气质量的主要污染物，我国优化能源消费结构的一个重要环节就是不断降低以煤炭为首的化石能源消费总量。可以说煤炭的消费总量从一个侧面反映了一个地区发展的环境友好程度。

2010—2014 年，盐城市的煤炭消费总量出现了从迅速增长到相对稳定的转变。从图 4 - 9 可以明显看出，当盐城市 GDP 总值突破 3000 亿元之后，煤炭的消费总量得到了较为有效的控制。万元 GDP 煤炭消耗量波动变化，随着全市煤炭消耗总量基本稳定，近三年这一指标有了显著的下降。

截至 2014 年年底，包括风电、光伏及生物质发电在内，盐城可再生能源装机容量达到 206 万千瓦，占全市电力装机容量近

---

[1]　白小滢：《环境库兹涅茨曲线与长期经济增长》，博士学位论文，武汉大学，2010 年。

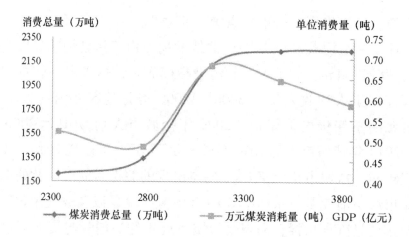

**图 4-9    2010—2014 年盐城市煤炭消耗与经济总量关系**

资料来源：数据由盐城市环保局提供。

40%。全年可再生能源发电达 37 亿千瓦·时，占全市发电总量13.9%、全省新能源发电量 60% 以上。盐城市是我国沿海风能和太阳能开发的主要地区之一，随着风电和光伏发电技术的进步以及政府在清洁能源应用上的鼓励和支持，煤炭在能源消耗中的比重减少的趋势愈加明显。由于数据年限限制，对盐城市煤炭消耗总量变化趋势尚无法做出判断，但是可以得出初步结论：经济总量规模达到 3000 亿左右时，盐城市万元 GDP 煤炭消耗出现了阶段性拐点。煤炭消费总量的拐点虽未出现，但是煤炭消耗总量增幅正在日趋缩小，呈现逼近拐点的趋势。

化学需氧量（COD）和氨氮是衡量水体污染的主要指标，化学需氧量越高意味着水体中有机污染物越严重，影响着水生生物的生存。氨氮是水体中的营养素，可导致水富营养化现象产生，对鱼类及某些水生生物也具有毒害作用。

盐城市近年来 COD 和氨氮的排放量呈现出一致的变化趋势（图 4-10）。COD 排放的总量呈下降趋势，尤其是生产总值超过

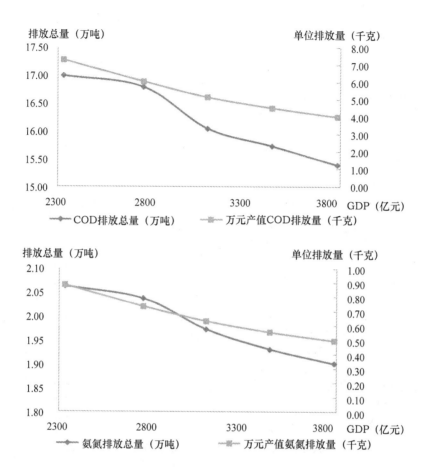

图4-10 2010—2014年盐城市COD和氨氮排放与经济总量的关系

资料来源：数据由盐城市环保局提供。

2800亿元之后，下降速度有所增长，万元产值COD排放量则以稳定的趋势不断下降。氨氮的排放总量也以2800亿元为节点，出现了降幅的增长，万元氨氮的排放量稳步下降。可以初步判断这两项指标都出现阶段性拐点。

SO$_2$和烟尘的排放量是衡量空气污染水平的主要指标，也是最早得到研究的环境变量。根据Grossman和Krueger的分析，空气污染的EKC曲线转折拐点一般发生在人均收入不到8000美元时。从盐城市近年经济发展水平来看十分接近这一拐点。

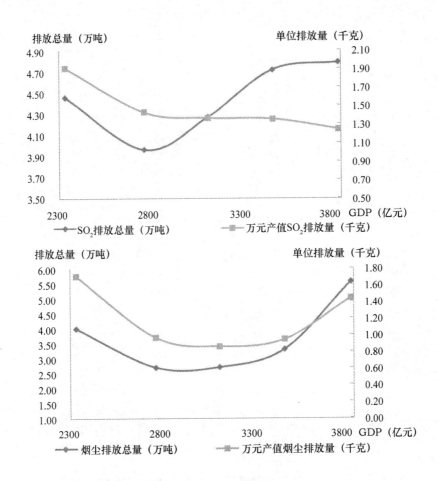

**图 4－11 2010—2014 年盐城市 $SO_2$ 和烟尘排放与经济总量的关系**

资料来源：数据由盐城市环保局提供。

2010—2014 年盐城市 $SO_2$ 排放总量先减后增，近两年总量基本保持不变，万元 GDP 的 $SO_2$ 的排放量在 1.5 千克的水平上维持了一段时间后，2014 年又出现了下降。烟尘排放总量在生产总值超过 3000 亿元之后开始上升，万元 GDP 烟尘的排放量同时出现拐点开始上升，与 EKC "倒 U 型"曲线相反呈现出 "U 型"的变化趋势（图 4－11）。可以判断，盐城市万元 $SO_2$ 的排放量可能已经出现阶段性的拐点，$SO_2$ 排放总量也开始得到控制，正朝着拐点进发，而烟尘的排放量则有增多趋势。

从上述指标可以看出，随着经济发展水平的提高，盐城市主要污染物万元产值的单位排放量整体呈现出下降的趋势。煤炭消费总量和 $SO_2$ 排放总量在观察期间虽然有波动，但是近些年增幅越来越小。由于上述观察时间尺度较小，因此这一拐点只是短期内的阶段性拐点，是否真正告别"EKC"曲线的最高点，依旧需要在更长的时间尺度内进行验证。但是这种阶段性拐点的出现无疑为盐城市增强了信心，证明他们现在所走的这条路方向没有错。然而我们也可以发现，烟尘的排放总量则出现了阶段性上升，这一项指标依旧是盐城市需要狠抓严治的内容。

绿色发展不是一蹴而就的，环境的优化提升也不是一朝一夕能够实现的。要守住绿水青山，在环境治理方面盐城市还有路要走。"我们的各级干部也是蛮拼的。"习近平总书记在 2015 年新年贺词中用了这样一句流行语来形容各级领导干部 2014 年在工作上的劲头。盐城市在绿色之路上，正是需要这种精神气。"蛮"在整治的力度，"拼"在改善的决心。环境的优化提升是一件利民惠民的大工程，是播撒绿色甘露，让盐城人共享绿色福利的一场春雨。为了让人民过上"慢生活"，盐城市领导干部们还要将"蛮劲""拼劲"延续下去。

从发展的劣势到优势，从发展牺牲环境到发展提升环境，盐城市的转变，就是寻到了一条实现绿色增长的路子。通过视角的转化，明确了以可持续为前提，在绿色上做"加法"，做"乘法"，实现产业由单一工业开发向生态旅游、海洋经济、现代港城等多元发展转变，促进发展战略方向由"经济走廊"向"生态走廊"转变，让沿海发展真正"绿"起来，以"环境美"促进经济强、民生富，增创发展新优势，释放沿海绿色生态的巨大发展潜能。焕然一新的盐城，脚下的路将越走越长，越走越宽。

# 第三篇　走绿色发展路

# 第五章　绿色制造

　　制造业为主体是盐城经济的一大特点，也是盐城稳增长、调结构、转方式不可回避的重点。长期以来，盐城经济结构偏重偏低，汽车、纺织、机械、化工四大产业曾占整个工业产值的3/4以上。产业结构雷同、制造低端、能耗高、污染大、效益差，成为经济快速发展的重要制约，成为经济与生态对立的主要原因。推进绿色发展，实质是创新发展。其中绿色制造既是主体，也是突破口。有着多年经济与科技工作经历的市委书记朱克江，带领盐城领导层，敏锐而执著地把产业创新作为推行绿色发展的破题文章来做。2013年，盐城明确提出要坚持市场导向、高端导向、创新导向和生态导向，以超前的眼光、超前的思路确立了制造业跨越式发展的路径——由工业化中期偏重偏低的产业结构努力直奔工业4.0的高端模式，以大产业、大项目、大载体为重要抓手，以创新驱动、开放融合为主要动力，致力于建设绿色、低碳、创新和可持续发展的新型产业体系，初步形成了以战略性新兴产业为先导、先进制造业和现代服务业为主体、现代农业为基础的产业发展新格局。

　　"忽如一夜春风来，千树万树梨花开"，这是盐城新产业经济在绿色转型中风起云涌的生动写照。传统产业的华丽转身，新兴产业的惊艳崛起，构成了当下盐城绿色制造的别样风景。绿意盎然的盐城制造业，正在不断修正和改变一贯的灰色面孔，以轻、高、优、强的新形象，带给人们不一样的印象。

# 第一节　绿色制造破发展转型之困

转型与增长共赢是实现中国梦、建设美丽中国和走出中等收入陷阱的战略性难题。然而，我国目前还没有找到促转型与保增长共赢的有效途径，转型往往导致经济增长减速，保增长又会使转型陷入停滞状态，转型与增长成为当前中国一个鱼和熊掌不可兼得的双重难题。盐城市在促转型与保增长的探索中找到一个突破口，就是通过发展绿色制造业推进绿色转型和绿色增长，实现转型与增长的双重目标。2014 年，盐城工业开票销售收入突破4000 亿元，增长 17.2%，增速列全省第二位，高于全省均值11.6 个百分点；规模以上工业增加值 1800 亿元，增长 12.7%，增速列全省第三位。2015 年上半年，盐城市全口径工业开票销售增幅列全省第一，规模以上工业增加值增幅列全省第三，完成工业投资总量列全省第三，进出口增幅均列全省第一，工业经济正向中高速增长、中高端水平迈进，书写了制造业绿色发展的新篇章。

## 一　新兴产业成为转型升级主引擎

超前布局战略性新兴产业是盐城制造业转型的重要抓手。近年来，盐城市从产业发展趋势和自身优势出发，重点培育"4+3"新兴产业，即新能源、节能环保、电子信息、高端装备四个主导产业和新能源汽车、海洋产业、航空装备三个先导产业。市里专门出台文件，对各县（市、区）产业进行准确定位，每个县（市、区）重点培育 1—2 个产业，各县（市、区）按照定位加大招商引资力度，重点引进一批龙头型项目，推进新兴产业跨越式发展。目前，盐城已经成功获批国家战略性新兴产业区域集聚发展试点城市和国家新能源示范城市。这几年,战略性新兴产业发展规模逐年攀升,年均增速达到41.6%。2014年主营业务收入突破1500亿元,四年实现总量翻两番。战略性新兴产业对地区经济增长贡献率不断提升,占地区生产总值比重达到9%,日益成为全市经济发展和产业升级的重要支撑。20个重点园区实现主营业务收入591.3亿元,利税60.1亿元,同比分别增长37.1%和33.2%。2015年上半年,新能源、节能环保、航空装备、新能源汽车开票销售分别增长36.8%、25%、25%、90%,远远高于汽车、机械装备、纺织、化工等传统支柱产业和服务业,正在加快成为稳定盐城经济增长、促进产业结构转型的新引擎,实施创新驱动发展战略的重要支撑和可持续发展的重要布局。

**1. 战略性新兴产业强势发展**

这几年,盐城市对战略性新兴产业培育和发展工作日趋重视,战略性新兴产业的总体实力和产业地位日益提升,发展态势持续向好,有效投入不断扩大,战略性新兴产业新开工项目占全部工业新开工项目比重由"十二五"初的10%提高到25%,单体项目平均规模同比扩大1倍以上。新兴产业重点园区从无到有,实现各县(市、区)全覆盖。

项目规模不断扩大。2014年盐城重点培植的100项战略性新兴产业项目,平均单体规模比2013年增加2亿元左右。100个重点项目中,投资超10亿元以上项目占29%,投资额占比达31%。总投资55亿元的领胜城移动通信电子项目、总投资20亿元的东祥麟DXL节能环保金属包装材料项目、总投资20亿元的普天新能源充电站项目、总投资10.8亿元的恒舞数控机械高端智能数控针织机械项目等一批投资规模大、带动作用强、发展前景好的龙头型项目正在加速转化为新的经济增长点。

项目层次普遍提升。全省首架双座、双操纵AT3小型通用飞机的成功下线，标志着盐城市装备制造业由"陆地"向"空中"的飞跃发展。新能源汽车、海洋生物、通用航空产业化步伐不断加快，在全省率先建成省级特色产业基地。相继启动实施金风科技分布式智能微电网、中材科技大功率海上风电叶片、捷士通LTE（4G）射频系统天线和基站等一大批引领、代表行业发展方向的项目。3.6兆瓦潮间带大型海上风力发电机组在东海大桥投入使用、6兆瓦海上风电机组首台样机完成装配、采用国际先进TPI首创真空灌注技术大功率兆瓦级风电叶片投入生产、6兆瓦77米叶片开始试制，国家级海上风电叶片检测研发中心、大型风电机组仿真及测试平台、6兆瓦及以上直驱永磁风力发电机工程中心等一批国家级、省级研发测试平台相继启动，呈现出海上风电项目向价值链两端延伸和产业链高端发展的良好态势。

创新动力逐渐增强。全市战略性新兴产业领域累计建成国家级科技研发和服务机构10家、省级企业研发机构93家，引进创新团队86个，参与国标、行标制、修订60余项，申请专利15000余件。一批国家"863计划"成果顺利得以转化。环保装备实现由烟气治理为主向固废处理、水处理全领域拓展，节能电光源加快由普通节能灯具向LED光源、工矿照明、汽车照明等高效照明产品转型，风电产业开始由"陆上"向"海上"延伸，双馈、紧凑、直驱全型式海上风电整机形成一批具有自主知识产权、达到国际主流水平的特色产品。

集聚效应初步显现。为集聚绿色发展和科技创新要素，盐城市从2013年开始，倾力打造高层次高水平的载体平台，创新型标志性的产业高地加快构建。目前在盐城大市区形成了以国家经开区、国家高新区、亭湖环保科技城、城南智慧科技城为载体的"两区两城"标志性创新高地，有效支撑了全市经济在较高层级和水平上实现绿色发展。战略性新兴产业在省级经济开发区、重点经济园区高度集中，一批区中园、园中园应运而生。20个重点园区各具特色、各领一方，业已成为全市战略性新兴产业集聚发展的主阵地，先后斩获7个国家级和5个省级特色产业基地称号。5个风电产业园区集中了全市90%以上风电装备企业，新能源汽车产业园基本具备研发、展示、孵化、检测、服务、制造六大功能，建湖航空产业园在全省同类园区中率先形成集聚雏形，环保科技城被批复为国家首个环保产业集聚区。

### 2. 新能源及其装备产业风光无限

近年来，盐城市先后组织编制了《盐城市风电产业发展振兴规划》和《盐城市新能源产业发展规划》，重点发展具有世界先进水平的2MW以上低速风电机组、6MW以上海上风电机组及关键零部件、集中监控及智慧风场管理系统、风电控制系统及设备，突破大规模储能、分布式能源系统集成、新一代光伏等核心技术，积极发展高转化率低成本太阳能电池及组件制备、逆变器等系统集成设备制造，推进分布式光伏电站建设。目前，盐城风电装备及光伏设备全产业链基本建立，形成了"风光互补"新亮点，新能源及其装备产业在短时间内实现了产业规模从小到大、产业层次从低到高的跨越。2014年年底，盐城市共完成风电装机130万千瓦，光伏73万千瓦，生物质12万千瓦，风电、光伏装机容量占全省近50%。全市新能源发电量37亿度，占全市用电量13%，同比增长30%。目前，正以千万千瓦风电、千兆瓦光伏为建设重点，着力打造"海上三峡"，2015年清洁能源发电量将占到全市电力消费的20%，提前5年达到国家标准。

盐城市探索走出了由陆上风电场起步，到建设海上风电场，从集中式建设到分散式开发，从并网型发电到离网型运用，从单一风电发展模式到"风电＋N"多样化综合开发应用的创新发展模式，从绿色能源基础性开发到装备制造与能源利用联动发展的立体综合开发之路。积极实施科技部重大科技专项"风电车"计划，加强风电、电动汽车和智能电网的产业融合。积极实施"风电水"项目，国内首条现代化水平的日产 1 万吨新能源淡化海水生产线在盐城投运，盐城成为国家海水淡化试点城市。积极实施"风光渔"项目，推进土地资源高效利用。

积极实施"资源换产业、电场换工厂、应用换技术"战略，先后引进了金风科技、华锐风电、上海电气、南车等一批国内风电装备领军企业来盐城发展，建设了盐都华锐风电产业园、阜宁风电产业园、大丰风电产业园和东台市新能源及其装备产业园，超前进行海上风电 10 兆瓦直驱永磁式、增速式大型风机研发，成功实现 2.5 兆瓦、3 兆瓦、5 兆瓦、6 兆瓦海上及潮间带风电机组关键及核心技术的转化，国内首套 3 兆瓦、5 兆瓦、6 兆瓦风电机组在盐城下线，国内首个东海大桥海上风电全部采用盐城产 3 兆瓦风机。目前，全市拥有风电装备制造规模以上企业 64 家，建立了从整机到关键零部件都较为完整的产业链。盐城先后被认定为国家海上风电及装备高新技术产业基地、国家能源海上风电技术装备研发中心、中国新能源产业创新园区、国家风电设备质量监督检测中心、国家风力发电工程技术研究中心；引进天合光能、苏美达、富士康、阿特斯、协鑫集团 5 个投资超 15 亿元的光伏装备项目，引进大唐、中电投、中节能、华电、中兴能源等光伏应用项目。目前，全市已有光伏产业企业 31 家，光伏组件产能达到 1.61 吉瓦/年，光伏产业已经形成了硅锭（棒）→切片→电池→组件→光伏系统及配套产品应用的产业链条。

3. **节能环保产业成为全国领先的新方向**

这两年，盐城市节能环保产业迅速发展，已成为全市战略性新兴产业中的重要支柱，初步形成了以烟气除尘、脱硫、脱硝、水污染治理设备、节能电光源、环保滤料为主的产业格局，是我国最大的节能灯和环保滤料生产基地，国内唯一的雾霾治理研发与产业化基地和国内唯一的环保类产学研合作示范区。节能环保产业的发展不仅为盐城市制造业绿色发展保驾护航，而且为我国的绿色化发展做出了重要贡献。

全市现有节能环保企业 400 家左右，其中规模以上企业 286 家，包括中电投远达环保、中国节能集团、美国恩理、丹麦弗洛微升等国内外 80 多家环保领军企业在盐城落户。2014 年主营业务收入 810 亿元，增长 25%，名列全省第四位。2015 盐城环保科技城（北京）投资说明会共签订合作项目 12 个，协议总投资额达 46 亿元，签约项目涵盖环保技术创新、产品生产、研发转化、电子商务、国际合作等多个领域，这些项目的建成投产将进一步扩大盐城节能环保产业规模。

盐城市节能环保产业主要分布在盐城环保科技城、建湖节能电光源产业园、阜宁环保滤料产业园三大重点园区，特色非常鲜明。其中，盐城环保科技城主攻烟气治理和固废处理技术装备，是目前国内规划面积最大、定位最高、功能最全的环保装备专业园区，被称为中国烟气治理之都。为助力产业强势发展，环科城还成立北京—盐城、上海—盐城 2 只环保产业发展投资基金，一期规模分别达到 10 亿元和 3 亿元。目前，盐城环保科技城布局了中国环境科学研究院等 21 家国内外顶尖院所的总部或分支机构。所属企业建成的多家国家级企业技术中心，承担着燃煤污染物减排、工业炉窑烟气脱硝等 17 项国家级研究课题，拥有各类专利 1674 项。这些科研机构和研发中心，与入驻的企业一起，支撑起全国影响力巨大的环科研发应用高地。这里现有 86 家环保企业及上下游企业 412 家，建成国家级企业技术中心 11 家，规模以上企业 27 家。全国大气治理前 10 强企业中有 7 强在盐城环保科技城。不久前，国内最大的环境服务业上市公司桑德环保集团也落户这里，项目竣工投产可实现年销售 8 亿元、利税 1.2 亿元。总投资 10 亿元的西南交大盐城轨道交研中心在盐城环保科技城揭牌，集中国内顶尖学者，重点开展高速重载列车、虚拟轨道列车等前沿技术创新研究、开发应用。盐城环保科技城已形成产业集群发展，企业相互关联，一、二、三产业相互链接复合的生态特色板块。

阜宁中国环保滤料产业园以构造环保滤料的区域工业经济特色为方向，形成一批创新能力强的滤料骨干企业，构建集产品研发、设计、生产、工程服务、物流等于一体的全国最大最强的环保滤料产业链，逐步从传统气固分离，向液固分离、膜材料、防水材料发展，从基础滤布向前道高性能纤维材料、基布生产及后道的环保装备设计、研发及运营维护服务和高效环保药剂等高端方向发展。阜宁环保滤料特色产业发展态势良好，产品市场占有率达20%左右，是全国实力最强的滤料产业示范基地。

建湖节能电光源产业园现有日月、豪迈、光达、东林、亚明、诚赢、普源、佳丽等为首的一大批骨干企业，与清华大学、复旦大学等高等院校、科研院所共建研发机构8个，形成了石英砂直管—明管—芯柱—粉管—整灯的完整产业链条，并向LED、节能背光源、平面光源等高端产品拓展，是全球第一只螺旋节能灯明管诞生地，全国最大的螺旋节能灯管生产基地，全世界每4只节能灯具当中，就有1只出自建湖。

## 4. 电子信息产业引领迈入"信息时代"

盐城过去的电子信息产业几乎为零。2013年，盐城市制定并实施产业转型发展行动计划，严把产业布局、投资方向和项目招引门槛，以"调高调轻"实现"调优调强"。思路的转变带来了产业形态的变化，这一调调出了盐城电子信息产业的蓬勃发展。目前，电子信息产业成为盐城重点发展的新兴产业，已初步形成以大市区为主阵地，市开发区光电产业园、亭湖光电产业园、东台电子信息产业园、大丰电子信息产业园、响水电子信息产业园等联动发展的空间布局。在通信设备、移动终端、数据电缆、汽车电子、光伏电子和半导体照明等制造业领域涌现出一批优势骨干企业。2014年，全市电子信息产业实现主营收入360亿元，比上年增长 19.4%，2015 年上半年增幅更是达到了 23.8%。以汽车电子、通信电缆、电子元器件、电子探伤等为特色的电子信息制造业集聚态势初步显现，以嵌入式软件为核心的软件和信息服务业规模不断扩大，电力、医疗、信息安全等领域应用软件开发能力持续增强。新产业、新业态加快发展，省市共建江苏省大数据产业园在智慧科技城揭牌，相继入驻数据存储、分析应用、数据备份等项目 78 个，建立了中关村（盐城）大数据产业联盟、南京邮电大学大数据产业研究院。

东台市领胜城科技项目由全球最大的电子模切及金属制造商领胜集团领衔投资，产品主要为高端智能手机和电子通信产品配套，领胜移动互联产业城项目分三大板块。精密电子制造板块，投资 30 亿元，建设模切、金属件等精密电子生产基地，2016 年将全部竣工投产，年销售额突破 60 亿元，外贸出口额超 8 亿美元。智能系统集成板块，以精密电子产品为核心，向产业链终端延伸，领胜集团旗下的领益、领略、领翔、领悟等公司作为核心企业将陆续入驻园区，共同打造引领行业先锋的智能终端、网络设备制造基地。高端产品开发板块，重点建设产业技术研究院、科技孵化器、云计算中心，不断提升移动通信、互联网、物联网、电子商务等软件研发和硬件设计能力，着力引进电子行业标杆企业、高端创新人才团队，实现由制造向智造发展，计划 3—5 年，建成全球有影响、全国一流的移动互联产业园。

5. **高端装备产业推进制造业向"智造"转型**

近年来，盐城市大力发展高端装备制造业，重点发展自动化生产线及成套设备、大型高效智能化农业机械、智能纺机、工业机器人、增材制造（3D 打印）等智能化装备产品及关键部件，发展海洋油气资源勘探钻采平台、海上风电运输及安装成套工程设备、铁路机车及城市轨道交通成套设备，突破高性能数控金属切削与成型机床、多轴联动加工中心、柔性制造单元等高档数控

机床与基础制造装备，推动制造业向"智造"转型。全市从事或
涉足高端装备生产研发的企业 150 多家，占全市机械装备制造业
比重达到 15% 左右，拥有省级以上企业研发机构近 50 家。2014
年全市高端装备制造业销售收入达到 100 亿元，同比增长
23.8%，这两年的年均增速高达 20% 以上，智能制造、专用装备
及部分关键零部件领域涌现出一批竞争力较强的重点企业和高新
产品，累计开发达到省级以上水平的高端装备新产品近百项，长
虹汽车装备公司工业涂装机器人、象王起重机公司 EHM350 - 1
高架吊港口起重机、谷登工程机械装备公司特大型智能化非开挖
水平定向钻机、丰东热技术公司 VKNQ 系列真空高压气淬炉、神
泰科技公司高强度化纤生产装备、中联电气公司特大容量矿用移
动式变电站等新产品达到国内领先水平和国际先进水平。与此同
时，轨道交通装备、海洋工程装备、3D 打印等领域也开始破题。

**6. 新能源汽车拉开汽车产业低碳发展大幕**

盐城是江苏乃至全国重要的汽车生产基地，2014 年，产销乘
用车 65 万辆，市场占有率位居全国第 8 位，发展新能源汽车已
形成很好的基础和条件。近年来，盐城抓住机遇，加快汽车产业
的调整转型，新能源汽车产业从无到有、发展迅速，形成了"有
产业园区、有研发平台、有龙头企业、有产品目录、有配套体
系、有示范运行"的"六有"发展格局。成立了集多家著名高校
院所的国家级研究平台——长三角新能源汽车研究院，36 款新能
源汽车车型进入国家新能源汽车产品公告目录，是全国地级市中
唯一同时拥有乘用车、客车和专用车全系列产品的新能源汽车产
业基地。全市新能源汽车示范应用也进入实质性阶段，截至 2014
年已累计建成充电站 3 个、充电桩 189 个，推广新能源汽车 1255
辆。规划 20 平方千米的新能源汽车产业园，已入驻奥新、中大
和东风悦达起亚三家整车制造企业，其中奥新纯电动汽车、中大
电动客车已具备批量生产能力。园区内有中科院上海有机化学研

究所（盐城）新材料研发中心、东南大学盐城新能源汽车研究院等研发机构，中国汽车技术研究中心投资建设的盐城国际汽车试验场一期已正式投入使用。东大电机、悦达石墨烯新材料等关键零部件中试生产线业已建成，实联动力电池、科德丰动力电池、润锦动力电池、斗天电动车空调、鑫鹤碳纤维车身、北航增程器等项目正在建设之中，初步形成了从电池关键材料、汽车动力电池到电机电控的新能源汽车关键零部件配套体系。目前，东风悦达起亚自主品牌"华骐"牌纯电动乘用车已实现生产和销售，2016 年产能可达 5000 辆。奥新公司已形成年产 1 万辆电动专用车的能力，2017 年将形成 15 万辆纯电动车产能。中大集团从2003 年起开始研发纯电动客车，年产 3000 辆纯电动客车项目获得工信部备案批准。盐城生产的轻量型新能源汽车具有零排放、低噪音、低污染的特点，拉开了汽车产业低碳发展的序幕。

### 7. 海洋产业引领走向"海水淘金"新时代

随着盐城海洋资源加快开发，以海洋生物产业和能源淡化海水产业为代表的海洋新兴产业快速崛起，引领盐城由千古以来"海水制盐"走向"海水淘金"新时代。这两年，全市海洋经济快速发展，以海洋生物医药、海洋生物食品、海洋生物化工、海洋生物能源、海洋生物新材料为方向的海洋生物产业已经逐步成为全省沿海开发的一个新亮点。成功引进青岛明月、环球海洋、浙江金壳、上海创诺、赐百年等一批项目，入驻中国海洋大学、上海海洋大学、南京工业大学等一批高校和科研院所，成立江苏海洋生物产业研究院，管诗华院士等一批顶级专家在研究院建立了常驻研发机构。大丰海洋生物产业园由盐土大地海洋生物产业科技园与江苏海洋产业研究院组成，是集盐土农业、海洋生物产业、科技研发与休闲旅游于一体的综合性产业园区，是江苏省首个海洋生物产业产学研协同创新基地和江苏省唯一的海洋生物制品高技术特色产业基地，并成功跻身国家科技兴海产业示范基地行列。园区着力打造"盐土农业、海洋生物、蓝色旅游"三大特色，主攻海洋生物医药、海洋生物食品等五大方向。上海创诺制药有限公司、青岛明月海藻集团等一批投资总额超过55亿元的大项目相继开工建设，蓝色经济增长极加速形成。

盐城市新能源淡化海水产业园以丰海公司为龙头，以新能源海水淡化工程技术研究中心为平台，引进哈电工程研究中心进行微网系统、海水淡化系统集成开发，创新了非并网风电淡化海水技术路径和商业模式，实现了从饮用水产销到输出成套设备的转变。丰海公司一期工程竣工并调试出水，产量达到2万瓶/小时。2014年11月，江苏省产品质量监督局对350ml海露瓶装水现场进行了抽检，所检验的项目全部合格，符合GB2762—2012和GB17324—2003标准要求。截至2015年8月末，公司共销售"中盐海露"纯净水65万箱。"中盐海露"成为南京APEC会议唯一指定用水，已进入市场化商业运作阶段。微电网系统及海水淡化设备系统均采用集装箱式模块化设计，可根据需求设计出日产100吨、300吨以及1000吨淡化海水装置等系列产品，今年将销往海外。

### 8. 航空产业领航制造业腾飞

航空航天产业是技术含量很高的国家战略前沿产业，盐城市建湖县生产制造了江苏省首架双座、双操纵的AT3小型通用飞机，实现了制造业由四轮到双翅的高端飞跃。以建湖蓝天航空航天产业园为主体，引进艾雷奥特轻型通用飞机和阿尔卑斯航空地面机械、源达电缆、海鑫电气、天一机场专用设备等项目，并获得国家民航总局颁发的VTC型号飞机制造认可证书。AT3飞机品牌响、性能优，性价比高，特别适合新兴的国内市场。关键它血统"高贵"——同时获得美国FAA、欧盟EASA和中国CAAC世界3大民航组织认证，在世界同款机型中独享尊荣。

江苏蓝天航空航天产业园在全省在建和规划建设的 11 个航空产业园中率先形成产业集聚雏形。园区拥有航空专用设备、线缆、电气等 8 家企业，中国航天科工集团总投资 5 亿元的航天电机及抽油机整机制造项目即将落户。北京航空航天大学微波工程实验室等项目正积极实施。通用飞机研发中心和 4S 销售展示中心即将投入运营。意大利一家飞机发动机公司将落户园区，为 AT 系列通用飞机提供配套服务。美国画眉鸟飞机制造公司与产业园洽谈合作研制农用飞机项目。2015 年 4 月 26 日，首架 AT3 在建湖艾雷奥特公司下线，这也是江苏制造的首架飞机整机。目前飞机年产能 100 架，已销售 60 架。

目前，南洋基地通用机场和建湖、大丰、滨海 3 个小型通用机场被纳入《江苏省"十二五"及至 2030 年通用机场布局规划》，2015 年 1 月，江苏省政府同意并支持建湖建设通用机场。自 2014 年中国正式开放低空领域后，建湖县是全省首家获准建设通用机场的县份。机场主要用于轻型飞机试飞、抢险救灾、城市环保、飞行培训等通用航空飞行活动，机场的建成将推动盐城航空装备产业快速发展，引领盐城制造业腾飞。

### 二 传统产业由灰变绿

传统产业绿色化实际上就是刮骨疗毒，必须舍弃低端产业，必须对传统产业进行重组和技术改造，这是一个非常痛苦的过程，这个过程可能会受到企业的抵制，可能会导致 GDP 增长速度减慢，需要决策者有超强的决心、勇气、智慧和毅力。

#### 1. 痛下决心淘汰落后产能

这几年，盐城开展了先后三轮"壮士断腕"的专项整治，砍掉近 2/3 的化工企业，全市饮用水源保护区内 52 家化工生产企业全部关停，大市区已成"无化区"。推动化工企业进入专业园区发展，对重点污染源实行动态监控。响水、滨海、阜宁、大丰

4 个化工园区集聚了全市 82% 的化工企业，2014 年盐城市又专题研究化工产业及化工园区发展问题，大力推进化工企业重组、园区转型和产业升级，通过综合整治提升，实现了量减效增，全市化工企业数减少了 54%，但化工企业平均开票销售比整治前增长 50% 以上。2015 年盐城市出台了《全市化工产业及园区转型升级三年行动计划》，提出要进一步依法关闭、淘汰一批技术含量低、环境污染重、安全保障差、人民群众反映强烈的化工企业，压降化工企业数量。通过"发展限控、重组转型、操作达标、安全防范、关停落后"五措并举，加快推进全市化工产业产品高端化、装备现代化、工艺清洁化、控制自动化、资源循环化发展，着力打造"绿色园区""高端园区"和"安全园区"，形成石油化工、医药原料药及成品药、农药原料药及制剂、化工新材料和专用化学品为特色的产业发展新格局。

盐城市严格对照国家发改委《产业结构调整指导目录（2011年本)》修正版、《落后高耗能设备淘汰目录》和工信部《落后高耗能机电设备淘汰目录》，依法淘汰化工、建材、冶金等高污染、高耗能产能，逐步淘汰生产工艺落后、排污与耗能较高的企业。两年来，盐城市先后实施污染减排项目 16 项，完成了 3 家企业污染搬迁，淘汰落后设备 60 台（套），淘汰水泥产能 100 万吨、电机 800 千瓦。市环保局制定出台《大气污染防治行动计划实施方案》，专题部署"雷霆行动"，先后组织 14 次专项执法检查，对 4257 家企业进行现场检查，对 163 家企业实施停产整治。坚决依法关停盐城热电公司等 57 个污染企业，淘汰整治 102 台燃煤锅炉。建立最严格的环境准入制度，相继开展了涉重金属企业专项排查整治、突出环境问题排查专项行动等各类整治行动 9 次，排查整改隐患 58个，否决不符合产业政策、重污染项目近 50 个。

**2. 着力推进传统产业转型升级**

盐城市以科学规划为引领，坚持"快增""快转"相结合，通过抓项目推进、抓新特产业、抓招商引资、抓"三服务"、抓"千百十工程"等一系列举措，推动传统产业转型升级，工业经济总体呈现"运行平稳、增长较快、转型提速、后劲增强"的良好态势。

科学规划为产业转型升级指明方向。科学编制工业发展规划，引领传统产业转型升级。汽车：重点发展具有自主知识产权的关键技术和产品，打造具有国际影响力的自主品牌汽车。机械装备：重点发展具备国内领先、国际先进水平的首台（套）重大装备及关键部件。纺织：重点发展具备国内领先水平新型纤维、高支纱线、高档面料产品。化工：重点推进化工产业产品高端化、装备现代化、工艺清洁化、控制自动化、资源循环化发展。

重大项目招引成为产业转型升级的他山之石。深入开展产业登门招商行动，加大对韩国、中国台湾、香港招商力度，每年招引境内外上市公司、国内民营企业 500 强、央企、世界 500 强企业 30 家，利用这些国内外知名企业的优质资源来推进传统产业转型升级。

企业技术改造升级推进产业脱胎换骨。每年滚动实施 500 项重点技术改造项目，全面提升企业技术、设计、制造、工艺、管理水平。2015 年全市计划实施千万元以上技术改造项目 500 项，计划竣工 434 项，计划完成投资 386.6 亿元。重点实施东风悦达起亚汽车第三工厂 15 万辆乘用车技术改造项目，推进三菱扶桑商务客车项目、中车集团轨道客车项目尽快实施，奥新公司 15 万辆轻量化电动车一期项目，为实现汽车整车、零部件和汽车服务业"三个千亿"目标打好基础。

行业龙头培育增强产业转型升级能力。深入实施大企业（集团）培育计划，重点打造细分行业领军企业和科技小巨人企业，加快形成以千亿元级企业为龙头、50 亿元级企业为主体、20 亿元级企业为基础的龙头骨干企业群。支持规模企业通过壮大主业、资源整合、业务流程再造、资本运作等方式，加强技术创新、管理创新和商业模式创新，重点打造 30 家细分行业领军企业和 100 户科技小巨人企业。围绕战略性新兴产业和优势特色产业，重点打造龙头企业、配套中小企业、服务供应商、社会服务机构参加的产业联盟，延伸壮大产业链条，推进集聚集约发展，提升特色竞争优势。

企业重组上市提升产业转型升级能量。实施企业兼并重组"410"工程，每年实施产业龙头、战略品牌、科技资源、人才资本重组项目各 10 个，支持企业"走出去"，实施强强联合、跨地区兼并重组、境外并购和投资合作，支持具备条件企业通过新三板挂牌、股权交易、发行企业债券等多种途径和方式实现跨越发展。据统计，截至 2015 年上半年，共有 14 户境外、59 户境内上市公司在盐城市投资建设 75 个项目，总投资额 685.7 亿元。

### 三　"十大工程"打造制造业升级版

在即将进入"十三五"之际，为贯彻落实《中国制造 2025》和江苏行动纲要战略部署，主动适应和积极引领经济发展新常态，盐城市站在更高的起点，着眼抢占未来产业发展高地，推出产业创新"十大工程"，努力做大做强具有比较优势的前瞻性产业，计划总投资 1700 多亿元。按照打造全产业链思路，强力推进产业链节点关键性项目、产业标志性载体和公共创新平台建设，全面提升产业层次，优化产业结构，构建产业创新发展核心竞争力，打造盐城制造业升级版。

#### 1. 汽车全产业链工程

实施百万辆整车、关键核心零部件、汽车后市场、汽车测试场、汽车研发中心类项目，构筑汽车全产业链。重点推进东风悦达起亚等整车项目，在乘用车领域尽快实现 100 万辆产销规模，市场占有率进入全国前五强。实施关键核心零部件集聚发展计划，积极招引车用发动机、变速箱及其总成、发动机及底盘控制系统等项目，打造国家汽车及零部件出口基地、国家火炬计划汽车及零部件产业基地、中国汽车零部件产业基地。建设汽车博物馆、主题广场、商用汽车城、二手车交易市场、汽车行业第三方技术服务平台、2.5产业园、汽车研究院等项目，打造国内知名的汽车研发设计和运动驾乘体验中心，加快实现"三个千亿"目标。

**2. 新能源汽车产业工程**

实施新能源整车、动力电池、三电总成、研发中心、新能源汽车推广应用类项目，构筑新能源汽车全产业链。重点推进奥新轻量化乘用车、东风悦达起亚乘用车、登达客车、东风悦达专用车等新能源整车项目，尽快实现20万辆以上产销规模，建设国内一流的新能源汽车研发生产基地。加快锂离子电池、三元铝聚合物电池项目建设进程，积极突破氢燃料电池项目，实现主流动力电池发展领域全覆盖。加快推进摩比斯、实联长宜三电总成项目，促进核心零部件产业加快发展。建设东部沿海新能源汽车工程研发中心，加大新能源汽车推广应用工作力度，建好国家新能源汽车推广应用示范城市。

**3. 环保科技工程**

实施环保装备制造、工程承包、环保服务、交易市场、创新平台、教育培训、国际合作类项目，构筑环保科技全产业链。重点推进水及固废处理设备、大气治理研发及核心设备、水能机及节能锅炉、高档环保滤料等项目，积极实施脱硫脱硝工程总承包、环保科技成果孵化等示范、服务项目，加快建设环保材料交易市场、碳排放交易市场、烟气治理分所、环境技术研究院，开展环保专业技术人才培训，搭建北欧环保创新基地、中美环保产业技术创新基地，争创国家生态文明建设示范园区、中国节能环保高新技术产业化基地，打造中国节能环保产业"硅谷"，带动形成千亿级节能环保产业。

### 4. 海洋经济工程

实施海水淡化饮用水、功能水、成套设备、海水制氢、海水淡化研发中心类项目，构筑海水淡化全产业链。重点推进非并网发电风能海水淡化二期工程以及功能水项目，加快实施智能微电网成套设备制造项目，积极招引海水淡化成套设备生产制造项目，并向海水淡化工程总承包后道延伸。谋划推进海水制氢项目，为氢燃料电池项目提供配套。完善太阳能发电、风能发电并入微网控制系统技术，实施多能源协同供电微网控制系统示范工程，打造国家海水淡化示范城市。同时，加快海洋生物、海水养殖、海工装备和海港现代服务业发展。

### 5. 清洁能源工程

实施风电装备、风电场、光伏设备制造、光伏发电、国家研发中心、"新能源＋"类项目，构筑新能源及其装备制造业全产业链。重点推进具有国际领先水平的大功率风机总装、轴承、风电叶片等项目。加快建设海上风电场、"风光渔"互补电站，推动工业厂房配建分布式光伏电站，促进千万千瓦级风电、千兆瓦级光伏等可再生能源产业发展，打造"海上三峡"。建设国家级风电评定、研发中心，谋划推进风电车应用示范项目，打造亚洲领先、世界一流的国家级新能源产业基地、国家级新能源装备基地。

### 6. 大数据产业工程

实施数据中心、数据分析应用、智慧盐城、载体平台、基础设施类项目，构筑大数据全产业链。重点推进软通动力大数据产业园、黄海云谷大数据产业园、华为云服务江苏节点等项目。加强与省相关部门以及东方国信、百度等知名企业合作，建设综合性工业大数据平台、行业数据中心。加快与腾讯、惠普等公司以及南京邮电大学等院校合作，建设大数据研究院，打造IT基础服务平台,搭建创客空间。开放数据资源,建设数据银行。统筹推进智慧盐城三中心、宽带光网、无线城市、上海宽带专线等项目,加大智慧应用项目建设推进力度。完善以城南大数据产业园为核心,市经济技术开发区、高新区、环保科技城等为节点的"一核多节点"产业发展格局,打造国家级大数据产业基地、国家级软件和信息服务产业园、国家级科技孵化器。

### 7. 智能终端产业工程

实施智能终端、智能终端配套、智能终端研究院类项目,构筑智能终端全产业链。重点推进建设智能手机产业园,承接深圳手机整机及关联企业转移,实施平板电脑及液晶电视生产线项目,拓展智能终端产业发展领域。加快实施智能射频系统及微型基站、移动通信用关键零部件、液晶显示屏背光源及集成电路封装测试、八英寸氮化镓功率器件等智能终端配套项目。强化与中国发明协会合作,加快引进江苏长三角创新中心,提升智能终端产业研发创新及产业化水平,打造国家智能终端产业基地。

### 8. 航空产业工程

实施通用飞机制造、飞机零部件及模块、机场装备、航空服务业、航空研发中心类项目,构筑航空全产业链。重点推进全金属双发公务机制造、机场摆渡车等项目,加快推进航空结构件锻造项目,积极招引实施飞机发动机以及航电、液压、燃油、雷达系统等航空产业核心零部件项目,打造飞机零部件及模块产业集聚区。利用南洋国际机场通航以及与上海距离适中优势,谋划承担国产大飞机及支线飞机试飞、交付中心项目。围绕通用机场,加快建设配套设施,发展空港物流、航空培训学校等航空服务业,新建通用飞机及机场特种设备研发中心,打造国家航空产业基地、民用航空产业国家高技术产业基地。

### 9. 金属新材料工程

围绕金属新材料产业突破1000亿元的目标,构筑不锈钢成材、合金材料、高档不锈钢制品、物流仓储贸易中心和研究院全产业链。重点推进250万吨连铸连轧不锈钢薄板、400万吨不锈钢板材、200万吨冷轧板、250万吨精炼不锈钢、100万吨不锈钢制品项目，建设国家级不锈钢产业基地。利用"互联网＋"等先进技术，建设不锈钢制品网络交易平台和不锈钢交易物流中心，打造全国知名的不锈钢交易市场。

### 10. 健康产业工程

实施牛乳制品全产业链、绿色农产品加工、美容健康、社会养老类项目。重点推进奶牛养殖及有机奶项目，建设现代化奶牛养殖场和乳制品加工厂。加快发展绿色农产品加工业，大力实施农业"接二连三"工程，着力打造盐城优质粮油、规模畜牧、特色水产等八大农业特色产业。加快建设千鹤湾国际老年养生中心，推进一体化大型健康人文项目建设进程，建设老年养生之都。

### 四　两化深度融合推动制造业转型

盐城市坚持把信息化和工业化深度融合作为促进经济发展方式转变的重要举措，以推进工业转型升级为核心，深化自主可控信息技术在制造企业中的集成应用，加快普及自动识别、人机智能交互、分布式控制、工业机器人、智能物流管理、3D打印等先进制造技术，加快发展智能制造装备和产品，推动盐城制造向"智造"转型。据统计，2013年，全市共有一般纳税人智能制造装备企业280多家，实现全口径销售约75亿元。其中拥有规模以上企业约90家，实现销售额70亿元，占机械制造业开票销售的8%。2014年实现规模以上销售额90亿元，同比增长30%左右。2015年，盐城在全市范围内优选20项以智能化装备改造为主、行业示范带动强的智能车间项目，涉及机械、轻工、纺织、电子、化工、医药等劳动强度大、用工多、生产环境要求高的行业，计划总投资额超 36.8 亿元。这批示范项目的实施，将引领全市智能制造水平奔向中高端。

**1. 智能装备制造业奏响"盐城智造"主旋律**

2013 年以来，一批有水准、有特色、有竞争力、有自主知识产权的智能装备新产品在盐城涌现，十多项智能制造装备新产品被认定为江苏省首台（套）。

东风悦达起亚焊装车间里有国内最先进的柔性化生产线，百分之百自动化焊接、涂胶、清扫和车身精度检测，并且可支持 4 个车型的同步生产。老字号机械企业江淮动力投入 2 亿元，建设多缸机装配线"智能车间"，生产环境"脱胎换骨"，生产效率提高一倍。

江苏汉印机电科技有限公司研发生产的字符喷印机，第五代产品已进入样机测试，第六代的研发工作也已启动。与丝印字符相比，喷印字符更清晰，字体也不变形。传统文字印刷流程需 10 个步骤，而数字喷印流程只要 3 小步，不仅效率提高，品质优化，还降低了油墨消耗。作为专业 PCB 喷印设备制造商，汉印掌握着打印材料、喷头、控制系统等全套核心技术，拥有 30 多项专利技术，并参与制定了 3 项中国机械行业标准，其第五代高速双面 PCB 线路板喷印机被认定为江苏省首台（套）。

昱博公司的智能真空搬运机械手国内首创气驱动，不用电而是用气，就可轻松地搬运钢板、玻璃等物品，还可 360 度旋转安放，适用于高危繁重岗位上下料，拥有 5 项发明专利。

2015 年 1 月 20 日，我国首辆具有自主知识产权的碳纤维新能源汽车在盐城"智造"下线。此次下线的是奥新 e25 紧凑型 A 级车，具有核心技术自主知识产权，在国内量产汽车上首次采用全碳纤维材质乘客舱设计，融合智能能源管理系统、碳纤维轻量化车身技术、轻质高强高韧铝合金底盘等核心技术，与同类汽车相比车重减轻 50%、零部件减少 40%，为电池腾出重量空间，降低单位里程能耗，提高了动力和续航里程。该车型百公里耗能低于10度电，续航里程最高可达440公里，中等距离城际往返无须充电。这次首辆碳纤维新能源汽车的成功下线，创造了三个"中国第一"：第一个2万辆碳纤维纯电动汽车制造工厂，第一条电动汽车铝合金底盘机器人焊接线，第一条高温高压真空辅助碳纤维成型生产线。该车将出口欧美市场，已获意大利1万辆整车、美国2万辆零部件订单。

盐城宏景机械科技有限公司作为我国印刷包装设备的专业制造供应商，产品拥有完全自主知识产权包括发明专利的专利技术，并在第七届中国国际专利博览会获得"金奖"。2013年，宏景机械自主研发的收纸机自动齐纸装置、纸张叠齐输送校正装置、自动分纸装置分别获得国家知识产权局专利认证。

此外，金龙达公司开发的遥控防盗平板船闸，利用卫星遥控阀门启闭，填补了国内空白；恒舜公司开发的智能编织机，拥有40多项专利，列为国家纺工协会重点推介新产品；谷登公司研制的智能化非开挖水平定向钻，为国内首台（套）装备；国瑞公司开发的带负载感应和压力补偿的电液比例控制多路阀，实现国内高端液压件技术的重大突破。马佐里纺机有限公司生产的高档细纱机、自动络筒机等，年销售突破20亿元，是盐城市目前最大的智能装备企业；和鹰科技的电脑自动裁剪系统及拉布机，为国内独家生产，年销售近亿元；江动集团农业装备产业，初步形成自走式谷物联合收割机、玉米收割机、水稻收割机等系列产品；高精公司生产的重型精密数控卧式镗铣床、双面卧式柔性加工中心，使公司实力跃升至国内数控专机行业第二梯队前列；马恒达公司180马力以上拖拉机，具备了故障自诊断、自动驾驶、GPS定位、液压换挡等智能化功能。

## 2. "工业机器人"推动传统制造业智能化

江苏悦达纺织集团有限公司采用自动采集系统，细纱、络筒车间不再是女工穿梭不停，而是一人看守四五台机器。偌大的车间里，看不到几个工人。新韩汽配新引进的 2 条 3000 吨冲压生产线，工件流转全部通过 crossbar（一种高速传送装置）完成，新上 150 台工业机器人的焊装车间，采用多车种共线柔性化生产模式，可完成多款车型零配件的焊接要求，冲压焊接自动化率达 95% 以上，机器人在线同步检查系统，充分保证了产品品质和稳定性。

**3. 智慧城市建设成为"盐城智造"的支撑**

围绕"城市智慧化、智慧产业化"总体要求，盐城实施智慧盐城建设行动计划，健全"一系统、一中心、六平台"总体架构，加快推进市政府信息资源中心、云计算中心、智慧盐城运营中心、智慧盐城体验展示中心、4G/LTE 工程建设，大力实施无线盐城、宽带盐城、高清盐城、三网融合普及、下一代互联网推广"五大工程"，有序展开智慧能源、智慧交通、智慧旅游、智慧医疗、智慧国土、智慧社区等一批智慧项目，以应用带动智慧产业发展，提升智慧盐城建设总体水平，为"盐城智造"提供有力的智慧支撑。

## 第二节 绿色园区绘绿色制造之美

绿色制造业之美美在园区。传统制造业园区烟雾弥漫、黑水满河、植被凋零，而绿色制造业园区则青山绿水、蓝天白云、植被茂盛。盐城市按照"科学、环保、生态"的理念超前优化制造业布局，大力推进园区循环化改造，全面推广绿色制造技术和清洁生产，着力推动制造业与生产性服务业协调发展，打造一批绿色制造业园区，构建"带""群""网"状分布的绿色制造业基地格局，引导制造业集中集聚与特色绿色发展。

### 一　超前布局让园区活起来

盐城市以超前的思路谋划产业发展，按照产业发展的新特点、新要求，超前调整优化产业布局，推进市域制造业集群集聚和错位发展。目前盐城市制造业已经形成"一核一带"T 字形架构以及"多群多园"网格化空间布局。

"一核"是指以盐城市中心城区为核心的都市区，是全市绿色制造业核心区。主要包括 2 个国家级开发区（盐城经济技术开发区和盐城高新技术产业开发区），1 个省级高新区（亭湖高新区）、中国盐城环保科技城和城南智慧科技城。以城南科技城和市经济开发区为载体，加快发展大数据、云计算、软件及信息服务、物联网、电子商务以及互联网经济，形成智慧全产业链条，打造智慧发展综合体和互联网经济发展高地。以环保科技城和市高新区为载体，积极发展光电通信、集成电路、智能终端、智能装备产业，打造先进制造业高地。利用南洋国际机场、新长铁路、综保区等载体功能，加快发展现代空港、铁路、保税等现代物流业，引导科技金融、电商快递、文化创意、汽车服务业向大市区集中集聚，打造生产性服务业发展高地，推动生产性服务业与制造业互动并进。

"一带"是指沿海蓝色经济带。坚持港口、港城、港产"三港联动"，推动沿海地区积极争取国家重大生产力布局和政策资源聚焦，优先布局石化新材料、高端装备、海洋产业、轨道交通等先进制造业，加快发展仓储、集散、转运等现代物流业，着力构建以先进制造业和现代物流业为主体的蓝色经济带。坚持东向出海、辐射西部、带动内陆，鼓励和推动沿海地区更大空间利用海洋资源优势，深化与内陆腹地科技资源、创新平台、工业制造、物流运输、城镇体系有效衔接，推动沿海内陆互动发展。

"多群"是指多个产业集群。盐城是苏北产业集群快速发育地区。全市以提升产业竞争能力为突破，以延伸加粗产业链为抓手，强化产业链招商，推进产业集聚发展。江苏省特色产业集群名单中，盐城共有 7 个，名列苏北五市之首。目前沿海 5 县（市、区）以及盐都、阜宁强化风电和光伏装备研发、制造、发电、并网、推广以及后续增值服务链式发展，全力推动"新能源＋"绿色发展，推动"新能源＋海水淡化"（功能水）、"新能源＋制氢"（燃料电池）、"新能源＋新能源汽车"（风电车计划）、"新能源＋大数据"（绿色大数据产业园）等发展，形成了"新能源＋"产业集群。盐城经济技术开发区、建湖以整车为引领，强化电池、电机、电控等新能源汽车核心零部件产业链建设，打造新能源汽车产业集群；亭湖的烟气治理产业链、阜宁的环保滤料产业链和建湖节能电光源产业链发展态势良好，已经形成了节能环保产业集群。东台、盐都、建湖等地智能制造、海工装备、轨道交通、工业机器人产业链条发展态势良好，正在形成智能装备产业群。

"多园"是指 18 个主要制造业园区。其中国家级开发区 2 家（盐城经济技术开发区和盐城高新技术开发区），省级开发区 9 家（亭湖经济开发区、东台经济开发区、大丰经济开发区、大丰港经济开发区、射阳经济开发区、建湖经济开发区、阜宁经济开发区、滨海经济开发区、响水经济开发区）、重点园区 7 家（盐城环保产业园、响水沿海经济区、滨海沿海工业园、射阳港经济区、东台沿海经济区、建湖高新技术产业区、阜宁澳洋工业园），规划面积 1400 平方千米，已开发面积 550 平方千米。与此同时，盐城与上海、苏南共同发起成立南北共建园区 11 家，其中与上海共建 8 家（沪苏大丰产业联动区、上海嘉定建湖工业园区、上海西郊东台工业园区、上海南汇响水工业园区、上海漕河泾盐城工业园区、上海工业综合滨海工业园区、上海闵行盐都工业园区、上海嘉定亭湖工业园区），与常州共建 3 家（常州高新区大丰工业园、武进高新区阜宁工业园、武进经济开发区射阳工业园）。2015 年盐城环保科技城获得国家级新型工业化产业示范基地、国家级环保科普基地、省级环保产业基地 3 块牌子，建湖被认定为省小型飞机先进制造业基地并获批建设通用机场。东台经济开发区、大丰经济开发区、建湖经济开发区正在积极申报国家级开发区，沿海经济区创建省级开发区、建湖高新区正在组织申报省级高新区。2014 年省级以上开发区和重点经济园区实现公共财政预算收入 170 亿元，同比增长 18.1%；进出口总额 56.1 亿美元，同比增长 12.4%；工业固定资产投资 1256 亿元，同比增长 20.4%。

## 二　绿色制造让园区绿起来

盐城市把绿色制造作为打造绿色园区的重要抓手，在主要园区全面推广应用节能节水技术、工艺和装备，全面推行清洁生产工艺，全面推进资源循环利用，促进生产与生态协调发展。

### 1. 加强企业节能节水技术改造

以园区为重点，逐年对全市节能目标任务进行细化分解，与各县（市、区）签订了目标责任状，层层落实节能降耗刚性责任和要求。以重点企业节能低碳行动为抓手，利用能耗限额标准及行业准入标准倒逼石化、化工、冶金、有色、建材、电力等高耗能行业加大技术改造力度，深入开展燃煤工业锅炉改造、节水技术改造、余热余压利用、电机系统节能、绿色照明改造等重点节能工程，不断提高企业能源利用效率。为了推进企业技术改造，盐城市出台政策，对项目实施年度技术改造设备投资额超过 1000 万元的市区企业技术改造、新上重大工业项目、智能车间建设分别按设备投资额的 5%、6%、7% 给予奖励，单个项目不超过 500 万元；对年度技术改造设备投入 100 万—200 万元（初创型）、200 万—500 万元、500 万—1000 万元的技术改造项目，每个项目分别奖励 3 万元、5 万元、10 万元。

近年来，全市累计组织实施节能重点工程超 200 项，总投资近百亿元，实际节能超 70 万吨标准煤。盐城经济技术开发区 90% 以上的企业安装节水 IC 卡智能流量计，58 家实施了节能合同能源管理，福汇余热回收项目建成运行。大富豪啤酒一次性投入 5 亿元，先后从德国、美国进口湿式粉碎设备、自动化灌装生产线、水处理反渗透膜等生产装备，每消耗 100 吨自来水，啤酒产能从原来的 40 吨提高到现在的 70 吨，余下 30 吨水回收后用于保洁卫生。华泰纸业开展工业锅炉煤粉复合燃烧及余热回收节能改造后，锅炉效率提高了 10%，年可节约标煤 3575 吨，节约水资源 12 万立方米，减少二氧化碳排放 9366 吨，减少 COD 排放 4 吨。宏大耐热材料实施的氧化铝耐热材料窑炉节能技术改造项目，年可节约标煤 2634 吨，减少二氧化碳排放 6323 吨，减少二氧化硫排放 4.2 吨，产品单耗由 1.21 标吨下降到 0.223 标吨，并新增收益 482.6 万元。2015 年盐城市又确定了新一轮节能技改项目，这些项目的建设将进一步提高盐城绿色制造水平。2015 年上半年，盐城在工业用电量增幅低于全省 6 个百分点的情况下，工业开票销售增幅高于全省 14.1 个百分点，实现以较低能耗产生更多效益。

## 2. 全面推行清洁生产

每年实施一批清洁生产项目（见表 5 - 1），积极引导企业使用清洁能源、采用清洁生产工艺，从产品设计、原料选用、工艺控制、厂房建设等不同层面开展清洁生产、中水回用和节能降耗工作，使每个企业做到无烟尘、无灰尘、无粉尘，厂区内干净整洁，环境宜人。严格控制化工、医药、电子、电镀等重点行业有毒有害废气排放。持续开展大丰、响水、滨海、阜宁四个化工园区以及石化、炼油、电子、制药、涂装等重点行业挥发性有机物污染专项治理工作，建立重点行业污染源排放清单。全面加强工业废气、烟尘、粉尘的排放控制，大力实施钢铁、水泥等重点非电行业脱硫和脱硝工程建设，推进重点排污企业中控系统和在线监控系统建设。全面开展电力行业脱硝工程建设，提高非统调电厂和自备电厂脱硫能力，拆除搬迁盐城发电厂、城南热电厂、江苏大吉发电有限责任公司，关闭规划集中供热范围内的燃煤锅炉。持续开展 ISO14000 环境管理体系、环境标志产品和其他绿色认证。通过清洁生产，企业在节约原材料与能源，淘汰有毒原材料，减降所有废弃物的数量与毒性方面实现了经济效益和社会效益的双赢。江苏劲力化肥有限公司应用了大连理工大学的"吸附精馏法提纯二氧化碳"专利技术，年减少二氧化碳排放 15 万吨。盐城三益石化机械有限公司积极进行"木材包装板的循环利用"和"木材包装替代"两项节材包装技术改造，回收利用木质材料包装盒等方式节约木材包装盒用量的 50%，年节约木材1.25 万立方。截至 2014 年年底，全市已有超过 200 家企业通过了自愿性清洁生产审核，一批清洁生产技术得到推广应用，经济、社会效益显著。

表 5-1   盐城市近几年实施的重大清洁生产项目（投资额 6 千万元以上）

| 建设项目 | 建设内容 | 投资额（亿元） | 实施期限 |
|---|---|---|---|
| 清洁生产工程 | 全市 22 家企业自愿性清洁生产审核，150 家企业强制性清洁生产审核 | 3.0 | 2014 |
| 化工园区综合整治工程 | 2014 年落实响水生态化工园区、滨海经济开发区沿海工业园、阜宁澳洋工业园化工片区、大丰华丰工业园 4 个化工园区的环保专项整治方案。开展循环经济建设、清洁生产审核、节能减排、绿地建设、道路绿化建设、生态景观建设、ISO14000 环境管理系统认证、污水处理厂与截污管网建设、集中供热电厂与蒸汽管网等建设 | 0.8 | 2014—2015 |

续表

| 建设项目 | 建设内容 | 投资额<br>（亿元） | 实施<br>期限 |
|---|---|---|---|
| 企业节水工程 | 盐城福汇纺织有限公司、金盛面料装饰有限公司、江州染整有限公司、东台市新锦泰化工有限公司、盐城科菲特生化技术有限公司、盐城市托球农化有限公司、江苏凤城纸业有限公司、统一能源（射阳）热电有限公司、江苏宁富食品有限公司、江苏桂花工贸有限公司、大丰新谷粮油有限公司、盐城市春竹香料有限公司、盐城市丝利得蚕丝绸有限公司节水技改项目 | 0.8 | 2014 |
| 企业节能工程 | 开展 14 家企业能源管理体系建设。完成47 家企业设备改造、工艺技术提升等节能改造工程 | 16.3 | 2014 |
| 燃煤锅炉综合治理项目 | 各地生态红线区、高污染燃料禁燃区、省级（含）以上开发区内完成 100 台以上10t/h 及以下的燃烧高污染燃料锅炉淘汰或清洁能源替代。20t/h 以上燃煤锅炉逐步安装污染物排放自动监控设备，与环保部门联网，并保证设备正常运行。减少烟粉尘、$SO_2$、NOx 排放量 | 1.3 | 2014—2015 |
| 电力行业除尘提标改造工程 | 完成盐城发电有限公司、江苏森达陈家港热电有限公司等 29 家电力公司除尘设施改造，关闭盐城市热电有限责任公司，共计烟粉尘减排量 1366.36 吨 | 0.6 | 2014—2015 |
| VOCs 治理工程 | 大丰港石化新材料产业园挥发性有机物污染防治设施及其监测设备 | 0.8 | 2014—2015 |

### 3. 大力发展循环经济

盐城市制定了《"十二五"循环经济发展规划》《盐城市园区循环化改造实施方案》，明确了各大行业循环经济发展目标和重点任务，要求到 2015 年确保 70% 以上的国家级园区和 50% 以上的省级园区完成循环化改造的任务（见表 5 - 2）。目前，共有 6 家省级以上园区制定了循环化改造工作方案，盐城经济技术开发区和东台经济开发区已被列入省园区循环化改造试点。盐城经济技术开发区中水循环利用工程全面投运，区内 20 多家企业建设了内部中水处理工程，河东污水处理厂再生水回用工程初步建成。废旧塑料再生工程初见成效，构建了从废旧塑料收购收储、废旧塑料资源再生、废旧塑料利用的产业链。废铝回收再利用工程投入运营，引进了盛东方铝业等专业铝回收加工企业，回收汽车废铝，去杂、提纯、再制造，合金铝锭供给汽车产业。除此以外，开发区在纺织服装业、光电业等产业，各类资源回收再利用工作也全面启动。

表 5 - 2 　　　　　　　　　　盐城市生态工业园建设情况

| 园区名称 | 建设规模与内容 | 建设期限 | 投资额（亿元） |
|---|---|---|---|
| 滨海生态工业园创建工程 | 循环经济建设、清洁生产、节能减排、绿地建设、生态系统建设、污水处理、集中供热电和蒸汽管网等 | 2013—2015 | 5 |
| 射阳省级以上生态工业园创建工程 | 循环经济建设、清洁生产审核、节能减排、绿地建设、道路绿化建设、生态景观建设、ISO14000 环境管理系统认证、污水处理厂与截污管网建设、集中供热电厂与蒸汽管网建设 | 2011—2015 | 6 |
| 射阳临港工业区生态工业园创建工程 | 循环经济建设、清洁生产审核、节能减排、绿地建设、道路绿化建设、生态景观建设、ISO14000 环境管理系统认证、污水处理厂与截污管网建设、对射阳港电厂进行相关改造，对园区实现集中供热 | 2011—2015 | 4 |
| 射阳生态造纸集中区工业园创建工程 | 循环经济建设、清洁生产审核、节能减排、绿地建设、道路绿化建设、生态景观建设、ISO14000 环境管理系统认证、污水处理厂与截污管网建设、建设 3 台 130 吨锅炉、黄沙港建设 2 台 15MW 发电机组项目 | 2011—2015 | 4 |

续表

| 园区名称 | 建设规模与内容 | 建设期限 | 投资额（亿元） |
|---|---|---|---|
| 射阳生态染整集中区工业园创建工程 | 循环经济建设、清洁生产审核、节能减排、绿地建设、道路绿化建设、生态景观建设、ISO14000 环境管理系统认证、污水处理厂与截污管网建设、沙印热电建设 1 台 35 吨，4 台 75 吨锅炉，1 台 6MW，2 台 12MW 发电机组项目 | 2011—2015 | 4 |
| 大丰港区国家级循环经济高科技产业园 | 规划面积 4 平方千米，年进口再生金属 100 万吨，处理国内再生金属 100 万吨 | 2011—2015 | 210 |
| 建湖再生资源交易市场项目 | 新建仓储交易中心 7 万平方米，经营及附属设施用房 2.7 万平方米，道路和货场约 4.5 万平方米。项目建成后可引入长三角再生资源经营大户 10 家，规范县内废旧物资经营户入场经营达 200 家 | 2011—2015 | 2 |

以园区循环化改造为重点，突出重点领域省级和市级循环经济试点示范，每年组织实施一批循环经济重大项目，初步构建较为完善的循环经济发展运行机制。以构建完善的纺织、化工、建材、造纸、装备制造、汽车制造产业链为重点，努力提高各类工业企业内部、企业间以及园区内资源、能源上下游间的再利用，努力实现资源化、减量化、再循环利用。2014 年全市采用资源综合利用技术企业超百家，利用废水、废渣、废气、河道淤泥等共生产水泥 1090 万吨、砖 3.4 亿块、砌块 33 万立方米、工业油料 6 万吨、中密度板 20 万立方米、电力 9 亿千瓦时，全市万元 GDP 能耗下降 5.99%，超额完成省下达的下降 3% 的节能目标任务。

### 三 两业协调让园区强起来

近年来，盐城市以生产性服务业为主攻点，以服务业集聚区为主阵地，推进服务业集聚区与工业开发区的融合、与城市功能区的互动、与沿海港口的联动等方式，形成以生产性服务业引领制造业转型升级、以制造业促进生产性服务业发展的良性格局。

**1. 现代物流拓展绿色制造市场空间**

制定实施现代物流"521"示范推进方案，依托港口、机场、铁路货场、产业基地，重点培育 5 个省级现代物流产业园，推进物流企业兼并重组、合资合作，重点发展 20 户处于行业领先水平的物流企业集团，大力发展第三方、第四方、冷链、保税等物流，每年创树 1 家试点示范企业。围绕汽车、钢铁、医药行业，建设智能物流数据中心和分析应用中心，打造一批区域和行业物流公共信息平台。强化云计算、物联网、北斗导航及地理信息等技术推广应用，推动传统物流企业向现代物流企业转型。据统计，2014 年全市物流总额首次突破万亿元，物流业增加值达 260 亿元，在全市物流企业中，物流营业收入 1000 万元以上企业 95 家，其中亿元以上企业 25 家，5000 万元至 1 亿元企业 12 家。现代物流业的发展畅通了制造业产品流通渠道，为盐城制造业绿色发展提供了广阔的市场空间。

**2. "互联网＋"创新绿色制造销售模式**

盐城市制定出台了加快电子商务发展意见和支持政策，促进实体销售和网络营销融合，推动企业融入知名电子商务平台，或自建网络销售平台，实现线下与线上结合、厂商与电商融合、境内电商与境外电商互补，推进电子商务快速发展，打造电商企业集聚发展高地。华东首家阿里巴巴农村淘宝项目顺利在大丰落户，市电子商务产业园成功签约慧聪网、巨尚电商等 17 个电商项目。据统计，2015 年上半年全市电商交易额 293 亿元，净增网店 3100 家，网络零售额 28 亿元，电商快递园线上交易额近亿元，增长 50% 以上。电商的快速发展，改变制造业产品销售模式，拓宽了销售空间，缩短了销售时间。

### 3. 工业设计促进生产性服务业与制造业融合发展

实施国家级工业设计中心建设"2 + 10"工程，重点发展盐城（大市区）工业设计中心、东方 1 号创意产业园两大载体，每年推进 10 个工业设计产业化重点项目，促进工业设计企业和专业人才集中集聚，加快建设长三角北翼工业设计高地。积极推广应用以绿色、智能、协同为特征的先进设计技术，培育引进一批专业化、开放型的工业设计企业。鼓励企业与高等院校、科研院所、研发机构合作共建开放型工业设计中心，支持有条件的企业创建工业设计实训基地。加强工业设计企业与制造企业对接合作，定期举办国际工业设计大师走进盐城活动，组织工业设计大赛。目前已有 67 户制造企业与设计企业签订正式合作协议，196 户制造企业与设计企业达成意向合作协议。

### 4. 制造业服务化转型提升制造业绿色转型能力

启动实施制造业服务化试点示范培育计划，重点推动节能环保成套装备、新能源装备、农机装备、智能照明系统生产企业，从产品供应商向提供设计、承接项目、实施工程、项目控制、设施维护和管理运营等整体解决方案提供商转变。支持有条件的企业立足品牌和核心技术优势，外包制造加工环节，专注于产品设计、零售分销、品牌管理等高附加值业务，培育一批省级制造业服务化示范企业。搭建服务业企业与制造业企业、服务业园区与工业园区联动发展平台，引领和撬动生产型制造加快向服务型制造转变。目前，盐城几乎所有规模以上企业都开始向服务化转型。例如，江苏长虹智能装备集团在传统机械制造的基础上，成立了独立的研发机构——长虹机械设计院，形成了集研发、制造、销售、售后于一体的完整产业链，实现了现代制造业与生产性服务业的"双轮驱动"。

### 5. 软件和信息服务业推动制造业智能化

全市拥有盐城国际软件园和服务外包基地、大丰国际软件园

2 个省级软件园，城南智慧科技城、大丰东方 1 号创意园、亭湖文化创意产业园、东台台阳软件园等多个软件和信息服务业载体竞相发展。拥有双软认定企业 40 家，形成了以思科、南大苏富特、软通动力、华生恒业、东方赛普物联网研究院、睿泰科技等为代表的一批行业内骨干优势企业，在计算机软件开发、信息化应用、服务外包、医疗软件、物联网应用、数字出版等领域，在省内乃至国内形成较强竞争优势。IBM、中兴、华为等一批国内外知名企业纷纷来盐开展战略合作。2014 年实现开票销售 108 亿元，同比增长 31%，产业规模居苏北首位。

**6. 服务业提档升级强化对绿色制造业综合服务**

2014 上半年盐城市研究出台了《盐城市级服务业集聚区认定管理办法》和《关于加快推进现代服务业集聚区发展的指导意见》两个专题文件，对市级服务业集聚区进行了优化调整。全市现有市级以上服务业集聚区 31 家，其中省级 7 家，位列苏北第一。2014 年，全市 31 个服务业集聚区顺利完成年初制定的目标，全年完成投资 368.2 亿元，占年度计划 101.6%，新招引的亿元以上生产性服务业项目 90% 以上落户在服务业集聚区，全面提升了盐城市服务业集聚区发展层次和水平。

此外，盐城的金融保险、风投创投基金、第三方支付、P2P网贷、众筹、大数据金融等金融业发展以及检测检验、认证许可、猎头中介、培训教育、数字会展等商务服务业发展对制造业的绿色发展功不可没。

## 第三节　创新创业强绿色制造之源

大众创业是盐城市制造业快速发展的源头。2013 年以来，全市开展全民创业，新增各类创业主体 33 万户，列苏北第一、全省前列；新增一般纳税人工业企业 3962 户，累计达 17201 户，增量和总量均列苏北第一。其中，新增规模以上工业企业692户。目前，大众创业已经成为新常态下盐城经济增长的动力源，全市经济发展增量的70%来源于创业。

万众创新是盐城市制造业绿色发展的活水。盐城市以国家创新型城市试点为契机，坚持以企业为创新主体，大力实施科技型企业培育计划，积极开展科技金融试点工作，强化科技同经济对接、创新成果同产业对接、创新项目同现实生产力对接、创新人才培养引进与经济社会发展需求对接，推进制造业创新发展。2013年，盐城市被科技部评为全国科技进步先进市，大丰区、滨海县、建湖县被评为全国科技进步先进县（市），盐城下辖9个县（市、区）全部通过2013年全国科技进步考核，盐城市科技综合实力继续保持全国先进水平。

## 一　构筑创新创业生态圈

盐城市领导者以构筑创新生态圈为抓手，着力完善创业创新的体制机制，破解创业创新中出现的各种难题，优化创业创新环境，激发全民创业创新激情，掀起全民创业创新高潮。

### 1. 构筑万众创新生态圈

推进产学研联盟。盐城本地科研资源并不突出，但盐城善借外力，各级政府按照产业发展需要，推进企业与省内、国内优质科研资源结成产学研联盟，推进盐城制造业绿色转型。

盐城环保科技城是产学研合作的典范。环科城拥有中国环境科学研究院、德国GEA、日本上岛等国内外科研院所，中电投远达环保、中国国电集团、中国节能集团、浙江菲达、福建龙净等行业领军企业，产学研可以非常方便地进行洽谈合作。南京大学盐城环境与工程研究院，成立三年来，已与159家企业及4个县的化工园区，签订了187个环保项目，涵盖环境综合整治、企业污染控制与升级改造，合同服务金额达2.5亿元，为盐城及周边地区近百亿元的化工产业提供了技术支撑。盐城经济技术开发区管委会先后与东南大学、复旦大学、同济大学、台湾工研院、江苏大学、中科院上海有机化学研究所、上海第二工业大学、盐城师范学院、盐城工学院等建立了长期稳定的产学研合作关系。推动悦达南纬科技、江动集团、智美达、汉创科技、奥新新能源汽车等企业与南京航空航天大学、南京理工大学、湖南大学、清华大学、中科院基因研究所、东华大学、上海第二工业大学、北京航空航天大学等分别签订了合作协议，建立了技术研发中心、博士后工作站、研究生工作站或院士工作室等不同类别的研发机构。大丰港经济开发区在全省率先建成海洋产业研究院，建成产学研联合体45个、工程技术中心26个、院士工作站6个、博士后工作站3个。南京工业大学、中国海洋大学、上海海洋大学等十多家高校科研院所入驻，孵化项目12个。世界500强企业——中国建材集团门下的中建材环保研究院落户环科城，给盐城本土企业科行集团带来生机，中建材环保研究院工业炉窑烟气治理研发全国领先，科行集团工业除尘、脱硫脱硝位列全国第二方阵，两家很快进行合作开创了共赢的局面。高端技术的进入，使科行实现了从单一水泥行业的烟气治理向玻璃、水电、化工、烟草等工业炉窑烟气治理的华丽转身。江苏紫光吉地达环境工程科技有限公司没有入驻环保科技城前，年产值不足1亿元，2014年已达到5.6亿元，两次跨越式发展都得益于科技创新，一次与东南大学合作，研发出促使细微颗粒团聚并黏附在较大颗粒上的核心技术，一次与南开大学合作研发出脱硫脱硝的新技术，新技术的应用为公司产品拓展了市场。江苏同和涂装与清华大学共同投资建设的同和水处理设备项目，在水体污染监测和污水处理的运行控制方面处于国际领先水平。类似的例子还有许多。

制定创新激励政策。盐城市陆续出台一揽子财税政策，推进制造业创新发展。设立市科技创新工业引导资金，对工业企业科技创新进行奖励；设立市人才发展专项资金，对引进制造业紧缺急需人才、高层次创新创业人才给予奖补，主要用于市"515"人才引进等；设立市工业和信息化转型升级资金，对市区企业技术改造、新上重大工业项目、智能车间建设等给予奖励；设立市战略性新兴产业发展资金，重点支持高端装备、新能源等7个战略性新兴产业；设立市智慧城市建设资金，专项扶持城南智慧科技城企业；设立市商务发展专项资金，对制造业企业应用电子商务给予奖补。盐城市国税局通过减免企业所得税，支持企业科技创新。盐城市地税局对企业用于研发的仪器、设备给予加速折旧等税收优惠。盐城市财政还出资设立"苏科贷""科技贷""创业贷""成长贷"4个风险补偿资金池，与市区相关银行合作，用于补偿合作银行在支持科技型中小微企业具有自主知识产权的科技成果产业化过程中所发生的贷款损失，引导银行扩大对市区制造业中小企业科技创新的贷款支持。

### 2. 构筑大众创业生态圈

降低创业门槛。全面清理行政审批事项，优化审批流程，对创业项目实行"一个窗口受理、一站式并联审批"和"容缺预审"制度。全市55个行政部门"自我革命"，将6539项行政权力精简为1727项，精简率达73.59%。行政审批项目办理平均承诺时间从8.24个工作日下降到3.96个工作日；全面落实注册资本费用"零首付"、工商登记"零收费"，在全省率先启动注册资本登记制度改革，探索推行公司网上登记方式，率先推出"一表一卡"收费制；开展企业负担专项清理行动，2013年全民创业大会以来累计降低创业成本4亿元以上，其中压降行政事业性收费8000万元，压降中介机构服务性收费9400万元，压降金融服务收费8600万元。

拓宽创业领域。陆续出台30条扶持创业措施和10条激励创业新政以及加快民营经济发展、鼓励和促进网络创业和打造全民创业十大服务平台的实施意见，全面拓宽市场准入领域，为全民创业亮绿灯、不设限，全方位支持全民创业。对各领域"非禁即入"，号召城乡居民"宜工则工、宜商则商、宜农则农"，鼓励引导科技人才、回乡人员、青年及妇女等自主创业，力推盐城由"打工经济"向"创业经济"的根本性转变。

破解融资难题。盐城市财政设立5亿元中小企业过桥资金、5000万元扶持全民创业专项贷款贴息资金，运用财政资金建立创业贷、科技贷，依托政府担保平台，支持金融机构设立成长贷和盐信贷，通过财政杠杆撬动金融创新，预计2015年可撬动银行贷款30亿元；充分发挥融资性担保机构作用，2015年以来，全市28家融资性担保机构已累计为2530家中小企业提供138亿元担保服务；开展"金融超市"进市县（区）、进园区活动，累计为近千户创业者和中小企业提供60.91亿元协议融资；在全省率先设立创业银行，专门办理创业项目贷款，2015年年底将实现创业银行县（市、区）全覆盖。

提升孵化功能。利用国家级经开区、高新区、大学科技园、科技企业孵化器等资源，深化与高等院校战略合作，支持本地企业与国内外高校、科研机构和跨国公司协同创新，搭建具有盐城特色的"众创空间"。全市创业孵化基地达178个，其中创业园138个，科技企业孵化器30个，大学生创业园10个，成功孵化科技型中小企业2450家。

深化二次创业。实施中小企业成长工程，鼓励引导小微企业升级为一般纳税人或规模以上企业，重点支持成长型中小企业做精做优，走专精特新发展道路。开展科技专家小微企业千企行、百户科技小巨人结对帮扶活动，每年评定30个"专精特新"和科技小巨人企业。推动中小微企业每年实施500项技改升级项目，每年培育200户规模以上企业。引导大企业与中小微企业通过专业分工、服务外包、订单生产等多种方式开展合作，提高协作配套水平。

## 二　创新创业直奔中高端

盐城的创业创新在江苏可圈可点，在苏北日显突出，甚至与苏南相比也毫不逊色。不仅创新成果丰硕，而且有许多中高端创新成果；不仅创业项目多，而且有许多中高端层次的创业。

### 1. 创新层次直奔中高端

企业研发水平不断提升。2013年以来，年专利申请数量突破万件大关，成为全国年万件专利申请量31个地级市中的一员。2014年专利申请量达到19944件，增长了19.5%。截止2015年9月30日，盐城工学院发明专利实审数位列江苏高校第14位，全国高校82位，首次闯入全国百强。科技型中小企业数量大幅增长，近两年分别为5000家、6000家，已占全市中小企业总数的43.5%。高新技术企业增加数、高新技术产品数量大幅增长，2014年全市高新技术企业数比上年新增610家，省级以上高新技术产品数比上年增加517个。大丰区丰泰机电有限公司等21家企业承担的科技创新项目获年度国家科技型中小企业技术创新基金支持项目，金额1760万元。江苏三色源生物工程有限公司等10家企业承担的科技创新项目获2013年省科技型中小企业技术创新资金支持项目，金额250万元。江苏省森创软件科技有限公司等13家企业承担的项目获国家火炬计划立项。全市有7个项目获省重大成果转化专项资金主要项目立项（见表5-3），争取省科技经费6500万元，另外海水淡化项目省里直接立项，立项总数和立项经费苏北第一。2014年，524个项目获省级以上科技计划立项，争取科技经费超过8.2亿元。组织重大科技成果转化项目56项、省工业支撑项目38项。

表 5 - 3　　2013 年盐城市获省重大成果转化专项资金主要项目名单

| 序号 | 单位名称 | 所属县（市、区） | 省资助经费（万元） |
|---|---|---|---|
| 1 | 江苏和信石油机械有限公司 | 东台 | 1000 |
| 2 | 江苏尚莱特警医药化工材料有限公司 | 滨海 | 1000 |
| 3 | 大丰丰泰流体机械科技有限公司 | 大丰 | 700 |
| 4 | 江苏科行环境工程技术有限公司 | 亭湖 | 1000 |
| 5 | 江苏国瑞液压机械有限公司 | 建湖 | 1000 |
| 6 | 江苏谷登工程机械装备有限公司 | 大丰 | 800 |
| 7 | 江苏丰东热技术股份有限公司 | 大丰 | 1000 |

首台（套）重大装备及关键部件全省领先。首台（套）重大装备及关键部件是企业创新能力的重要标志。2014 年度江苏省公布首台（套）重大装备及关键部件认定名单，全省共 98 个，其中盐城有 9 个，居苏北之首，与南京、无锡并列全省第三。2015 年度江苏省公布首台（套）重大装备及关键部件认定名单，全省共 129 个。其中盐城有 17 个，名列全省第一，在苏北各市中遥遥领先。

江苏高精机电装备有限公司研发的 GJMHS50 双面卧式柔性加工中心，采用可伸缩式摆动镗铣头与一种数控机床远程监控与故障诊断系统等多项自主发明专利技术，解决了我国汽车制造装备中生产工艺流程复杂、柔性化程度低、加工质量不稳定、设备可靠性差等问题，该项目整体技术国内领先，部分指标达到国际先进水平。

东台恒舜数控精密机械科技有限公司自主研发的 HYQ 全电脑多功能无缝针织机组，将现代圆机、横机和无缝内衣机的先进技术集成创新于一体，采用集成模块化设计，首创的数控步进电机和气动密度调节方式、提花和三角结合的复合选针技术，结合电脑横机和电脑圆机的特点，针筒采用提花结构而针盘则通过三角轨道，实现一双向移圈，突破了国外技术垄断，提高了打版效率，降低了对操作人员的要求，提高产量为横机的近15倍。

**2. 创业层次直奔中高端**

后发先至，关键在路子，希望在人才。盐城新近制订出台了盐城市"515"人才引进三年（2015—2017年）行动计划（以下简称"515计划"）。针对企业创新发展、转型发展的实际需要，出台了28条人才引进、培育和使用的优惠政策，从2015—2017年，计划支出40亿元，每年引进50000名大学生、10000名专门人才、500名领军人才，全方位做好创业和创新服务。通过实施"515计划"，集才智、促发展、增实力、树品牌，打造"叫响全国"的盐城人才名片。近三年全市评审资助创新创业领军人才项目502个，资助金额6.5亿元，其中创业项目96个、资助金额2.47亿元，12个创业类高层次人才项目分获1000万元资助。面向全球在上海连续三年举办"沿海发展人才峰会"，累计招引988名高层次人才落户盐城，为盐城绿色转型发展注入智动力。目前，落户盐城和提供产业创新服务的各类科技人才已达18400多人，落户盐城高层次人才创业项目150个，其中外籍院士创业项目1个、国家"千人计划"专家创业项目26个，回乡创业和外来创业人才形成了潮涌之势。

江苏建中新材料科技有限公司总经理孙涛，从国外留学归来，在上海打拼多年之后，毅然回到家乡盐城，选择在故土实现他的创业梦，进军高端建材市场，生产制造"优质无缝钢管"。公司一期工程运营良好，二期工程也已投入建设。项目全部竣工投产后，可形成年产10万吨高压锅炉钢管的能力，新增销售10亿元，利税可达1.2亿元。公司可望在3—4年之内进入到新三板。李臣是土生土长的大丰人，先后在上海同济大学、德国慕尼黑工业大学学习，放弃宝马公司的工作和德国的优越生活，回到家乡与人合伙创办了盐城丰德精密机械有限公司，主营产品是饲料企业急需的核心易损零部件——环模，填补了国内空白。公司2011年销售300多万元，2012年600万元，2013年900万元，2014年超1500万元。

### 三 低谷隆起创新要素高地

盐城曾经是江苏经济低谷、沿海经济低谷，曾经被视为苏南低端产业转移的理想之地，如今已成为江苏创新要素高地。

#### 1. 科技创新平台高地

这几年，盐城市狠抓创新平台建设，强化招商引智，鼓励企业与高校联合建设研发机构，不断推进创新平台数量扩张，档次提升，为推进制造业创新发展迈上新台阶打下了扎实基础。

国家级平台拥有量呈倍数增长。近三年来，先后被国家科技部认定为"国家可持续发展实验区""国家创新型城市试点城市""国家科技进步先进市""国家知识产权试点市""国家新能源汽车推广应用城市"。2015年2月，盐城高新区获批国家级高新技术产业园区。目前，全市已拥有国家级创新平台6个。

企业院士工作站在苏北遥遥领先。企业院士工作站是在企业中建设以中国科学院院士、中国工程院院士及其团队为核心的高层次科技创新平台。2014年年底，盐城有20个企业院士工作站（见图5-1）。

博士后创新实践基地数量苏北第一。近年来，盐城市不断加大博士后创新实践基地建设力度，在站博士后人数显著增加，已逐步成为吸纳集聚高层次人才的重要载体，为提升企业自主创新能力、促进产学研结合做出了积极贡献。2014年盐城市江苏中磊节能科技、清泉化学、金色农业科技、双鑫石油机械有限公司、双山集团股份有限公司5家企业获批设立江苏省博士后创新实践基地，获批数列苏北第一。盐城市已累计设立省级博士后创新实

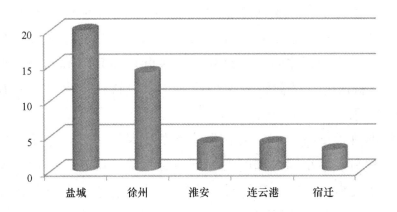

**图5-1　2014年苏北5市企业院士工作站数量**

资料来源：江苏省科技创新平台：http：//kjpt. zacent. com。

践基地26家、分站3家，设站总数继续保持苏北第一。

省级以上科技企业孵化器快速增加。2014年大丰高新技术创业服务中心、滨海生物医药科技创业园、阜宁科创园被认定为国家级科技企业孵化器，建湖县高新技术科技园、东台城东科技创业园被认定为省级孵化器。盐城中小企业园科技企业加速器被认定为省科技企业加速器。盐城师范学院大学科技园成功创建为省级大学科技园。盐城工学院大学科技园已更名为盐城大学科技园，国家级盐城大学科技园申报材料已上报科技部和教育部。三年前，盐城国家级、省级孵化器只有2家和6家；近三年，科技孵化器建设总量超过前30年之和。目前，全市已有国家级孵化器10家、省级孵化器15家，在孵企业1700多家，毕业的600多家企业成长迅速，其中有43%的毕业企业已成长为规模以上企业。在孵的企业近两年累计创造产值50多亿元，为18000多人提供了就业岗位。

## 2. 国家级高新技术企业高地

2014年全市组织129家企业申报国家高新技术企业，已获公示105家，同比增长178%。其中，7家企业被认定为2015年度科技企业上市培育计划入库企业，3 家企业被认定为 2014 年国家火炬计划重点高新技术企业。目前全市国家高新技术企业总数达到 277 家，位居苏北第一。此外，2014 年新认定省高新技术产品517 种，新认定省民营科技型企业 443 家，新认定市级高新技术企业 134 家。

江苏科行集团——为制造业绿色发展保驾护航。这是一家专业从事建材、中小锅炉和电力等行业烟气除尘除灰、脱硫脱硝等环保技术装备研制、工程设计、设施运营与总承包业务的国家重点高新技术企业。集团建有（北京）环保技术研究院、国家级企业技术中心、国家环境保护工业炉窑烟气脱硝工程技术中心、江苏省烟气脱硝工程技术研究中心、江苏省企业院士工作站、江苏省博士后科研工作站、江苏省新型环保重点实验室等研发平台，获得国家专利 140 多项。集团先后参与和承担了国家"863"课题 1 个、国家"十二五"科技支撑计划 1 个，"十五"和"十一五"科技攻关项目 7 个，主持或参与行业标准编制修订 4 个，建成企业标准 20 多个。集团还先后承担了 3 个科技部创新基金项目、2 个国家火炬计划、3 个国家重点新产品、4 种国家环保认定产品、1 个江苏省重大科技成果转化项目，并先后获得 15 个省高新技术产品，省市级以上科技进步奖 8 项，在核心期刊发表论文近百篇。集团先后荣获"中国驰名商标""国家火炬计划重点高新技术企业""中国环境保护产业骨干企业""全国企事业知识产权试点单位""国家创新型试点企业"等 60 多项省级以上殊荣，并在业内率先通过欧盟 CE 认证以及 ISO9001、ISO14001、OHSAS18001 三标一体认证。集团先后承建了华能北方联合电力、神华集团、宁夏煤业煤化工、包头希望铝业、南玻集团、台玻集团、南通醋纤、北京金隅、福建红狮、台湾水泥等 200 多个除尘脱硫脱硝 EPC 工程，实现了集团在水泥、玻璃、陶瓷、中小锅炉和电力等行业环保技术装备示范推广。

江苏丰东热技术股份有限公司——我国热处理行业唯一的上市企业和国家火炬计划重点高新技术企业。拥有国内仅有的2家具有热处理设备检测、金属材料及金相检测能力国家认可实验室之一。公司组建了以中国工程院院士潘健生、国家千人计划专家姜辛教授等为核心的技术创新团队，并与上海交通大学、南京航空航天大学等一流院校形成了长期稳定的合作关系。公司多项产品通过了省部级和中国热处理行业协会的科技成果鉴定，曾获得"国家科学技术进步二等奖"（目前国内热处理行业获得的最高奖项）、"教育部科技进步一等奖""机械工业科技进步三等奖"等奖项，公司产品项目曾被列为"国家火炬计划""江苏省重大科技成果转化"等项目，公司多项产品被评为"江苏省高新技术产品"和"热处理行业先进设备"。公司已通过ISO9001：2000质量管理体系认证和ISO14001：2004环境管理体系认证。公司作为中国热处理行业协会副理事长单位、全国热处理标准化技术委员会副主任委员单位以及中国机械工程学会热处理学会副理事长单位，先后主持起草及参与起草热处理国家标准14项、行业标准7项，拥有授权专利46项。

江苏长虹智能装备集团——盐城智造的典范。江苏长虹智能装备集团是从事工业机器人规划、设计、生产的大型集团，先后主持和参与制定国家标准和行业标准4项，拥有授权专利58项。集团组建了以中国工程院院士王玉明、长江学者王立平等为技术带头人的创新团队，与清华大学、盐城工学院等合作共建试验室，先后开发了混联喷涂机器人、智能柔性涂装输送机、飞机喷涂机器人等一系列核心技术，在涂装、总装、焊装机器人及成套装备关键技术产业化方面达到国内领先、国际先进水平。集团承担了国家级、省部级项目16项，开发江苏省高新技术产品、名牌产品、优秀专利新产品27项，制定了国家、行业标准7项，拥有授权专利78件，其中发明专利20件。

江苏金风科技有限公司——风电行业的翘楚。公司主营业务包括大型风力发电机组及零部件研发、生产、销售、安装及技术咨询服务。目前拥有资产总额22亿元，银行资信等级为AAA级，2014年销售收入22.5亿元，利税1.4亿元，出口创汇8000万美元。金风科技在江苏省建立了以海上风电研发中心为平台，制造和服务一体化为支撑的整体战略布局，全力推进海上风电技术和产业结构升级。目前已形成3个中心（即国家风力发电工程技术研究中心海上分中心、江苏省6兆瓦级及以上直驱永磁风电机组工程中心、江苏省海上风电装备工程技术研究中心），2个基地（即大丰2.5MW、3MW、6MW及以上海上风电产业基地和大丰港海上风电拼装基地），2个风电场项目（即大丰C2金风科技海上30万千瓦示范项目，大丰20万千瓦海上风电特许权项目）的战略产业布局。正在建设的"国家风力发电工程技术研究中心海上分中心"是以海上风电技术装备为研究对象的国家级研发中心，经国家风力发电工程技术研究中心授牌成立。海上分中心自成立以来，已开发出具有全球领先水平的2.5MW、3MW和6MW海上及潮间带系列风电机组，正在进行全球最先进的10MW级风电机组的研发。同时，公司正在建设的"江苏省6兆瓦级及以上直驱永磁风电机组工程中心""江苏省海上风电装备工程技术研究中心"，也将为江苏省"海上风电三峡"建设做出贡献。"2.5MW直驱永磁风电机组研发及产业化项目"列入了江苏省科技成果转化项目，"超大型直驱永磁式海上风电机组设计技术研究项目"及"浮筒或半潜平台式海上风电机组浮动基础关键技术研究及应用示范"列入国家先进能源技术领域"863计划"。

东风悦达起亚公司——传统支柱产业二次创新的典范。公司一方面投入近10亿元打造国际一流的研发中心；另一方面大力引进国内知名高校汽车研究院所、汽车检测中心、材料研发中心等，推动创新成果率先落地生根。在研发中心的实验室里，一台高速测功机正在环境实验舱内飞速运转，这款自主研发的电机在经历两个月的测试后将投放使用于新能源汽车。投资 20 亿元打造的中汽中心盐城汽车试验场正如火如荼地建设中，2015 年年底即将全面竣工，必将成为盐城汽车产业实现弯道超越发展的动力引擎。

盐城绿色制造的实践告诉人们，先发地区的传统制造业基础雄厚，这既是优势，也可能成为绿色转型的"包袱"。后发地区制造业基础薄弱，这是劣势，也可能转化为绿色转型的优势。后发地区可以轻装上阵，利用后发优势，把握发展机遇，引进可以在本土生根发芽的高端产业、高端人才和高端研发平台，打造成为工业4.0高地。

盐城就是这样一个鲜活的样板，今天的盐城已经发展成为我国重要的新能源产业、节能环保产业基地和海水淡化示范城市，明天的盐城还有望成为我国的"海上三峡"，成为我国重要的新能源汽车、大数据产业以及健康产业基地。

# 第六章　绿色农业

习近平总书记指出，"中国要强，农业必须强""中国要富，农民必须富""中国要美，农村必须美"。保障粮食安全，要加快转变农业发展方式，推进农业现代化，既要实现眼前的粮食产量稳定，又要形成新的竞争力。农业作为中国几千年来的基础产业和传统产业，其发展之落后、转型之艰难是各地面对的共同难题。在盐城，农业具有举足轻重的地位，但多年来存在很大的传统成分，突出表现为体量大而水平低、产量高而效益低等问题，因此迫切需要加快转型。盐城人以其独到的眼光、超人的胆略和坚强的毅力闯出一条农业现代化转型的新路。这条路以大农业为根本，以绿色农业为方向、以农业产业化为重点，使沉寂与低调的农业靓了出来，活了起来。这条路不仅是一条具有鲜明时代特色、因地制宜的"三农"成功转型之路，还是一条深入践行和积极探索"强富美高"之路。

## 第一节　以生态观强农业之本

何为农业之本？有人说农民是农业之本，有人说水是农业之本，还有人说土是农业之本。其实，农业之本植根于农业生产各个环节的所有要素，是农业发展不可或缺的因子。同时，农业还是一个国家和地区发展的物质来源和产业基础，服务于国民经济的方方面面。充分认识农业发展的必然规律，保护农业发展的根基是发展现代农业的根本之路。盐城充分利用自身的农业资源禀赋条件，以绿色生态为引领，发展大滩涂、大盐田、大农业，保障农业的规模与根本并积极发展有机农业和盐土特色农业。通过开展"三清五化"和"三品"认证等工作，促进以沼气和秸秆综合利用为核心的生态农业发展。通过农业"两增两降"行动，提升农业的总体效益，促进农业的现代化转型。

## 一　大农业孕育大产业

盐城拥有耕地面积1255万亩，2014年粮食总产量为140亿斤。作为全国规模农业生产的典型示范，靠的是什么？靠的是盐城高度集约的规模农业。"三品"优质农产品产地面积和认证数在全国名列前茅，这些都彰显出盐城农业之"大"。盐城的大农业首先体现在规模上，盐城具有江苏最大的耕地面积和沿海单体滩涂湿地，是发挥农业的规模效益的最佳区位；盐城发展的大农业是现代化大农业，高科技的大农业，生态的大农业和设施化的大农业，在国民经济中占有举足轻重的地位；盐城的大农业发展是农业的全方位发展，重点突出在种养结合和"两增两降"调整方面。

### 1. 全国第一的规模农业

盐城是江苏农业第一大市，高效农业比重达60%，高效设施农业新增面积全省第一。粮棉油畜禽蛋等主要农产品长期居江苏省之冠，农业总产值列全国地级市第一位，农民人均纯收入居全国百亿斤产粮大市之首。2014年全市粮食总产量实现"十一连增"，连续三年获得全国粮食生产先进市称号。因为份额大、体量大，所以盐城农业的贡献也大。2014年，盐城农村常住居民人均可支配收入为14414元，比2013年增长9.1%，高于城镇居民6.7%的增速；农业生产总值在全市GDP中的比重达到14%，这在江苏乃至我国东部沿海城市中实属罕见。大滩涂是成就盐城大农业的关键。盐城具有江苏省面积最大的耕地面积，总量达 1255 万亩。如此体量的农业规模主要得益于盐城广阔的市域空间和大面积的自然滩涂湿地。目前盐城自然滩涂湿地面积达 6000 平方千米，是太平洋西岸面积最大的单体滩涂湿地面积，且每年以 2 万—3 万亩的面积在扩张。耕地是农业发展的基础保障，农业发展需要耕地，而盐城恰恰具有这样的条件。盐城为农业发展能够提供的广阔空间在江苏以及在中国东部沿海省份中是独一无二的。"盐城沿海滩涂每年新增那么多国土面积，是盐城宝贵且独具特色的自然资本，如何开发好、利用好这一资源是维护盐城持续发展的重要因素，影响盐城的未来"，市委书记朱克江指出了资源开发利用与保护的关系。盐城充分利用广阔的滩涂资源，发展大滩涂、大盐田、大农业。通过大规模地开发滩涂资源，盐城积极引入农场、企业和农业大户进行承包经营，使江苏常见的小农经营、破碎化管理在盐城得到改变。通过耕地面积保障，提供基本的农业资源保障和规模效益。

盐城广袤的滩涂也为养殖业的发展提供了得天独厚的条件，取得了突出的成绩：2013 年以来，盐城市水产养殖业呈现持续发展态势，水产养殖总面积由 172.5 万亩增加到 249.2 万亩，养殖单产平均水平由 195.3 公斤/亩增至 318.2 公斤/亩。其中，池塘养殖面积由 54.3 万亩增至 134.6 万亩，池塘养殖产量由 15.8 万吨增至 51.1 万吨，单产由 291.6 公斤/亩增至 379.6 公斤/亩；浅海滩涂养殖面积由 65.2 万亩增至 77.4 万亩，产量由 5 万吨增至 11.8 万吨，单产由 74.6 公斤/亩增至 152.5 公斤/亩。盐城还通过积极推进《盐城沿海养殖水域滩涂规划》，逐步形成以里下河地区淡水名特优水产品养殖产业带、通榆河沿线淡水虾类养殖产业带、海堤公路沿线淡水鱼类集约化养殖产业带和沿海地区名优海产品养殖产业带为典型的四大特色养殖业功能区。

盐城市是农业大市，也是畜牧业大市。盐城生猪、家禽两大主导产业总产值先后突破"双百亿",主要畜产品产量连续多年保持江苏省第一,畜牧业已成为盐城农业农村经济和农民增收的支柱产业。阜宁县是江苏生态猪养殖第一县,如今有一多半的养殖户在饲养生态猪。阜宁的几大生态猪养殖合作社以自养、自繁、自宰、自销的"四自"模式,在阜宁、盐城、苏州、南京、上海等"长三角"地区的大中城市,开设阜宁生态猪直销窗口近100个,日销猪肉已突破20吨。市场行情好了,阜宁县里及时出台鼓励政策,连续三年拨款5000万,扶持生态猪养殖。到2014年年底,阜宁县已有294个千头以上、45个万头以上规模养猪场。

### 2. 盐土农业发展的崭新之路

盐城因盐而得名,广阔的滩涂盐土是盐城市情的真实写照。滩涂利用好了"了不得",利用不好"不得了"。滩涂土壤盐分高,如何利用好广阔的盐渍化土壤是长期以来摆在盐城人心头的一大难题。近年来,盐城积极发展盐土特色农业。盐土农业的广阔前景与快速发展形势让盐城看到了希望,也收获了成功。盐城沿海滩涂基本上属于滨海盐土,以氯化盐为主,盐土剖面上下含量比较均匀,较利于耐盐植物生长。加之盐城地处黄海之滨,属湿润季风气候区,沿海滩涂生物资源多样,物种丰富,适合多种盐生经济作物和蔬菜的生长。盐碱环境下用海水灌溉的蔬菜不容易得病生虫,基本不需要洒农药,为生产优质特色盐生农产品提供了良好的基础。

"优良的沿海生态环境,为盐城市大力发展盐土农业,特别是生产绿色食品和有机食品提供了可靠保证。盐城市滩涂大多未经开发利用,不存在家庭联产承包状态下基本农田使用权属问题,这为今后规模化经营提供了基础条件",盐城人正在努力用好自身的优势。盐城师范学院重点实验室研究员周春霖发现,改良后的碱蓬、仙人掌、芦荟等植物在滩涂能够良好地生长。这彻底改变了盐城市长期以来先改良后利用的滩涂农业发展思路,走出了一条滩涂开发利用的新路子，开辟了盐土农业发展新篇章。据不完全统计，目前在盐城市沿海滩涂上，已经成功试种了海英菜、海芦笋、海水芹等30多种耐盐蔬菜，菊芋、油葵、海滨锦葵等10多种耐盐特种经济作物，黑麦草、紫花苜蓿、盐角草等多种耐盐牧草。盐城的盐土农业让滩涂替代耕地，海水替代淡水，变废为宝，化害为利，为盐城农业跨越发展探索出了一条崭新之路，是具有重大战略意义的战略性产业。

几年前，盐城人开辟第一个试验基地试种海蓬子，由于直接用海水灌溉、无污染，且具有多种营养价值，海蓬子在欧美国家作为一种保健蔬菜，广受欢迎。这两年，盐城每年都积极参加国际展销会，都会接到很多订单，远远超过了现实生产能力。位于大丰海边的江苏晶隆海洋产业发展有限公司，也是目前盐城市发展较好的海水蔬菜规模生产企业。盐城盐土农业发展最为著名的农产品品牌——东台西瓜，先后被国家工商总局批准注册为原产地证明商标和江苏省著名商标，被农业部认定为全国第一个瓜类作物中国名牌农产品；东台市被国家行业主管部门命名为"中国西瓜之乡"。东台西瓜远销苏、浙、沪、鄂、赣、闽、湘、川等十几个省市各大市场及香港等地，甜透了大半个中国。东台西瓜风味极佳。黄瓤西瓜特小凤口感细腻、多汁，是消暑解渴佳品。红瓤西瓜早春红玉糖度高、纤维少，更以其甘甜多汁、营养丰富的特点深受人们的喜爱。近年来，东台西瓜产业迅猛发展，种植规模逐年扩大。目前，东台西瓜面积扩大到26万多亩，总产量突破100万吨，产值逾16亿元，规模位居江苏第一、全国前列，成为名副其实的"西瓜王国"。

## 二　有机农业提升农业品牌

### 1. "三品"认证打造健康农产品

有机、绿色和无公害农产品是现代农业发展的必然要求。盐城充分发挥沿海滩涂区域土壤污染少、面积广等特点，在农业"三品"和全国特色名优农产品认证和评比中取得了不俗的成绩。截至2014年，盐城市已获得国家认定的"三品"总数2082个，其中无公害农产品1775个、绿色食品244个、有机农产品63个。种植业食用农产品有效"三品"总产量达706.3万吨，与食用农产品总量的占比达35%以上。农业标准化建设扎实推进，制定了江苏省地方标准60个，盐城市农业地方标准72个，农产品生产、加工技术规程和各类农产品质量企业标准652个，初步构建了盐城农业生产的基本标准体系。

一大批名特优农产品驰名中外，"射阳大米""射阳菊花"获批地理标志，富安桑蚕生丝、射阳大米、东台西瓜获"中国名牌产品"称号，宁富、星云等获中国驰名商标，东台西瓜、弶农西瓜和阜宁大米等获中国名牌农产品，盐城龙虾获欧盟地理标志保护农产品，射阳大米、洋马菊花、滨海白何首乌、裕华大蒜、灌河四鳃鲈鱼、东台蚕茧、阜宁大糕、建湖大米等被评为国家地理标志农产品。

2013年据中国农产品品牌研究中心对农产品市场占有率、消费者信赖度、品牌强度等指标综合评估，射阳大米以46.26亿元品牌价值，位居中国农产品区域公用品牌价值第11位，成为名副其实的"江苏第一米"。同时，建湖县颜单镇"三虹"牌有机稻米在第七届中国国际有机食品博览会获得金奖。近年来，"三虹"牌有机稻米还分别荣获第十届、十一届中国稻博会金奖、优质产品证书，以及江苏省名牌农产品、盐城市知名商标、盐城市十大绿色生态产品等称号。

盐城市的农业"三品"认证数量和"三品"基地占耕地比重均居江苏省前列。据统计，目前盐城市种植业无公害产品、绿色食品和有机食品面积累计达1103.7万亩，居江苏省首位；林业复合经营总面积突破80万亩。盐城市提出，加快建设国家沿海现代农业示范基地、农产品出口基地和长三角地区优质农产品供应基地，大力推进无公害、绿色食品和有机农产品基地建设，全面推行农产品标准化生产和科学管理，力争到 2015 年年底种植业农产品"三品"基地面积比重达到85%。

## 2. 秸秆综合利用改善有机农产品生产环境

秸秆焚烧曾经是困扰盐城这个农业大市多年的难题，2013 年夏季，盐城秸秆焚烧曾位列全省第一。此后，盐城坚持从加强生态环境建设、改善空气质量、维护群众健康的高度，把秸秆禁烧工作摆上重要位置来抓，专门对秸秆综合利用和禁烧工作进行一系列部署安排。各级各层以严禁秸秆焚烧和抛河作为工作红线和责任底线，逐层细化目标任务，逐级明确工作责任，全面落实定人、定责、定点、定岗、定时、定标等工作措施，上下联动、齐心合力做好秸秆禁烧工作。短短一年多时间立刻见效，现已成为江苏唯一一个全市域无秸秆焚烧的地级市。作为全省耕地面积最大的地级市，如果不能有效控制秸秆的利用与处理过程，必将会造成极大的环境问题。为此，盐城市把秸秆综合利用作为实现禁烧目标的主要途径和关键举措，积极推进以秸秆综合利用为核心的"三清五化"活动。"三清"就是田头清、道边清、河边清。其中最关键的是田头清。清出来的秸秆利用燃料化、肥料化、基料化、原料化以及饲料化的"五化"方法进行集中处理与综合利用，让秸秆变废为宝，提高了利用效率，同时也降低了秸秆处理的环境风险。目前盐城秸秆处理得比较好的方式是燃料化和肥料化，就是将秸秆作为燃料和肥料来利用。2014 年，盐城市秸秆综合利用率提高到87%以上，实现了秸秆焚烧零火点和空气环境质量优良"双第一"，得到了省级秸秆还田补助资金 1.135 亿元，占全省补助资金的21.8%，列江苏省各市之首。盐城全面加强秸秆全量还田工作，大力推广还田机械，并把秸秆机械化还田作为综合利用、实现禁烧的主要途径和关键措施来抓，2014 年秸秆机械化还田率达60%。其中：夏季麦秸秆还田面积510万亩，还田率达80%，列江苏省第一；秋季稻秸秆还田220万亩，还田率达38.3%，实现面积、质量双超历史。

同时，盐城还积极培植专业合作组织，建立收贮网点，不断扩大秸秆收贮规模。充分利用秸秆养畜、草帘编织、菌类加工等产业的优势，鼓励秸秆饲料化、基料化、原料化、燃料化利用，拓展秸秆利用新空间。积极探索创新，推开了一批新经验、新模式。射阳县探索的"联耕联种"适度规模经营模式，有效推进了秸秆还田，引起了各层高度关注和广泛好评。阜宁县加快秸秆收贮体系建设的经验做法，得到了省领导的充分肯定。建湖县细化秸秆还田工作流程、东台市试行第三方核查秸秆还田面积等创新举措在全省进行了总结推广。

到2014年，盐城市9个县（市、区）全部建成省级秸秆综合利用示范县，6个县（市、区）建成秸秆养羊示范县，4个县（市、区）获得省级生态市命名，推动农业经济、生态和社会效益的有机统一。通过秸秆一系列的综合利用与管制，盐城空气质量已由2011年的江苏省倒数，一跃成为全省最好。

**3. "两增两降"提升有机农业效益**

2013年以来，盐城市围绕增产出、增效益、降投入、降排放的"两增两降"思路，积极发展高效农业，乡村环境变美，农民增收明显。增产出、增效益是盐城农业现代化转型的核心内容。盐城通过发展现代化设施栽培以及畜禽规模健康养殖，积极推广棉田、林地立体种养等高效种养模式，加快高效农业规模化和产业化，全面提升盐城农业综合生产能力和固碳释氧能力。到2015年，盐城市高效农业发展到600万亩以上。同时，盐城积极发展精细农业，最大限度地发挥精准农业在农业生产技术之精新、农业物料投入之精省、生产与运作管理之精准的作用，强化高标准基本农田的建设。

降低投入主要是从减少农药、化学肥料投入使用的角度出发，严格规定每年农药的使用量，严格限制具有高毒性的农药使用，如六六六、有机氯农药、鹤顶红等。一旦发现即对该地农产品的上市进行一票否决。同时，降低化学肥料的使用，盐城土壤地力（未施肥）较低，特别是沿海围垦区，当地农户有大量添加氮肥、磷肥以及其他复合肥的习惯。大量的添加化学肥料能够在短期内增加粮食的产量，但是会引起较为严重的面源污染，也导致资源的浪费。因此，盐城大力开展测土配方工作。按照减氮控磷增钾补微肥的原则，通过推广测土配方施肥技术，实行施肥配方化、复合化，努力减少单质氮、磷化肥的用量。每年应用面积由 2005 年的 80 万亩次跃升至 2014 年的 1650 万亩次，测土配方施肥技术覆盖率达 80%。2014 年，盐城市化肥和农药施用强度比 2010 年分别下降 15% 和 20%，亩均分别下降 8 公斤和 0.3 公斤。

盐城近年来花大力气降低农业在氮磷养分释放、$CO_2$ 与 $CH_4$ 等温室气体排放等环境负效应，努力发展低碳农业。通过大规模实施农村"一池三改"工程，户用沼气池的普及率达到 10% 以上，规模化畜禽场沼气工程普及率达 70% 以上。在降低氮磷养分释放方面，以里下河地区、射阳河流域的优质水稻基地、大丰等县区的沿海弱筋小麦特色基地、射阳等县的优质啤麦生产基地、东台等市县的优质棉花生产基地为重点，大力实施生态沟渠塘拦截工程，积极采用生物技术、工程技术等措施对农田径流中的氮、磷等物质进行拦截、吸附、沉积、转化及吸收利用，达到控制养分流失，实现养分再利用。

全市还建成了农作物病虫区域测报站 11 个，登记注册的专业化服务组织达到 447 个，加强植物检疫和病虫害综合测报，减少农药使用次数和数量。大力推广高效、低毒、低残留的新农药，科学合理用药，减少农药使用数量和次数，推广新型施药机械,减少了农药的流失,提高了农药的利用率和效果,水稻、麦子重大病虫害专业化统防统治覆盖率达到55%。

在养殖方面,盐城大力推进规模养殖、生态养殖、健康养殖、设施养殖"四位一体"生产模式,加快畜牧业转型升级。按照"无害化、零排放、高效益、可持续、环境美"的思路,积极探索以沼气为纽带的农牧配套、种养结合等循环农业模式,实现农业功能由单一注重生产向生产、生态、生活并重转变,促进规模畜禽场资源循环利用,减少污染物排放。全市共创建农业部标准化示范场17个,省、市级示范场1923个。建成户用沼气池11万座,沼气工程500余处。2014年全市规模化畜禽粪便无害化处理与资源化利用率达到85%。

## 第二节 以"五化"构农业之核

盐城农业长期存在效益低下问题,受到来自第二、第三产业的挤压明显。如何做强盐城农业,形成具有自身特色的核心竞争力,更好地服务于全市经济增长与转型,需要盐城人以更大勇气、更远眼光、更有力措施进行农业大变革。为此,盐城大力推行农业的循环化、园区化、观光化、设施化和产业化。通过"五化"的实施,形成盐城现代农业的内在发展推动力和核心竞争力,使盐城农业的发展既生态环保又高精尖细、既智能高效又自然美丽,同时盐城农业产业化发展成就也特别引人关注。

### 一 循环化:凸显农业高效模式

盐城的循环农业主要以"减量化、再利用、资源化"为原则,在农业生产投入品减量化使用、畜禽粪便综合利用、秸秆资源综合利用等领域,积极推进农业清洁生产和农业废弃物资源化循环利用,构建具有盐城特色的循环型农业体系。其核心任务是扭转传统农业生产中较低的经济和生态效益，实现盐城农业现代化转型与持续推进。通过积极发展生态农业，提高农业的经济效益，最大限度地利用农业生产不同环节的中间产物与废弃物，降低农业生产的环境负效应。

响水县中粮肉食投资有限公司实施 50 万头现代化生猪养殖及配套建设沼气项目，在响水县大有镇投资 5 亿元，采取"公司+家庭农场"的合作模式，一期兴建一个出栏 20 万头生态生猪规模化养殖基地（种猪、饲料、商品猪、沼气发电）及年产 20 万吨以上饲料加工厂。二期计划建设一个年出栏 30 万头的生猪养殖基地，并启动年屠宰 50 万头生猪及猪肉制品深加工项目。项目全部建成，年上市肉猪规模达 50 万头，年产值 10 亿元，利税 1 亿元。大型沼气站将养殖场内产生的猪粪及冲洗水转化为沼气、沼液、沼渣。沼气供周边农户炊用，部分用于场内发电；沼液、沼渣作为生态农肥直接施于农田、果园。

盐都区的泰和农牧循环示范基地采用先进的自动智能控温系统、自动饮水系统进行循环农业尝试。该基地占地 300 亩，建成标准化猪舍 34000 平方米，年出栏生猪 5 万头，繁育仔猪 5 万头。同时建成有机果蔬连栋温室大棚 12000 平方米，标准化钢架大棚 300 亩，并建设一套 20 千瓦的沼气发电系统。通过收集生猪养殖的粪便进行发酵，形成沼气并发电，产生的电力用于供应猪舍的保温、投食等自动化伺服系统，多余的电力用于园区员工生活。产生的沼渣一部分用于生产有机肥料出售，一部分用于园区有机蔬菜瓜果的种植。形成日处理粪便 2 万吨，发电 200 度，从根本上解决禽畜粪便污染的问题，有效提高农业废弃物的利用率，提高了农业的综合效益。

盐城市根据自身资源环境的特点，大胆创新，因地制宜，通过不断摸索提出多种新型生态农业模式。在盐城的经验中主要突出以牲畜粪便、秸秆以及其他农业废弃物高效利用与再循环为主要特征的循环农业为主。总体来看，盐城重点发展的新型循环农业模式主要有以下几种：

一是建立农工复合生态新模式。富安镇是盐城市的农业循环经济示范镇。该镇以国家级龙头企业富安茧丝绸股份公司为主体，按照"公司＋蚕农合作社＋农户"模式，调整农业产业结构，引导农民栽桑养蚕，大力发展茧丝绸加工业。并运用生态经济学原理，通过桑—蚕—茧—丝—绸生产过程中的物质交换、能量集成和信息传递，构建工农代谢和共生关系的循环经济链。该镇将育蚕过程中产生的蚕沙及废叶用于还田作为有机肥产粮育桑，桑树枝条用作燃料，秸秆优选作食用菌的培养基，白厂丝加工过程中产生的汰头、下脚料全部作为绢纺原料，蚕蛹采用冷冻处理工艺，作为食品原料供应出口，避免烘干过程中产生的恶臭污染，煮茧工序年产3000吨粉煤灰，出售给建材企业作为制砖原料，工艺废水经处理后实行闭路循环，日耗水量从1000吨下降到50吨—80吨。整个生产流程中所产生的废弃物，几乎全部得到利用，极大地改善了区域环境质量，造福当地人民。

二是建立农牧复合生态新模式。东台中粮集团沼气工程，建成了900立方米匀浆池2座，5000立方米厌氧发酵罐4座，贮气柜2150立方米，厌氧发酵单体和总量均为全国第一，利用沼气工程产生的沼渣、沼液种植水稻10000亩，生产的稻谷获农业部颁发的"无公害农产品证书"。亭湖区泰来神奶业有限公司开辟了以沼气为纽带的，种养相结合的"牛—沼—肥—饲"循环农业模式。利用饲料粮、牧草养牛，牛粪经发酵后一部分饲养蚯蚓，一部分作为沼气工程发酵原料。沼气工程发电，用于饲养小区的用电，并且发电产生的余热，用于发酵罐增温和浴室工人洗澡用水及生产清洗用水，沼渣制作牛垫料及生物有机肥，沼液用作冲洗牛舍和制作有机液体肥用于蔬菜施肥。

## 二 园区化：汇聚农业高端要素

2014 年，盐城拥有现代化农业产业示范园总数达到 13 个，新认定数、总数均为江苏省第一。现代农业产业示范园是集技术示范、新产品培育与推广、农产品生产与销售、农业技术人员培训和农业产业化的重要平台。因此，盐城市坚持把现代农业园区作为现代农业发展的核心之一，放在抓农业现代化的龙头地位，先后组织实施了百家园区建设行动、农业园区"四比四看"活动，强势推进现代农业园区建设，重点打造现代农业发展引擎，着力引领现代农业集约、集聚发展。

东台三仓现代农业产业园是最为典型的农业现代化高科技产业园区，园区瓜果蔬菜面积占总面积的 90% 以上，其中公共功能服务区内建有 2.2 万平方米的种苗繁育中心以及 3000 平方米的农产品展示中心，集优质农产品展示、高规格会务接待、农产品检测、农产品信息发布、电子商务、农民培训、农业一站式办公、农产品田头生产监控于一体。园区普及应用机械耕整、烟雾防病治虫、气体施肥、穴盘育苗、基质无土栽培、软管滴灌等生产设施，每年引进各类实用新技术 20 多项，推广瓜果蔬菜新品种 20 个类别、近 100 个品种，试验种植新产品 30 个左右，辐射和服务周边农户近 3 万人，产品主要销往高等院校和上海、苏锡常等地。园区通过"园区示范＋合作社经营"的模式，积极吸引区域特色农产品生产与加工合作社加入。目前，已有入园专业合作社 16 家，拥有翠源食品公司等一批蔬菜加工企业，主要从事脱水、保鲜、速冻、盐渍蔬菜加工出口，产品远销日韩欧美等 36 个国家和地区，年出口创汇超 3000 万美元。五烈现代农业示范区以新品种示范引进、高产创建、全程机械化生产、绿色植保防控为重点，打造一流的优质粮食产业园区。占地 312 亩的华大产业园，是拥有千亩生态高效设施鳗鱼养殖基地，建成为全国一流的烤鳗出口加工和全国最大的工厂化温控鳗鱼培育集聚地，实现了跨越式发展，成为江苏省农业重点龙头企业、出口农产品示范基地、十佳文明企业，股改上市后迈入实质性阶段。

### 三　观光化：点亮美丽乡村

休闲观光农业是一种以农业和农村为载体的新型生态旅游业，是盐城现代农业的核心组成部分。盐城人通过积极发展现代休闲观光农业最大限度地让传统农业"活"起来，让农民富起来，让农村美起来。

#### 1. 点线面协同优化农业布局

休闲旅游的发展可以带动服务业、商业和餐饮业等其他第三产业的快速发展，进而达到一点突破、多点开花的效果。盐城市依托优良的生态资源、区位优势，因势利导，积极推进环城休闲度假圈、204 国道休闲农业带、沿海休闲农业带、里下河休闲农业带、古黄河休闲农业带"一圈四带"建设，休闲观光农业发展取得显著成效，常年接待观光游客 445 多万人次，年综合收入超 7 亿元。2013 年以来，盐城市重点培育大丰恒北村、东台甘港村、盐都杨侍村和泾口村、亭湖东南村等"十大精品旅游乡村"，加快建设亭湖现代农业示范园区、盐城台湾农民创业园、东台仙湖现代农业示范园、建湖弘宇生态园、射阳耦耕现代农业休闲园、阜宁桃花源生态农园、滨海何首乌生态园、响水东林生态园等"二十个特色生态观光农园"。每个县（市、区）都有一条特色鲜明、规模较大、吸引力较强的生态休闲农业与乡村旅游精品线路。2014 年，盐城市将以打造"一圈四带"为核心，以"点创意、线发展、面推广"为有效方式，重点新建一批休闲观光农业景点，并积极实施魅力休闲农业园评定与精品旅游线路的推广工作。

#### 2. 突破农业发展新路径

盐城市的休闲观光农业开发时间都较短，资金投入、品牌形象和影响力与其他区域相比都还有较大的差距。为促进休闲观光农业的发展，盐城市抓住区域休闲观光农业发展的核心要素，进行重点突破，促进盐城市休闲观光农业的快速成长，主要从以下三个方面进行：

基地建设发挥集群效应。针对鲜果采摘、水乡风光、科技教育、湿地生态等不同类型，不断加强与旅游、海洋和渔业、环保等部门沟通协作，加强服务指导，积极培育休闲观光农业基地。目前，盐城市建成大丰荷兰花海、丰收大地、盐都杨侍稳强生态园、仰徐农业园、建湖弘宇生态园等休闲观光农业景点 200 多个，其中，农业观光采摘园 58 个、休闲生态农庄 27 个、现代农业示范园 62 个、农家乐主题公园 3 个、农家乐 43 个。产业功能从简单的"吃农家饭、摘农家果"逐步向"休闲、养生、教育、体验、健身、度假"等多样化、综合化、产业融合化转变。

大丰的"荷兰花海"休闲观光农业的发展值得借鉴。荷兰花海主要以荷兰郁金香为特色的观光旅游项目。综合开发郁金香花的生产、销售和观光各个环节，并围绕满足游客吃、住、行、游、购、娱全方位的需求，打造"中国郁金香的第一花海"。该项目通过"企业集团开发＋村官管理＋农户分红"的经营模式。园区通过与浙江虹越集团、南京奥悦酒店管理有限公司以及江苏辉丰农化投资开发，并将大学生村官先进的管理模式和优秀的团队意识引入园区。打造年轻、绚丽、活力、张扬与朝气的园区氛围。园区郁金香种植的土地主要来自周边农户。农户通过土地使用权入股分红并参与园区日常的经营，这样既提高了园区经营的效益，降低了成本，也带动了周边农户参与的热情，并提高了经济收入。

品牌建设释放潜力。盐城积极组织参加全国休闲农业与乡村旅游示范点创建、中国最美田园评选、江苏最具魅力休闲乡村、江苏最美乡村评选、第八届中国·江苏南京农业嘉年华暨江苏最具魅力休闲乡村展示等评比活动,培育休闲观光农业品牌。目前,盐城拥有多个全国休闲农业与乡村旅游示范点、中国美丽乡村创建试点。盐都区郭猛镇杨侍村荣获"中国最美休闲乡村——现代新村"称号和"全国五星级休闲农业与乡村旅游示范企业"称号,大丰丰收大地、盐土大地获得"全国四星级休闲农业与乡村旅游示范企业(园区)"称号。阜宁马家荡村、盐都三湾村等8个村获江苏省最具"魅力休闲乡村"称号,东台市梁垛镇临塔村、大丰区大中镇恒北村、盐都区郭猛镇杨侍村等被评为江苏省最美乡村。

敢比敢拼铸就活力。近年来,盐城在推进休闲观光农业"扩面"的基础上,切实加大宣传推介力度,积极组织参加国家、省组织的各种休闲观光农业推介活动。组织参加了全国休闲农业创意精品大赛、长三角休闲农业博览会、南京农业嘉年华等宣传推介活动,获得全国休闲农业创意精品大赛金奖、长三角休闲农业博览会优秀组织奖等荣誉,大丰丰收大地农业园成为2014年长三角休闲农业与乡村旅游博览会推荐景点。在参加国家、省宣传推介活动的同时,盐城开展首批最具魅力休闲农业园评选,评选出13个各具特色的休闲农业园区,举办了盐城首届创意农业大赛,共评出特等奖1名,一等奖4名,二等奖5名,三等奖10名,优秀作品在省农洽会期间对国内外嘉宾进行了展示。盐城各县(市、区)还突出地方特色积极举办梨花节、桃花节、荷兰花海等节庆活动。针对9条休闲农业与乡村旅游精品线路,开展了休闲农业微电影拍摄、精品画册制作等工作,并在盐城市宣传推广。通过一系列的宣传推介活动,有力提高了盐城市休闲观光农业的知名度和影响力。

## 四 设施化:打造农业示范群

近年来,盐城重点建设以钢架大棚、日光能温室、智能温室、喷滴灌、现代化智能玻璃温室和 GSW—8430 型连栋温室大棚为主的设施农业。在蔬菜生产方面，盐城积极扩大设施蔬菜种植规模，加快开发盐土等新兴、绿色蔬菜产业，加快产业化步伐，在发展功能食品和绿色食品品牌方面下大力气。在高效农业增量、总量连续 4 年位居江苏省第一，设施农业增量连续 3 年江苏省第一的同时，盐城市还建成 24 个国家级、29 个省级农业标准化示范区；在养殖业方面，盐城市强化农业生态观念，大力推进生态养殖，积极推行种养平衡、农牧结合、循环利用、沼气配套、有机肥加工、发酵床养殖等生态养殖模式，促进了畜牧业转型升级。阜宁县的生态猪养殖为解决粪污处理问题，在全县推广发酵床养猪技术，建成各类规模生态猪场超 300 个，发酵床面积达 63 万平方米，生态猪年饲养量近百万头，被农业部确定为"国家级生猪标准化养殖示范县"。

设施农业标准化也加速了盐城先进农产品基地建设的步伐。截至 2014 年，盐城市建成 8 个全国商品粮基地县、6 个优质棉基地县、1 个优质油菜生产基地、3 个全国弱筋小麦示范基地县、4 个国家和省级无公害蔬菜生产示范县、6 个国家商品瘦肉型猪生产基地、1 个国家级水产良种场、4 个国家级渔业标准化示范区，建成苏东沿海无规定动物疫病畜产品出口示范区。现拥有规模以上农业龙头企业 1543 家，其中国家级 5 家、省级 56 家。已有光明、中粮、汇源、雨润、重啤、超大、益海嘉里等 30 多个国内外大型龙头企业落户盐城。目前，盐城市省级园区全部建成现代信息化智能农业示范点。粮食类园区和综合园区内的粮食生产区域机械化水平达到 85% 以上，其中，盐都区设施园艺类园区基本普及喷滴灌、大棚王、弥雾机等常规园艺机械。

近年来，盐城着力推进水稻机插秧推广、秸秆机械化还田为核心的农业机械化工作，重抓农机使用效率，2014 年新增水稻插秧机 2500 标准台、大中型拖拉机及秸秆还田机 1500 台（套），农业机械化水平达到81%，其中粮油生产机械化水平达到85%以上，确保基本实现主要农作物生产全程机械化。2014年全市实施农机购置补贴资金3.02亿元，占江苏省实施总量的21%，全省第一，补贴插秧机、大中型拖拉机等各类农机具3.8万多台（套），实现稻麦机械化还田面积730万亩，还田率60.5%，列全省第一，秸秆综合利用率提高到86%以上。

## 五 产业化：强化农业大方向

盐城编制了《盐城市农产品加工业发展振兴规划纲要》，将农产品加工业作为盐城市八大支柱产业之一进行统筹规划，全力打造两千亿元级农产品加工业。盐城东台市是国家农业产业化示范基地。盐城以东台农业产业化建设为示范，紧紧围绕传统农业向现代农业发展、农业大市向农业强市跨越的目标，突出龙头企业在农业产业化中的引领带头作用，扎实推进农业产业化经营，形成了从田头到餐桌的生态产业链。2014年盐城市龙头企业对当地农产品收购额达808亿元，占当年农业总产值的70%。龙头企业带动215万农户，实现增收61亿元，比上年增长18%。其突出做法主要表现在以下三点。

### 1. 龙头企业引领农业产业化

盐城积极开展与国内外大型龙头企业对接活动，主攻项目建设，大力发展农业龙头企业。盐城市先后引进了中粮集团等18家国内外大型龙头企业落户，每年兴办规模龙头企业60家以上。中粮集团在东台市投资建设的肉制品和在阜宁投资的200万吨大豆油项目，"十二五"期末实现产值均可突破100亿元。同时，盐城大力组织实施百家龙头企业提升工程，引导龙头企业在壮大规模、创新科技、创建品牌、增强带动上求突破。2013年实施提升工程的百家龙头企业增加技术改造投入36亿元，同比增长15%。有35家龙头企业建有省级以上研发中心，江苏悦达农业发展公司被认定为国家高新技术企业。盐城市获得省以上名牌产品或著名（驰名）商标的龙头企业77个、中国驰名商标4个。东台农产品加工区被国家农业部认定为国家级农产品加工示范基地。通过以上措施，目前盐城农业现代化综合水平位居全省第一板块，成为国家农业产业化示范基地。

2014年，盐城市农业产业化龙头企业已发展到1564家，市级以上重点龙头企业达354家，其中国家级龙头企业5家、省级龙头企业56家。2014年盐城市规模以上龙头企业实现销售收入接近2000亿元，其中年销售2000万元以上的规模龙头企业农产品加工产值达1756亿元。

**2. 产业集群打造农业区域化**

盐城为加快推进农产品加工集中区建设，出台了《盐城市市级农产品加工集中区标准》，全力推进农产品加工集中区建设。目前，盐城市9个县（市、区）农产品加工集中区已建成面积3.5万亩，已完成基础设施投资34.63亿元，进区项目77个。38个特色及镇农产品加工集中区规划面积3.1万亩，已建成面积2.2万亩，已完成基础设施投入20.42亿元，进区项目199个。东台市、建湖县、盐都区、滨海县4个县（市、区）建成省级农产品加工集中区，13个县（市、区）、镇建成市级农产品加工集中区。

盐城在农产品加工基地建设的同时，突出大力发展龙头企业引领、合作社带动、品牌支撑、基地依托、利益联结的特色产业集群。如：以出口小龙虾为主的水产加工产业集群全省领先；茧丝绸加工产业集群和啤酒大麦加工产业集群全国位次居前；生猪、油料加工产业集群异军突起。盐城市已形成年产值超10亿元的县级农产品加工特色产业集群30个，聚集龙头企业573家，销售收入达647亿元，占盐城市龙头企业销售收入的47%。

**3. "一村一品"彰显农业特色化**

盐城紧紧围绕实施粮食、蔬菜、家禽、生猪、水产、林业、特经等主导产业"倍增计划",大力推进"一村一品"发展。盐城市"一村一品"专业村、镇分别达 454 个和 25 个,分别有 1 个村 1 个镇和 11 个村镇被农业部和省农委认定为"一村一品"示范村镇。目前,射阳大米、东台茧丝绸、阜宁生态猪、大丰早酥梨等 30 个 10 亿元级的规模优势产业,为盐城市农产品创下 9 个中国名牌(农)产品和中国驰名商标,"国"字头农产品品牌数占全省的 14.3%。

盐城经济林果专业村建设有特色、有亮点。截至 2014 年,已有 18 个经济林果专业村建成,净增经济林果、花卉苗木基地面积 1 万多亩。滨海现代农业园区关南村苗木花卉面积已达到 1120 亩,滨淮建西村果树专业村新增加品种 3 个,成片扩建面积 520 亩。盐都区郭猛杨侍村、农村经济开发区李庄村,加大基础设施建设,引导社会资本投入林业,建成了规模化经济林果和花卉苗木专业村。响水小尖镇郭庄村新增苗圃地 1000 亩,已形成 2000 亩的花卉苗木基地。小尖镇小广村新增葡萄 300 亩、桃树 200 亩。一村一品、一村一特色、一村一亮点的农业产业化布局已经使盐城农业发展走在了江苏省前列。

## 第三节　以新思维拓农业新天地

农业的新天地来自对于农业资源的新认识。盐城市充分认识"大农业"背景下农业资源的新要素与新业态,将出现的新技术合理植入农业生产当中,将新的生活方式与农业服务相结合、将新的组织方式和耕作方式与农业生产相结合,形成新的农业生产模式和经营模式,开拓农业发展的新篇章。盐城借助沿海滩涂丰富光热资源开发"风光渔"立体农业模式;借助互联网技术积极发展现代农业服务业、助力农业生产和销售,发展新型的农业经营模式;通过联耕联种的方式突破土地经营尺度与边界,提高农田及农业的综合效益。

## 一　"风光渔"促进农业资源综合利用

　　这是被联合国誉为"世界绿色能源综合开发典范"的项目。盐城具有丰富的风力资源和全国最大的滩涂湿地资源。如何开发和充分利用这一独特的自然资源使农业发展更具效率和潜力是重要的方向性问题。盐城东台创新地提出了"风光渔"滩涂资源综合利用新模式。"风光渔"项目充分利用滩涂资源丰富的风力、光能和土地资源。按照集约集聚的开发理念，形成上有风力发电、中有光伏利用、下有水面养殖的"风光渔"立体开发模式，实现滩涂资源高效利用和效益最大化，其综合利用模式为全国首创、独树一帜。目前，已有神华、中节能、华电、国机集团等一批央企投资项目落户，新能源装机容量达 700 兆瓦，占江苏省的1/4，为全球单体规模最大的滩涂风光电产业基地。同时，创造性地利用现有滩涂地面发展特种高效水产养殖，首期面积 4000亩，主要养殖鲻鱼、脊尾白虾等。2014 年，"风光渔"互补产业基地新能源装机容量突破 900 兆瓦，提供清洁能源 15 亿千瓦时。到"十二五"末，"风光渔"互补产业基地新能源装机容量将发展到 1200 兆瓦，建成国家级新能源综合示范区，可实现年产值20 亿元，提供清洁能源 20 亿千瓦时，节约标煤 66 万吨，减排二氧化碳 200 万吨、二氧化硫 6 万吨，实现经济效益、生态效益和社会效益的同步提升。

　　东台的"风光渔"是盐城人农业开发的思路突破，是实现滩涂综合开发和利用的一个缩影。该项目通过风能、光能和养鱼的综合开发实现了在空间上的产业多元集聚和技术多元利用，集中体现了盐城农业发展的本质，即不以 GDP 增加为目的，不追求眼前的利益，体现了盐城人的眼光和决心。

## 二　"互联网＋"助力农业接二连三

现代农业发展要求农业必须与二、三产业有机对接，才能形成强大的"第六产业"效应。盐城市充分利用互联网技术平台发挥农业的基础作用，外延农业的内涵，提升农业效益，使其农业的第六产业地位不断提升，尤其在农产品销售网络平台的建设上，走在了全国的前列。随着互联网络的提速以及终端设备的普及，互联网对于农业发展的推动力逐渐显现。运用互联网可以达到实时沟通、产品定制、订单预订等多种功能，能够在很大程度上降低农产品生产和销售领域的成本并节约时间。因此，"互联网＋"的概念应运而生。盐城市充分利用"互联网＋"模式助力现代化农业产业园和休闲观光农业的发展。目前，在江苏省农村电子商务示范村名单上，盐城共有7家入选，认定总数居全省第二。东台的三仓现代农业产业园、射阳的金地超旺农业科技有限公司、建湖现代农业产业园等，通过进行互联网、微信平台等方式，制作手机客户端（APP）及时发布园区最新农产品信息，并可以随时预定产品。通过"互联网＋快递"的模式，盐城农产品的销售市场得以扩展到全国。到目前为止，盐城市所有现代化农业产业园与休闲观光农业基地都引入"互联网＋"经营模式。互联网也能在农业产业的"点示范＋面推广"模式上发挥效能。通过建立互联网及时沟通平台和客户端工具，可以将单个现代化高科技农业产业园点示范与带头作用迅速扩展到区域。即单个产业园不仅仅是示范作用而且可以搭建虚拟平台，通过互联网沟通、在全国寻找满足标准的农产品，借助产业园的示范品牌进行统一生产、管理与销售，进而最大限度地发挥特色农业产业园的引领作用。这一作用在三仓现代农业产业园表现得尤为突出。

盐城一些县（市、区）在"互联网＋农业"方面走在了江苏省的前列。目前，大丰区发展农产品电商平台 3 个，分别是三龙镇"丰龙网"名特产品销售、丰收大地"农产品电子销售平台"、辉丰农化"农一网"农资销售。同时，成立华东地区首家阿里巴巴"农村淘宝"项目，该项目的县级服务中心以及首批 6 个村级服务站、农村电商 O2O 恒北村实验田同步开业。通过"农村淘宝"，村民不仅可买到更便宜、更优质的商品，而且能把自产的绿色生态农副产品销向更广阔的市场。目前，大丰以农产品网上展示和营销为主要任务，构建大丰优质农产品营销网络，组织相关企业和优质农产品上网，着力推进丰收大地农产品电商平台建设；抓好阿里巴巴"农村淘宝"建设，为农民提供网上代卖、创业培训、网上缴费等服务，2015 年大丰计划覆盖 80—100 个村；依托"农一网"，为种植大户、合作社、家庭农场等提供优质的农业投入品网上直销平台。

"互联网＋农业"也为现代化农业发展带来新的契机。物联网、大数据助力农业，大大提升了农业生产水平。通过互联网，大丰苏港科技"俺家菜园"项目实现在办公室通过电脑登录菜园物联网监控系统，了解到菜园里的有机药食蔬菜的长势。通过"互联网＋农业"，"俺家菜园"实现了智能化、远程化管控。目前大丰已经建成智能农业示范点 23 个，草堰长征家庭农场、稻麦原种场、刘庄镇现代农业综合展示基地建立了粮食作物农情智能监测，等等。大数据的应用，让农场的管理更像一家工厂。同时，大丰积极组织实施现代农业园区物联网全覆盖工程，示范推广园艺温室大棚、畜禽规模养殖智能管理技术，加快提升现代高效设施农业档次；继续实施粮食作物农情智能监测，实时掌握小麦、水稻农情动态信息。

盐城"互联网＋农业"的发展也使农业与工业之间的距离被拉近。在传统的生产方式中，农产品通常作为工业生产的原料促进工业的生产。如果通过传统的市场联系和招标等方式无疑浪费了时间也增加了成本。盐城工业企业通过互联网技术与农业生产主体建立产销联盟，既减少了中间环节，又节约了时间和成本。盐城的"互联网＋农业"将农业生产直接纳入到工业生产的体系中去。工业企业通过温室的自动化互联网控制实现农业生产的高度智能化，并且可以通过远程控制对工业生产所需的农产品的品质和产量进行有效控制，最大限度地降低工业生产的成本，并促进农业的工业化。

### 三　"联耕联种"创新农业经营方式

近年来，盐城市针对家庭联产承包责任制形成的"一户多田""一田多户"以及农民"惜地"不愿流转的现实，在尊重和保护农民土地承包经营权的前提下，按照农民完全自愿的原则，积极探索推行土地联耕联种新模式，实现"增面积、降农本，促还田、添肥力，提单产、升效益"，有效地破解了家庭经营集约化生产难题。

射阳县在持续稳定家庭联产承包经营的基础上，提出由镇村统一组织，在农户完全自愿的前提下，通过打桩等形式确定界址，将分散田块连匡成片，由专业化合作组织实行统一耕种、实现降低农业生产投入、提高农业生产效能、增加农业生产收益为目标的新型生产方式——联耕联种。联耕联种主要的思路是在村两委会引领和农业部门服务下，采取"农户＋农户＋合作社"的家庭合作经营新模式，解决了家庭经营造成的土地碎片化、无组织生产和分散经营的难题。联耕联种充分发挥了基层组织和农技部门的双重优势，实现了农地、农民、农机与农艺等集约化经营生产要素的最大优化。由于联耕联种不经历土地经营权的转移，与家庭农场和大户种植等规模经营相比，虽都是通过合作社承担服务"外包"，但联耕联种的田块收益主体是一家一户，使农户收入在土地流转价格的基础上增加300元以上，防止了"老板"

挤出"老乡"。

射阳县通过典型村试点到镇、县铺开，产生了明显的经济效益。据测算，每年两熟作物可提高产量 100 公斤/亩。这种方法破解了土地规模流转的困境，直接增加了粮食产量，也为国家粮食安全做出了贡献。通过联耕联种方式打破农户分散、自扫门前雪的状况，形成规模化经营。通过这一农业生产形式使小麦播种机械作业成本由原来的 165 元/亩减少 35 元/亩，种子成本减少 47 元/亩，两项合计减少投入 82 元/亩。而农业生产的直接收益增加了 160 元/亩。同时，联耕联种的农产品品质也有较大的提高。在销售价格上，射阳县长荡镇的调查表明，规模化种出的麦子比农户分散种出的麦子普遍高出 0.05 元/斤。仅麦子一季，通过品质的提升，价格提高 0.05 元/斤，每亩多卖出 40 元，一季麦子综合收益至少增加 285 元/亩，稻麦周年综合收益至少增加 500 元/亩。

从射阳新洋农场秸秆还田 28 年的成功经验来看，实行联耕联种后，机械作业效率提高，实现秸秆全量还田，不仅避免了秸秆焚烧或抛河造成的污染，还减轻了土地对化学肥料的长期依赖，改善了由此带来的农业面源污染、土壤板结和有机质下降的现状，增加了土壤肥力，提高了产出能力，改善了农业生态环境。通过秸秆还田，土壤养分明显增加，土壤孔隙度还增加 4% 左右，因此其土壤结构和地力一直处于全省最好水平。同时农业生产管理实行统一病虫害防治、统一施肥，用量少，效果好，农药和肥料的单位用量较个体农户下降 30% 左右。

到 2014 年年底，盐城市推广联耕联种面积 213 万亩，占三麦播种面积的 31.4%。随着联耕联种效益的不断提高以及人们在实践当中经验的不断积累，盐城正由联耕联种向联管联营等更高层次迈进。即由当初的统一耕作与管理从品种选择、育秧、机插、病虫防害、肥水管理到最后的收割和售卖，都交由大户统一管理，这种形式可以将劳动力彻底解放，更有利于农业效益的进一步提升。

联耕联种是盐城深化农村改革的又一次探索。在射阳县实践基础上，盐城市因势利导，深入总结，发动在全市积极试点、示范推广，受到广大农民群众的普遍欢迎，得到了中央、省领导的充分肯定，先后荣获2013年中国全面小康十大民生决策奖、全省农业农村改革创新成果、省软课题研究一等奖，被写入2014年江苏省委一号文件，得到了国务院领导的批示肯定。联耕联种是在不改变现行土地联产承包关系的前提下推进规模经营，提高土地利用率和产出率、促进农业增效和农民增收的有效形式；是现阶段农民比较容易接受的稻麦产区实现规模化经营的有效途径。一是在保持农民土地经营模式的前提下实现了土地的规模经营。以农户完全自愿为前提，破除田间田埂，以打桩等形式确定田间界址，将细碎化、碎片化的农田集中连片起来，实现有组织的规模连片种植，再由服务组织提供专业化服务，不涉及土地流转，不改变土地承包权和经营权，既实现了适度规模经营，又实现了"变大户赚为户户赚"，避免了"老板"挤占"老乡"利益，农民在土地上的收益达到了最大化。二是实现了土地收益和农民收入双提高。联耕联种在节本增收方面主要包括增加土地、减少作业支出和增产等三个方面，据调查测算，累计每亩可帮助农民增收500元以上。三是促进了农机化水平快速提升。在去年全国农机销售同比下滑明显的情况下，盐城市由于推行联耕联种，大型农机具销售逆势大幅增长，全市新增3.8万多台，占全省的1/5，位列全省第一，全市基本实现了水稻种植机械化。2015年上半年，大中型拖拉机等常规机械继续保持高位增长，同时，由于联耕联种等规模化经营快速推进，粮食烘干机成为新的热点，近两年增加超过400台。四是倒逼了基础设施建设。不少地方为有效推进联耕联种，加快了农村路、桥等基础设施的配套建设，推进了农田连片整理和条田化建设。五是有效解决了秸秆利用。联耕联种使大型机械作业效率明显提高，秸秆还田率大幅上升。六是促进了新型主体培育。土地实现规模经营，效益明显提高，有利于吸引外出务工人员、大中专院校毕业生、农民经纪人、工商资本等回乡参与现代农业建设。2014年盐城新注册各类合作组织1071个，其中农机合作组织210个，是2013年的2.6倍，2015年又新增了45个农机合作组织。全市累计推广联耕联种面积400万亩，其中2015年夏季推广联耕联种153.8万亩。

盐城有着得天独厚的绿色环境，农业是盐城的优势所在。盐城人铭记"农业"之重，深怀"农业"之情，力解"农业"之忧，以大力度推进农业现代化转型。盐城在绿色环境的基础上大力发展绿色生产，形成以绿色产品为标志的绿色产业，打造盐城农业绿色品牌，大力推进农业绿色增长，转变就农业抓农业的旧思维，以工业化的理念指导农业，以产业化的思路经营农业，把先进的管理理念、生产方式、营销手段、科学技术引入农业，强化农业生产经营中的市场、质量、标准、竞争意识，推动农业转型发展。盐城将农业的绿色化转型作为绿色经济发展的重要基础，通过创新思路与举措，因地制宜突出了现代农业发展的盐城特色，成功探索出了一条农业现代化发展的新路径。

# 第七章　绿色生活

　　绿色发展是为了改变人的生活。人民群众生活质量的提升始终是经济发展的最终目的，更是"中国梦"的题中之义和最终理想。绿色发展的成果需要通过绿色生活来体现，而绿色生活也需要绿色发展来支撑。盐城市绿色发展是全方位的，经济的绿色增长、产业的绿色转型"让绿意铺开"，而人民的绿色生活则"让绿意渗透"。在盐城，形成了政府营造绿色生活环境、企业提供绿色生活技术、人们追求绿色生活方式的新时尚。盐城人在思想上认可绿色理念，从行动上实践绿色生活，将绿色发展的成果转化为"绿色红利"。绿色生活的美好画卷，正在盐城大地上慢慢展开。

## 第一节　绿色出行　共享低碳生活

　　绿色出行的路途虽然遥远，但盐城市后发而先至，捷足先登，走出了一条独具特色和新意、具有国内领先意义的绿色之路。无论是城市还是乡村，都有绿色的交通出行，无论是快速BRT还是慢行出行系统，都做到了惠及民生、服务百姓。盐城人正行走在绿色的大道上。

### 一　规划先行：引导交通低碳化

盐城坚持规划先行，按照全面加快交通现代化、城乡一体化的总定位，编制完成《盐城交通运输现代化实施方案试点示范工程》，并开展《盐城交通运输现代化发展规划》和《盐城交通运输现代化实施方案》研究，全面启动交通运输"十三五"发展规划研究，突出抓好交通专项规划编制工作，以规划引导交通低碳化。

### 二　城乡统筹：推进公交一体化

盐城市按照城乡公交一体化要求，统筹布局城乡公交线路及站点，初步形成以大市区为中心，辐射各县市、乡镇和行政村的四级城乡客运体系。2015 年上半年新增 15 个乡镇开通镇村公交，新增新能源公交车 35 辆，建成出租车电召服务中心，新增 6000 辆公共自行车、250 个公共自行车站点，建成公交车调度中心二期工程，建设 5 个公交回车场。目前全市行政村客运班车通达率已达到 100%，镇村公交开通率达 30% 以上。在公路运输方面，各县（市）加快调整优化车辆运力结构，运输装备向大型化、专业化和标准化方向发展，营运客车为中高级车型、清洁能源车型的比例大幅上升，厢式货车等为节能高效车型的比例稳步提高。

大力推进清洁化公交系统，加快城市公交更新换代。东台市这几年一直注重清洁低碳型的交通建设，打造以 LNG（一种清洁、高效的绿色能源）为主体的清洁化公交系统。东台市共有城市公交车 140 辆，其中 98 辆为 LNG；93 辆城乡客运均为 LNG。

阜宁县加快推进"绿色循环低碳交通运输体系"建设，大力推进公交车、出租车"油改气"或"油改电"。目前已有 200 辆出租车实现"油改气"，拥有 10 辆燃气公交车。

盐城以统筹城乡建设为出发点，着力提升农村交通系统的体系化、低碳化建设。以清洁公交为主力军，引领城乡居民"绿色出行"、一路奔腾。

### 三　慢行交通：实现设施便民化

盐城在学习国内外先进经验的基础上，初步形成不同于其他城市、具有盐城特色的慢行公交系统，以及切合盐城实际、具有前瞻性的出行环境管理模式。慢行交通坚持以方便民众出行为抓手，从通道保障、步道建设、出行工具多样化等方面做出实际努力，选择多种出行方式。盐城的慢行交通，不仅"慢"出了地方特色，"慢"出了优质管理，更"慢"出了民生的主题。

#### 1. 完善慢行交通网络

盐城立足现实情况，取消私车占道停车，恢复被占用的步行、自行车通道，打通社区及周边步行、自行车通道，改善社区交通微循环，确保步行、自行车出行方式的路权分配，除高架和封闭式的快速道路以外，所有道路尽量设立步行、自行车专用道，使步行、自行车通道形成网络。

同时，盐城还在全市主要道路配套设置完善、便捷、安全的自行车通道，在各类公共场所配套建设自行车停车场，为居民选择绿色出行方式提供了多方位的便利。在重要商业街区和旅游景点附近，规划建设了一批自行车交通示范通道，方便市民和外来游客采用清洁、便捷方式出行。真正使慢行交通系统在盐城能扎得下根、留得下去、走得更远，并成为一种城市的标志和居民出行的时尚。

#### 2. 推广公共自行车的慢行项目

盐城市区公共自行车服务项目于 2015 年全部建成使用，共建成 260 个公共自行车站点，安装 6900 个锁车器，投放 6000 辆公共自行车。同时，盐城市完备的公共自行车管理系统，可以使各个站点的自行车数据一览无余，随时进行协助调动，方便市民使用。并加强配套的维护设施，为市民提供更舒适的慢行体验。在这样的努力下，盐城的慢行越来越"热"，越来越多的市民选择公共自行车。作为绿色低碳的出行方式，公共自行车在盐城得到广泛使用，改变了居民的出行方式和生活面貌，成为实现慢行出行的重要支撑。

截至 2015 年 6 月，盐城市民共办理公共自行车借车卡 45755 张，月均办卡量达 6536 张。从 2014 年 12 月 16 日试运行到 2015 年 6 月 30 日止，市民累计借车总量达 182.4 万人次，骑行时长达 2952 万分钟（49.2 万小时），其中 2015 年 2 月借车总量达 14.9 万人次，骑行时长 239.3 万分钟，平均每日借车 7841 次，日均借车频次为 1.39 次/辆，中心城区站点平均每日借车频次约 4.36 次/辆。借车卡日均使用率达 33.5%。借车人次和车辆使用率呈逐日上升趋势。

这种全民自行车的公用项目推广，大大减少了城市机动车用量，优化了交通环境，为盐城的绿色低碳做出了看得见的贡献。可谓是绿色慢行"热"起来，盐城市民没花一分钱；盐城环境"绿"起来，盐城市民幸福每一天。

### 四　BRT 系统：保障出行快速化

盐城不仅有慢行交通，更有快速的 BRT 系统。近年来，盐城大力建设 BRT 快速公交系统，着力塑造高品质、高效率、低能耗、低污染、低成本即"两高三低"的公共交通体系。盐城城南新区解放南路 BRT 快速通道全面建成通车，成为苏北地区首条 BRT 道路。市区主干道上建设了多条 BRT 公交线路，实行专有路权，避免了拥堵时的反复加减速度和停车，有效减少了车辆的废气排放，极大方便了居民出行。

大丰区的快速公交系统建设，可谓是县级城市 BRT 建设的领军和典范。大丰区目前已经建成 BRT，这是苏北第一家县级城市建设的 BRT 系统，在全国来说，也属于开先河之举。大丰区大力建设此项惠民绿色工程，总投资 2.35 亿元，用于建设 BRT 专用车站、专用站台以及专用汽车和系统设备等。首批投放的 6 辆公交车辆，每天运营 24 班次，对开总计 48 趟次，全部采用自动化售票。同时，大丰贯彻低碳环保理念，使用的新型 BRT 系统全部以天然液化气为原料，大大减少了对环境的污染，既为人民群众提供了更加安全、舒适的出行方式，同时又保证了绿色环境，还增添了一道靓丽的风景线。

## 第二节　绿色居住　点亮生活梦想

绿色居住，构筑绿色生活的希望之屋。居住问题是关系着千家万户生活幸福指数的重要问题。如何建设绿色的建筑？如何构造绿色的社区？既涉及绿色科技，也是重要的生态环境问题。盐城市充分认识到为百姓打造绿色居住环境的重要性，用绿色点亮了人们对生活的热爱与梦想。

### 一　绿色建筑：扮靓城市风貌

盐城坚持将低碳、生态、环保作为城市建设的理念，提出了"新增 1000 万平方米绿色建筑、100 项标识，创建国家级绿色生态城区"的工作目标。通过不断创新工作方法，加大政策激励，强化监督管理，加快绿色建筑发展，推进绿色生态城区建设，使绿色建筑和绿色生态城区建设取得了突破性进展，保证了城市绿色建筑发展水平在省内处于领先地位，形成了有特色的盐城绿色建筑生态发展模式，有力促进了城乡建设领域的资源节约和环境友好。近年来，全市相继申报创建了 3 个省级建筑节能与绿色建筑示范区、1 个住建部试点智慧城区，2013 年率先成为江苏省绿色建筑示范市。截至 2014 年年底，全市已获绿色建筑标识 42 项，建筑面积 405 万平方米，完成进度列全省前三。

## 1. 塑造区域型绿色建筑的典范

盐城将绿色建筑和绿色生态城区建设作为大力推进生态文明、加快推进节能减排的重要举措，积极引导绿色建筑健康发展。城南新区以典范描绘了盐城绿色建筑的形态。城南新区聚龙湖核心区是盐城市最具活力和发展潜力的现代服务业新型城区，2014 年获得"江苏省绿色建筑和生态城区区域集成示范"荣誉称号。

城南新区聚龙湖省级绿色建筑示范区，坚持政府引导、市场驱动、统筹谋划、突出重点，形成了"市区联动"的绿色建筑全面发展 19 项政策，推动了新区绿色建筑、节约型城乡建设的不断迈进，初步实现绿色建筑发展的新跨越，促进了城乡建筑业发展。

城南新区以聚龙湖为中心，将建筑、景观、水体等自然融合，彰显盐城水绿、百河、湿地特色。该示范区全力推进 8 个示范项目建设，全部取得绿色建筑设计标识。同时，不断扩大示范项目，在水资源利用、绿色交通、可再生能源建筑应用比例、绿色照明覆盖率等方面都实现 100% 的目标。着力构筑人水和谐环境，打造水绿生态新城，紧紧抓住水的灵魂，强化和彰显湿地之都、百河之城、水绿盐城的优势。通过建设生态廊道、块状绿地、水系整理，将建筑、河岸景观和水融为一体，形成了极具"绿"色的建筑景观。

## 2. 强化绿色建筑管理

盐城市通过完善"政府领导、社会参与、部门负责、区域联动"的绿色建筑管理机制，积极推进绿色建筑管理。在坚持政府主导的基础上，统筹协调相关部门，加强与社会各个层面的双向互动，建立并实施绿色建筑联合审查推动机制。制定规划，明确绿色建筑星级标准，执行建筑节能和绿色建筑标准，并将绿色建筑标准纳入土地出让合同，加强考核管理。与此同时，出台《盐城市绿色建筑初步评审办法》，并组织相关部门进行联合审查，严格执行绿色建筑技术标准，加强对执行绿色建筑标准的专项检查。组织建设单位进行专项验收，对未按标准实施的项目，规划部门不予通过规划验收，城乡建设部门不予竣工备案。从根本上对建筑标准严把关，评估严审查，验收严通过。

### 3. 完善绿色建筑激励政策

盐城市出台一系列相关配套措施，扶持保障绿色建筑工程的扎实开展。要求各部门、各建筑施工单位积极实施绿色建筑产品政府采购制度，由城乡建设部门会同科技、质监等部门组织开展绿色建筑产品认定，并向社会公布认定备案产品目录，优先购买列入备案目录的产品。同时，国税、地税和物价部门认真贯彻各项优惠政策和价费机制，出台措施，确保落实到位。积极鼓励勘察设计单位推广应用新技术，对创建绿色建筑工程项目实行优质优价。对于开发单位通过评审、按照绿色建筑标准设计建造的商品房，其中增量成本列入商品房建设成本，物价部门按照优质优价原则实行备案管理。各级财政部门也每年安排并逐年加大城建资金对建筑节能和绿色建筑示范工程的重点支持力度。市里建立专项引导资金，用于支持发展绿色建筑、绿色建材。各县（市、区）也出台相应办法，推动绿色建筑、绿色建材发展。

大丰从2013年开始，就将建筑节能与绿色建筑工作纳入建筑行业质量安全管理之中，通过示范项目建设，建立了比较完整的建筑节能工作体系。建筑节能管理持续加强，绿色建筑发展迅速，建筑行业进入绿色时代。近年来，大丰还积极启动保障性住房、省级绿色建筑示范区中的新建项目、政府投资或使用国有资金的各类公共建筑及大型公共建筑四类新建项目，全面按绿色建筑标准设计建造。全市所有建筑面积5000平方米以上的机关办公建筑、2万平方米以上的大型公共建筑和12层以上的居住建筑统一实施建筑节能65%的设计标准。其中，大丰港经济区充分发挥节能项目集聚示范效应，推动建筑节能由单项工程示范向区域综合示范升级，全力创建江苏省建筑节能与绿色建筑示范区，有望成为苏北地区最大的节能示范区。

### 二　绿色社区：描摹和谐画卷

盐城以建设绿色社区为抓手，营造绿色生活形态，不仅拥有现代生活气息的城市社区，而且还广泛分布着充满田园风光的农村社区，描绘出一幅城乡和谐发展、充满绿色希望的盐城画卷。

### 1. 城市低碳示范社区

盐城市围绕着力提升城市居民绿色生活质量，建成了一批集生态新概念、科学新技术、生活新理念于一身的新型现代化的低碳示范社区。盐城市亭湖区环保产业园环保小镇的低碳示范社区——"绿园"，可谓真真切切地显示了"低碳生活"的魅力。作为盐城环保产业园的重点建设工程，"绿园"以"节能建筑、低碳家居、生态社区"为理念，采用了低碳住宅 8 大技术体系、28 项骨干技术。社区包括 1 幢体验展示中心和 12 幢低碳示范样板建筑及水体景观绿化等内容，成为江苏省首家低碳环保示范社区，也是目前江苏最大的低碳环保示范应用群体建筑。

亭湖区的低碳社区，展示出未来低碳生活的无限可能。这里集中展出了国内外低碳住宅方面的新材料、新技术、新设备，不同展区内丰富的实物模型和影像展示，使低碳、环保触手可及，各项环保家居设施也在昭示着具有生态典范性的未来之家。在这个社区里，环保绿色的理念随处可见。先进的智能家居系统使室内瞬间散发出科技的魅力。

低碳社区现在主要是环保生活的科普、体验、示范基地，但是盐城生态社区住宅之中众多高科技环保系统和多样化的环保低碳新技术，却在展示着未来盐城居住绿色化、低碳化的发展方向。这并非触不可及的梦，而是充满希望的引领未来的灯塔。

### 2. 美丽家园示范乡村

盐城市按照城乡一体化的战略部署，从绿色发展的具体情况出发，加大农村环境综合整治力度提高农民生活品质，让农民群众享受新鲜空气、清澈水源、清洁环境，推进田园乡村建设，为农民创造绿色生活环境，使农村成为农民安居乐业的美丽家园。

盐都区的仰徐村就是美丽乡村建筑中呈现出来的环境优美、生态平衡、百业兴旺的乡村典范。仰徐村以生态建设为起点，坚持"规划布局一体化，产业发展一体化，基础设施一体化"，强调"公共服务一体化，民生保障一体化，社会管理一体化"的同步发展。仰徐村从20世纪80年代当地"穷三徐"中最穷的村，摇身一变成为集居民住宅社区化、农业种植经营化、工业生产园区化、居民生活保障化为一体的现代农民生产、生活区，成为盐城市新农村建设的示范村，让人们体验到美丽乡村的优越性和幸福感。

仰徐村功能区布局合理。生活区与工业区之间有千亩经济园林隔离带。居住区内，别墅式居住区绿树成荫，鸟语花香；农业生产区内，千亩草莓园、葡萄园、林木园横竖成行，抢眼悦目。生态游园已具规模；工业集中区中，建成了创业服务中心，以新能源材料为特色产业的园区拔地而起。社区公共服务中心由党群服务中心、小学、幼儿园、医院、文化中心、敬老院、综合市场等组成，极大方便了人民群众。

盐都区先后建成楼王、郭猛等9个国家级生态镇，仰徐、郝荣等4个国家级生态村，三湾、杨侍等4个省三星级"康居乡村"，三官、倪杨等32个省二星级"康居乡村"，佳富、塘桥、孙英等235个省一星级"康居乡村"。创建国家生态区已顺利通过技术评估，1158个自然村全部完成整治任务。

盐城市通过推进城市低碳示范社区以及美丽田园乡村建设，

拉近了盐城城乡之间的生活水平，让新鲜空气、清澈水源、清洁环境、交通便捷成为城乡绿色发展的共有优势，有力促进了城乡绿色生活品质的共同提高。

### 三　绿色施工：助推气爽水清

绿色施工是指工程建设中，在保证质量、安全等基本要求的前提下，通过科学管理和技术进步，最大限度地节约资源和减少对环境负面影响的施工活动，从而实现"四节一环保"（节能、节地、节水、节材和环境保护）。盐城市通过对施工规范的严格管理，保证了施工过程中的高水平绿色。

近年来，盐城市陆续出台了一系列相关政策，积极引导绿色施工。实施《江苏省绿色施工管理规定》《江苏省绿色施工评价标准》，加强对建筑工地绿色施工的指导，全面开展绿色施工工地创建活动，加大对绿色施工工地的奖励力度。以大力推广应用建筑业10项新技术、创建新技术应用示范工程为载体，全面推广建设成果，提升建筑施工工地管理水平。实施精品工程战略，提升建筑业技术水平，节约材料，提高施工效率，提高结构的耐久性，提高工程质量。同时，保障绿色施工的切实推行，建立完善绿色施工管理体系。

城南新区是坚持规范管理，保证施工的高水平绿色的一个典范。出台《城南新区绿色施工管理办法》加强施工的示范引导，建立包括施工管理、环境保护、节材与材料资源利用、节水与水资源利用、节能与能源利用、节地与施工用地保护等6个一级指标，以及绿色施工管理体制、制度、目标与方案编制等30个二级指标在内的绿色施工评价指标体系。宣传、指导、落实示范区内建筑绿色施工，争取使绿色施工率达到100%。通过示范项目建设，不断总结和提高绿色施工经验，以点带面推动整个新区绿色施工的实施。

#### 四 绿色环境：营造美好人居

##### 1. 加强农村环境综合整治

盐城以打造绿色环境为重点和出发点，扎实推进农村沟河整治。按照疏浚、联通、控排、清洁的要求，对 81 条大沟、359 条中沟、11377 条小沟进行集中连片整治。进一步加大造林绿化力度，突出通道绿化、村镇绿化、农村绿化。加快沿海 5 个万亩林场建设，完善生态防护林体系。开展绿色村庄达标创建活动，建设高标准农田林网。全市新增成片造林 10 万亩，新抚育森林 15 万亩，林木覆盖率达到 26%。

盐城还在江苏省率先实现镇村垃圾治理全覆盖。健全"组保洁、村收集、镇转运、县处理"的城乡统筹的生活垃圾收运处置体系，重点加快镇级压缩式中转站建设，按标准配备村垃圾池、垃圾箱和运输车，建立健全镇村环境管护保洁队伍，确保农村环境卫生综合整治有人管，不反弹。全市城乡生活垃圾无害化处理率达 80%，继续推进农村改厕，完成农村卫生改厕 8.3 万户。

##### 2. 保障城乡饮用水安全

近年来，盐城坚持把饮用水安全工作摆上突出位置，推进区域供水建设，城乡饮用水一体化取得了快速发展。目前全市区域供水累计已通达乡镇 136 个，通达率达到 96.45%，在苏北位于前列。深入指导已实现区域供水全覆盖的县（市）实施管网延伸和环网建设，进一步提高了城乡供水的安全性和可靠性。

同时，着力于提高污水处理能力。坚持建管并重，按照"成熟一片、收集一片、完善一片"的原则，加快推进城乡污水处理厂及配套管网建设。加快农村生活污水处理设施建设。对于工业污水，加强源头控制，严格执行通榆河清水通道和饮用水源保护区项目准入管理规定，严格控制在开发区和工业集中区外新建工业企业，禁止在开发区和工业集中区外新建、扩建化工类项目，关闭区域内污染严重的企业和项目。目前全市共有投入运营的污水处理厂15座，总设计处理能力55.9万吨/日，2014年共处理污水总量1.38亿吨，COD削减总量0.8万吨。同时全市共建成建制镇污水处理厂42座，其中2014年新建24座，铺设污水管网约400公里，建制镇污水处理设施覆盖率达80%以上。

2013年起，全市开展河道环境综合整治。按照城乡河道环境综合整治实施方案和市区水环境整治实施方案，围绕"路通岸绿、截污水清"的要求和"三年基本改观、五年彻底根治"的目标，对城市和农村河流进行综合整治。通过源头控制、截污入管、拆违清杂、清淤疏浚以及保水活水等整治措施，大力实施城乡河道疏浚整治工程，加大生态河道建设和河道保洁工作力度，有力推进了"清水工程"实施。

## 第三节　绿色消费　创造美好生活

盐城构建绿色文化教育体系，为盐城人打造一个城市成长的清新氛围；用城乡绿色的一体化发展，为盐城人塑造全方位多维度的绿色领域；用"互联网＋"的消费模式，为盐城人开拓更为广阔的新兴消费领域。这座城市，正在用自己的绿色行动，为生活在这里的人们创造更美好生活的无限可能。

### 一　"互联网＋"引领消费时尚

盐城市紧跟"互联网＋"的时代步伐，积极倡导以互联网消费为核心的绿色消费，着力建立健全电商网络体系，推动城乡居民网络消费。

#### 1. 以青年电子商务创业为载体推进城镇电商发展

青年电商创业联盟，聚焦电商创业主题，凝聚全市各电商产业园区、电商培育运营企业、青年创业专业服务机构等资源，给电商创业青年美好希望和切实帮助，推进青年电商创业，开启青年电商创业发展"抱团"模式。

盐城青年电商创业联盟，与漕河泾电商产业园、红创电商中心等多家园区、企业、服务商，签订了青年微商创业服务合作协议，提供专业化的服务内容，孵化优质青年微商项目，促进产业与产品、网上与网下的有机融合。针对创业融资困难，选派金融机构优秀青年干部赴县级团委、乡镇团委兼职，定制开发"青春邮你"等4款青年微商创业小贷产品，提供无抵押、免担保、低利率的资金扶持。其次，整合盐城青年创业学院和淘宝大学的教学资源，举办"送课进校园""微商创业聚HUI"等培训活动。建立青年创业指导服务中心，并在盐渎商城等一批大中型企业、网络综合服务平台或镇村电商服务站设立服务网点，以"落地扶持"为宗旨，探索形成"基地＋基金＋导师＋政策"的模式，具体负责入驻青年微商创业项目的整体规划、平台运作、货源组织、营销推广以及管理服务。同时，积极实施返乡青年创业"归航行动"，引导返乡青年留在家乡投身创业实践。推进农村青年创业致富"青苗"培养计划，实施第二批培养工作，着力服务于农村青年创业实践需求。举办大中专生职业生涯规划大赛，在青年学生中培养创业意识，激发创业热情，营造创业氛围。

如今，青年电商创业已经成为推进电商网络体系建设的一个重要载体，通过本地化的电商创业，扩大电商数量，优化电商空间布局，从而为盐城城镇居民的绿色消费提供了有力保障。

**2. 加快发展农村电子商务和网络购物**

农村电商和网购项目是近年来盐城市推进社会主义新农村建设的重要工程。全市出台了相关优惠政策，鼓励农民专业合作社、农业龙头企业自建电商平台或借助第三方电商平台开展农产品销售；鼓励农业经营主体通过网络获取和发布市场信息，通过电子商务平台采购和销售种子、化肥、农药等农业生产资料；积极培植电子商务村，在农村地区推广线下生产、网店销售的经营模式，带动农民增加收入，促进农村经济发展；推动电子商务企业与"万村千乡"市场工程合作，对全市农家店进行信息化提升，在中心镇和行政村建立网络商品自提点；同时对大学生村官、返乡涉农创业青年、农民专业合作社、家庭农场青年骨干等培养对象进行电子商务的相关培训，讲解内容包括绿色农业、三农政策和农产品淘宝创业实务培训等，帮助广大大学生村官和青年创业者进一步熟悉三农政策，掌握电商创业技能。这些都为盐城农村的电子商务发展起到了巨大的推进作用。

通过大力推进，盐城农村电商发展取得了明显成效。2015年，阿里巴巴农村淘宝项目落户大丰，这是农村淘宝项目的"华东第一村"，标志着盐城农村电商发展迈入了一个新台阶。农村淘宝项目致力于帮助村民"触网"，一方面通过网络买到最便宜、最优质的商品，提高生活品质；另一方面让农民生产的绿色生态农副产品走向更广阔的市场，帮助农民致富。各个村级服务站主要为村民提供网上代买、网上代卖、网上缴费、创业培育、本地生活等服务项目。村民不需要购买电脑，甚至也不需要会电脑，网购商品、淘宝开店、网上发布、支付收款全部由村级服务站代为完成。

农村电商为农村居民网络消费提供了极大方便。在江苏省首批农村电子商务示范村名单中，2015年又有5家榜上有名，分别为大丰区大中镇恒北村、刘庄镇友谊村、盐都区大纵湖镇鱼范村、建湖县恒济镇建河村、射阳县洋马镇药材村，认定公示数量全省第一。

"互联网＋"时代已扑面而来，面对时代大潮，盐城人争做时代的弄潮儿、先行者。以互联网为载体，线上线下相互贯通，无论是电商创业还是农村淘宝，让网络为民众谋福利，让网络在盐城结硕果，是盐城人的共同愿望。

## 二　节约风潮转变消费模式

节约型城市建设是盐城绿色生活的一个亮点，这里到处可见节能的建筑设计，绿色的城市照明，有效的水资源利用，完善的垃圾资源化系统。盐城市专门成立了节约型机关建设领导小组，深入开展活动，以提高盐城人民的资源意识、节约意识、环保意识，号召全民开展节能行动。各级领导更是从自身做起，从推广节能灯、调高空调温度、双面使用纸张等细节入手，引领盐城人养成节约节能的绿色消费习惯。

### 1. 节能型建筑设计

盐城市将可再生能源技术在绿色建筑方面的应用作为绿色居住的重要工作内容来抓。对全市各县（市、区）的新建建筑的节能设计标准作出明确规定，市区各类民用建筑全面执行建筑节能设计标准，各县（市）结合实际划定范围，启动执行建筑节能设计标准。此外，各类公共建筑要至少选择采用绿色建筑设计标准、集中式太阳能热水系统、太阳能供热制冷、太阳能光伏应用、浅层地（水、空气）源热泵系统等节能技术中的一项。

可再生能源技术在盐城各类建筑中得到广泛应用。全市城镇区域内新建12层及以下住宅，以及新建、改建和扩建的宾馆、酒店、商住楼等有热水需求的公共建筑，要统一设计、安装太阳能热水系统。12层以上新建住宅建筑可选择使用太阳能热水系统或浅层地（水、空气）源热泵系统进行采暖、空调和供热水。农村地区积极推广太阳能、秸秆制气和沼气工程，鼓励在农村集中居住点统一设计、安装太阳能热水系统。

盐城市城南新区积极推广可再生能源应用，严格要求区内低层、多层住宅太阳能热水系统入户率达到100%，高层不小于60%。现已建成的8个示范项目，可再生能源利用比例达到了100%。路灯、景观灯等照明采用太阳能技术。聚龙湖商务商贸区积极推进在公建和住宅项目上推广使用太阳能、浅层地热等可再生能源，真正实现了可再生资源走进居民的日常生活。

## 2. 节能型城市照明

盐城市贯彻落实节约资源和保护环境的要求，坚持以人为本，节能优先，以高效、节电、环保、安全为核心，努力构建绿色、健康、人文的城市照明环境，切实提高城市照明发展质量和综合效益。

在城南新区的聚龙湖商务商贸区内，实施了城市绿色照明工程。示范区内城市绿色照明建设，经济适用、维护方便，保证了城市照明系统功能达到各项技术指标和节能效果。LED 灯具使用，实施路灯节能改造措施，节能率达 30% 以上。灯具采购上优先采购通过绿色节能照明认证、经过专业检测审核或通过环境管理体系认证的产品。示范区内还对城市照明进行了能源合同管理，将路灯照明运行引入市场，提高城市照明系统的能效，降低系统功耗，节约能源，减少污染，以达到节能和环保的目的。

这种对城市照明的资源节约倡导，不仅仅是用更少的资源照亮一个城市，也是在把这种节能的理念散播到这个城市的每一个角落里，照亮城市的夜晚，也照亮民心。

## 3. 节水型城市建设

盐城的水资源利用，从节水、供水、排水乃至回生水等多方面，都走在了时代前列。

坚持科学谋划，持续推进节水型城市建设，不断完善建设项目节水设施，规范审批程序，提升管理力度。所有新建、改建、扩建项目，在项目审批、竣工验收时，由水行政主管部门对建设项目节水设施、器具进行审批、验收，严格把好建设项目节水关。以城南新区为代表，这里的聚龙湖商务商贸区内通过建设湿地城市公园，打造区域水资源的多样性利用功能，提高区域内市政雨水排水功能，探索水资源利用新途径。

通过积极推行城市再生水回用技术，保证水资源节约利用。全面应用再生水回用技术，将污水处理厂尾水深度处理为再生水水源，用于规划范围内的公共建筑内部冲厕、市政绿化及道路浇洒等。城南新区全面建设城市自来水和再生水"双管"供水系统，实施再生水回用工程，再生水处理规模按公共建筑内部冲厕、城市绿化、道路浇洒要求进行设计；将生活污水经处理后输送至再生水厂，进行二次处理后，输送至各用水点，保证水资源循环利用，再生水替代率可达18%以上。

室内结合核心区绿色建筑申报要求，制定具体绿色建筑节水设计策略，从节水型卫生器具、管材、节水绿化等方面提高建筑节水水平，达到绿色建筑评价标准要求。通过对绿色建筑的施工高要求，设计新理念的把握，使节水理念真正进入城市建筑中。

加强雨水利用建设，提出适宜的雨水回用方案，在规划范围内未建地块实施雨水回用，替代绿化、浇洒和景观水等。对规划范围内的河岸、景观道路两侧以及雨水管网主要入河口实施雨水生态排水和滞留措施，削减部分雨水径流及径流污染。避免水资源的二次污染，加强对水资源的重复利用。

**4. 城市垃圾的资源化利用**

盐城市坚持循环利用的环保理念，采取分类收集、机械化清运方式，有效管理城市垃圾。对建筑垃圾、河道湖泊垃圾、餐厨垃圾、医疗卫生垃圾以及实验室垃圾（危害废弃强酸碱、放射性药剂）等城市垃圾，在分类基础上，通过垃圾处理厂和发电厂，实行资源化利用和无害化处理。

盐城垃圾焚烧发电项目，是继无锡市之后开工的省内第二家、苏北第一家垃圾焚烧发电项目。项目建成后，每日能处理垃圾400吨，年发电量两亿度，年供热水能力20万吨。不但承担着盐城大市区及建湖等生活垃圾处理任务，还承担着泰州市区及其下辖的兴化市的生活垃圾处理任务，是江苏省第一家跨地区、跨区域实现垃圾焚烧资源共享的垃圾发电项目。

### 5. 倡导优质食品的绿色消费

民以食为天，盐城市居民的食品绿色消费在对食品品质的追求上得到了充分体现。

近年来，盐城将消费者喜爱的绿色品牌作为培育保护的重点。不断努力为大众提供更生态、更绿色的消费选择。充分发挥"三品一标"在过程控制、减量化生产和生态环境保护方面的示范引领作用，引导生产经营者规范化生产、产业化经营，努力打造以"三品一标"为标志的品牌农业，现已形成优质蔬菜、粮油、食用菌、畜产品、水产品五大优势产业，为消费者提供安全、环保、绿色的消费产品。目前，全市拥有无公害农产品、绿色食品、有机农产品"三品"总数，在全省名列前茅，实现种植业"三品"产量占食用农产品总量近35%。

事实证明，这种为树立绿色消费理念做出的不懈努力，最终得到了消费者的认同和回应。在"首届江苏消费者最喜爱的绿色食品"评选中，盐城东台市宇航奶业有限公司等6个绿色食品生产企业的14个产品荣获"首届江苏消费者最喜爱绿色食品"称号，江苏桂花鸭养殖有限公司生产的黄海牌冻光鸭获得第17位的好成绩。

节水、节电，盐城用实践证明什么是真正的节约消费；垃圾重复利用，选择绿色食品，盐城在生活中阐释了什么是绿色消费。节约型城市的目标已在前方招手，绿色消费体系的构建已成效可见，盐城市奋力起跑、一马当先。


### 三　绿色文化提升消费理念

盐城在绿色文化上下足功夫，通过文化宣传、学校教育等多方面，着力培养绿色消费观念，提升居民消费品质。

盐城人深知，要在全市上下形成理性环保的绿色消费观念，就要从文化和教育抓起，从人民群众最基本的生活入手。因此，盐城开展多层次、多形式、全方位的文化宣传与教育工作，着力塑造一种爱生活、爱绿色、珍惜绿色、保护绿色的意识，从而树立健康正确、有益于生态的绿色消费理念。

### 1. 塑造绿色文化，提升公民绿色消费意识

在盐城，绿色发展成为全民的意识、全社会的行动。加快绿色盐城建设、提升城市绿色文化已成为广大干部和全社会公众的内在要求和自觉行动。

盐城结合现代生态文明建设的最新成果，探索建设了一批生态博物馆，展示地方特色生态文化。发挥文艺作品在生态文化中的传播作用，以增加资金投入和政策倾斜力度等多种方式，结合组织评奖和采风等具体措施，鼓励文学、影视、戏剧、绘画、雕塑等多种艺术形式创作，特别是盐城特色的淮剧、杂技创作，将生态哲学、生态美学、生态伦理渗透到文艺作品中，推出一批能体现盐城特色和生态文明理念的优秀文艺作品，带动全社会生态文明意识的提升。让盐城市民在生态文化的熏陶下，追求更高层次的绿色消费。

### 2. 绿色文化宣传，树立正确消费观

盐城近年来一直注重绿色理念的宣传，坚持以倡导绿色生活为重点，初步形成绿色健康、集约节约的社会价值取向。力求让市民增强环境保护意识，采取低碳、节能的生活方式。

盐城市各地各有关部门充分发挥电视、报纸、网站、视频等媒体的主渠道作用，运用横幅标语、社区宣传栏等贴近群众的宣传形式，用好各种资源，凝聚社会合力，引导全民培养绿色高雅的消费品质。盐城专门成立了节约型机关建设领导小组，为开展绿色消费活动谋划布局。同时，着力提高全社会的资源意识、节约意识、环保意识，号召全民开展节能行动，切实让人民意识到节约的紧迫性和责任之重大。通过举办环保开放日、送环保知识

进社区、学校、乡村书社、开通环保号公交车、评选绿色先锋等系列宣传活动，使盐城人逐渐养成节约节能的绿色消费习惯。

2015年盐城举办了"融入一带一路，推进绿色发展，建设生态盐城暨新《环保法》宣传月"系列大型宣传活动。这是为了纪念第44届世界环境日，营造中国盐城丹顶鹤国际湿地生态旅游节暨第八届海盐文化节的良好氛围，广泛传播和弘扬绿色发展理念，提升人们对绿色发展的认识和理解，并自觉转化为实际行动，共同建设生态盐城而发起的大型市民共同参与的活动。这项活动向广大市民发出了"践行绿色生活"的倡议。市领导和广大市民共同在"推进绿色发展、践行绿色生活"签名墙上签名，参加市生态文明建设成果展。盐城市和4个区的环保局还在启动仪式现场设立了5个环保咨询台，接待广大市民的咨询和投诉，发放了环保宣传材料2000份和环保袋1500多只，帮助市民从细节做起，一点一滴树立正确消费观念。

### 3. 以学校为阵地开展绿色文化教育

盐城市重视从娃娃抓起，把学校作为培养绿色意识的阵地，为绿色消费培养后备力量，为绿色未来培养合格公民。

盐城的做法是将环境教育统一纳入到中小学课程设置，让学校因地制宜，编写环境教育校本教材，所有学校在各门课程教学和各种活动中，纳入资源、生态、环境和可持续发展内容，有机渗透环境教育知识。同时，开展环境教育时注重创新活动载体，提升教育效果。充分发挥学校研究性学习和综合实践活动在环境教育方面的优势，组织学生进行环境方面的学习、研究和实践，通过学生的亲身体验与探究，增强环境教育的效果。让学生真实地感受到爱护环境的重要性，感受到环境保护要从自己做起，从小养成绿色消费的习惯，为社会的可持续发展做出自己应有的努力。

盐城市楼王小学为弘扬生态文明、传播绿色消费理念、增强师生的环保意识，以世界环境日为契机，在全校开展"倡导绿色消费，践行低碳生活"活动。他们表示：保护环境，人人有责，全体师生要牢固树立绿色消费观念，自觉践行环保措施，努力做到"节约六个一"，即：节约一分钱，节约一支笔，节约一张纸，节约一滴水，节约一粒米，节约一度电，共同保护生存环境。全校师生还共同宣誓并在横幅上郑重签下自己的名字，以表示自觉参与绿色消费、践行低碳生活的决心。

盐城市从绿色理念宣传入手，通过教育体系，培养崇尚自然、追求健康的细微习惯。向人们传递低碳生活理念，倡导节俭消费，崇尚绿色生活。全方位构建绿色氛围，让绿色消费理念真正渗透到盐城人的现实生活中。

盐城市绿色发展在大踏步前进。绿色生活，作为与盐城市人民息息相关的重要部分，正成为盐城绿色发展的出发点和归宿点。无论是出行方式的绿色化，还是生活建筑的绿色化，抑或是生活氛围的绿色营造，都是围绕"民生"这一主题展开的。人民生活的进步才是最好的福利，民心才是最温暖的问候，绿色生活才是最根本的发展。盐城的绿色生活以民生为根本，以绿色为底色，已扬起绿色发展的风帆，走向更绿更美的未来生活。

# 第八章 绿色国土

国土是生态文明建设的空间载体，也是追求绿色发展最不可回避的问题。良好的国土生态环境是发展所应提供的最公平的公共产品，是最普惠的民生福祉。《中共中央国务院关于加快推进生态文明建设的意见》将"国土空间开发格局进一步优化""生态环境质量总体改善"作为生态文明建设的主要目标，国土空间绿色化和生态环境优美化是建设美丽中国的重要组成部分。

盐城市是中国海涂资源最为富饶的区域，是江苏省国土后备资源最为丰富的城市，也是江苏省最重要的生态资源宝库。以绿色国土育生态资源，以生态资源亮绿色国土，这两项资源之间的协调和融合使得盐城市在"美丽国土"建设上出类拔萃。

## 第一节 以绿色福利绘美丽国土

现代社会，生态环境质量状况已成为衡量城乡居民生活质量的一项重要指标。党的十八大和江苏省委十二届五次全会召开以后，盐城市进一步明确了生态盐城的建设目标，着力改善、打造环境优美的人居环境，真正让盐城的优质环境资源成为人民共享的"绿色福利"。

### 一 一个让人打开心扉的地方

"一个让人打开心扉的地方"，随着央视这句广告语的流行，盐城全新的城市形象开始全国闻名。市委书记亲自创作的这句广告词，饱含了对这座城市绿色发展的深切感悟和未来寄托，概括了这座美丽城市的理念和神韵。"盐城好空气"已成为盐城推动绿色发展、转型升级的一张靓丽名片，同时它让盐城全市人民以及到此停留的大众享受到了盐城的清新空气及人文氛围，自然地敞开心扉，乐享这个现代城市里稀有的"绿色福利"。

### 1. "洗肺"盐城好空气

"盐城好空气"的靓丽名片来自国家环保部和江苏省环保厅的"认证"。2013年9—10月，在环境保护部发布的全国74个城市空气质量状况排名中，盐城空气质量进入全国相对较好城市的前十名，成为江苏省唯一一个连续两个月进入全国前十佳的城市。2014年盐城环境空气质量继续保持全省最优，其中9月优良天数比例达100%，并在全国74个重点城市跃居第4位，仅次于海口、舟山和拉萨三个在地理区位、产业结构等方面占显著优势的城市，10月份同样位列全国十佳城市。2015年上半年继续保持全省空气质量最优的成绩。"盐城好空气"成为城市名片和生态品牌。黄海森林公园作为江苏沿海唯一一座规模较大的生态林园，它既受益于"盐城好空气"这一城市名片，又进一步强化了"盐城好空气"的生态品牌。其森林覆盖率高达80%，是一块人

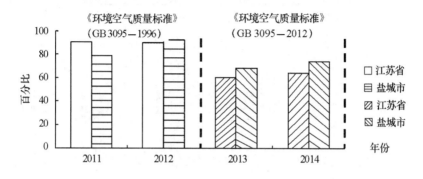

图8-1 江苏省及盐城市2011—2014年空气质量优良天数

与自然融为一体的"绿色氧吧"，加上优美的生态景观，已成为盐城生态休闲、健康养生的一张靓丽名片。

"盐城好空气"不仅反映在全国排名上，而且还体现在自身的进步上。近4年来盐城市空气质量优良天数呈上升趋势，并从低于全省均值到明显高于全省均值（见图8-1）。与全省大气主要污染物 PM10、$SO_2$ 及 $NO_2$ 浓度相比，近4年盐城市也呈现出从高于全省均值（$NO_2$ 除外）到低于全省均值的态势，其中 $SO_2$ 下降最为明显（见图8-2）。

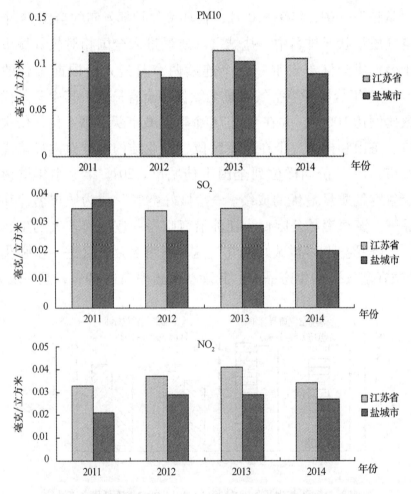

图8-2　江苏省及盐城市2011—2014年大气主要污染物浓度对比

在环境保护部发布的《2014 中国环境状况公报》中，盐城市空气质量平均达标天数达 270 天，超过长三角区域 25 个地级及以上城市的 254 天达标天数，也是江苏省内空气质量优良天数比例最高的地级市。备受关注的 PM 2.5 平均浓度同样是全省最低，当之无愧是全省 13 个地级市中环境空气质量最好的城市。

### 2. "蓝天行动"赢得蓝天福利

"盐城好空气"的名片，固然与其沿海地理位置及海洋性气候有关，但主要在于盐城市对大气污染防治工作的高度重视和行动措施的落实，以及全市各级部门的不懈努力。为防治大气污染，保护好这片蓝天，盐城市采取了一系列治理措施，称为"蓝天行动"，主要包括以下对策措施。

能源调结构。作为全国首批新能源示范城市，盐城大力推动能源转结构，加快发展千万千瓦级风电、千兆瓦级光伏为支撑的可再生能源产业，全力打造"海上三峡"。2015 年，全省一半以上的风电和光伏发电量来自盐城。风力发电场不仅是盐城海边的美丽一景，而且已经成为发展清洁能源的绿色基地。2014 年盐城清洁能源发电量 37 亿度，占全市用电量的 13%，相当于节约标准煤 119 万吨，减排 $CO_2$ 约 309 万吨、$SO_2$ 约 2.86 万吨、氮氧化物约 0.83 万吨。2015 年上半年，全市新能源发电企业发电同比增长 14.7%，其中光伏发电企业发电 4.9 亿千瓦时，同比增长 78.2%。生物质发电企业发电 4.34 亿千瓦时，同比增长 16.4%。近年盐城经济增速明显，但煤炭年消费量却基本稳定在 2200 万吨（见图 8-3），且煤炭消费量在盐城的能源消费结构中占比不断下降，由 2010 年的 68.2% 降至 2013 年的 60.4%，这主要是因为盐城近几年风能、光能等新能源的开发利用进程加快，其在能源消费结构中的占比不断提高。盐城的清洁能源优势逐渐凸显，占江苏省 70% 的风电、50% 的光伏资源已成为推动盐城能源结构与产业结构同步优化升级以及生态立市、绿色发展的新动力。盐城市走上了资源优势转化为发展优势的新道路。

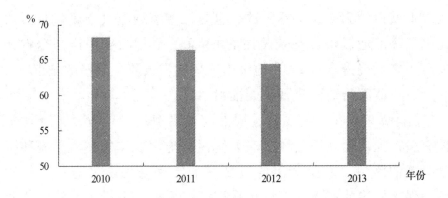

图 8 – 3　2010—2013 年盐城煤炭在能源消费结构中占比图

产业转形态。把节能减排作为产业转型的关键。煤锅炉整治一直是盐城节能减排的重点和难点，多年来，盐城大力推进供热、供气工程，市区禁止新上燃煤锅炉，市区小锅炉数量从 2006 年的 726 台下降为目前的 216 台，共计完成列入环保部公告的 24 项重点减排工程。近年来，盐城市累计削减二氧化硫排放 1200 吨、氮氧化物排放 4000 多吨、烟尘排放 130 吨。2014 年盐城市更是下大决心，制定更切实的措施推进减排工作，先是发布了《划定市区高污染燃料禁燃区的通告》，规定禁燃区的范围和市区建成区范围一致；又下发了《高污染燃料禁燃区实施方案》，要求禁燃区范围内的 200 多台燃煤锅炉全部淘汰或改清洁能源，并加快市区集中供热、天然气等基础设施建设；全市开展重点行业烟、粉尘治理，市区先后关闭烟粉尘污染严重工业企业 17 家，并组织了 15 家电厂、9 家水泥企业开展脱硫脱硝或除尘改造；纳入 2014 年国家公告的 7 个重点减排项目已建成 6 个。可见盐城市节能减排的毅力和决心。

化工企业会产生较为突出的环境问题，盐城市较早意识到这个问题。通过一系列企业重组、转型等削减了一批化工园区及化工企业，2014年全市化工企业数减少了54%。同时，严把化工项目准入关，实行联合会审，全市先后劝退300多个与环保法规或产业政策不符、工艺落后、清洁生产水平低下、污染严重的化工项目。现在响水、滨海、阜宁、大丰4个化工园区集聚了全市82%的化工企业，大市区已成为"无化区"。同时严格实施化工园区废气治理，挥发性有机物治理等工作受到江苏省环保厅肯定。

秸秆禁焚烧。农作物秸秆焚烧一直是造成季节性大气污染的重要原因，也是目前中国区域大气污染的主要来源之一。盐城作为江苏耕地面积最大的农业大市，秸秆禁烧和综合利用关系到环境，尤其是空气质量的好坏。盐城市坚持"堵疏结合、以疏治烧、严管重罚、全面禁烧"的方针，通过人机有机结合全面禁烧。同时，全年实现秸秆机械化还田率60%，夏季甚至高达80%。2014年夏收、秋收期间，盐城市成为江苏省唯一未被环保部和省环保厅通报发现有秸秆焚烧火点的市，在江苏省秸秆禁烧考核中，盐城名列第一。2015年夏季，盐城市再次实现考核"零火点"。

工地控扬尘。房屋建设施工、物料运输、道路保洁等过程产生的粉尘颗粒物会对大气造成污染，这已经成为影响城市空气质量的重要因素。对此，盐城加大对渣土运输行业的管控，推进渣土运输公司化运作。自2013年以来，新组建了8家渣土运输公司，对300多个无组织的个体运输户统一管理，并淘汰不合格车辆。还建立渣土抛洒信息员制度和专门保洁队伍，以确保及时发现和第一时间处理渣土运输抛洒现象。同时，盐城组织开展了建筑工地扬尘集中整治"双百日"行动等，2014年进行扬尘整治的在建工程项目有226个，主要集中在建成区范围内，城市扬尘污染得到有效控制。

而随着城市机动车保有量的增加，机动车尾气排放污染也日益加重，成为大气污染的主要来源之一。盐城市按照《省政府关于推广使用第四阶段车用柴油的通告》（苏政发〔2014〕89号）要求，督促各加油站（点）全面供应国Ⅳ标准车用柴油；并通过采取限行等措施，加大黄标车和老旧机动车淘汰力度，2013年共计淘汰报废老旧车辆17982辆，是江苏省下达的年度任务数的204.3%，2014年又淘汰13000辆。同时，加强机动车废气治理，大力推广新能源汽车产业发展，加大新能源汽车公共设施建设。2015年，全市将推广使用3200辆以上新能源汽车。

空无"烟"，地无"尘"。盐城积极推行《大气污染防治行动计划》，并抓得扎扎实实，有效地改善了大气环境质量，"盐城好空气"已经成为盐城的名片。

## 二　美丽国土的先行者

盐城自然禀赋独特，582千米海岸线，4553平方千米沿海滩涂，1.89万平方千米海域，集湿地、海洋、森林三大自然生态系统于一身，这是自然赋予盐城的宝贵财富，更是盐城生态文明理念和实践孕育发展的摇篮。

### 1. 自然保护的引领者

唐代诗人白居易说："天生物有时，地生财有限，而人之欲无极。以有时有限奉无极之欲，而法制不生期间，则必物殄而财乏用矣。"坐拥自然瑰宝，盐城人倍感珍惜，人与自然和谐共生的理念在这片神奇的土地上悄然而生。

盐城不仅是苏北革命老区，也是生态保护区。1983年盐城毅然在黄海之滨划出2841平方千米土地，用全市近17%的土地面积建立了江苏省盐城地区省级沿海滩涂珍禽自然保护区。1992年10月珍禽保护区跻身江苏省首个国家级自然保护区。1986年为了保护珍稀物种麋鹿，盐城市下辖大丰区划出26.67平方千米土地建立大丰麋鹿自然保护区，39头从英国远道而来的珍稀物种得以在此繁衍生息。继1997年麋鹿自然保护区跻身国家级自然保护区后，盐城市成为江苏省唯一一个拥有两个国家级自然保护区的地级市。如今，保护区内鹿鸣鹤翔，一派原野风光。

### 2. 生态创建的探路者

盐城开展生态建设起步早，生态保护理念与实践在这里完美融合，是全国生态建设理念的发祥地之一。理念之变，打开发展与生态互动的闸门。盐城市已经获得了"国家卫生城市""国家园林城市""中国优秀旅游城市""国家可持续发展实验区""江苏省文明城市"等荣誉称号。目前盐城市有 30 个镇（街道）获得国家级生态镇（街道）命名，69 个镇（街道）获得省级生态镇（街道）命名，分别占下辖镇（街道）总数的 27% 和 62%。此外，盐城经济技术开发区已建成省级生态工业园区，国家级生态工业园区已通过国家技术评估；建湖经济开发区获得省级生态工业园区命名。通过系列创建，盐城创建了一批资源节约型、环境友好型园区和企业，建立了环境治理、生态保护的长效机制，为打造生态盐城奠定了良好基础和条件。

### 3. 生态文明建设的示范者

党的十八大把生态文明建设提升到与经济、政治、文化、社会建设"五位一体"总体布局的战略高度，提出要大力推进生态文明建设。党的十八届三中全会提出进一步完善生态文明建设体系。为贯彻落实国家关于生态文明建设部署要求，江苏省委、省政府将生态文明建设工程作为推进"两个率先"八项工程之一，明确提出把生态文明建成江苏的重要品牌。

盐城市顺势而为，主动破题。2013 年盐城市市委在六届三次全会上，明确盐城新一轮发展围绕"沿海当先、苏北领先、全省争先"的目标定位，大力推动产业转型发展、沿海开放发展、城乡统筹发展、生态绿色发展、民生优先发展、社会和谐发展，努力建设开放、创业、生态、幸福新盐城。盐城市组织实施了《盐城市生态绿色发展三年行动计划》，奋力推进国家可持续发展实验区和国家生态市的创建。不仅如此，盐城市还主动迎接挑战，提前启动了全方位的生态文明创建工作，《盐城市生态文明建设规划》于2013年年底通过了环保部评审，为盐城生态文明创建描绘了蓝图，指明了方向，设计了方案。同时将环境质量和群众满意度作为检验生态文明建设成效的重要标杆。2014年盐城作为淮河流域重点城市成功申报并列入国家首批生态文明先行示范区，开启了全面建设生态盐城的新征程。

### 三　生态大容量承载绿色大发展

生态文明是发展的最高境界，生态优势也是最大的后发优势。广阔的生态空间和丰富的自然资源是绿色发展的本钱，绿色发展又是实现"中国梦"的重要保障。盐城作为江苏省面积第一的地级市，一个典型的沿海平原市，虽然地无一山一石，且大量盐碱滩涂，植被先天不足，但这座城市硬是加强绿色布局，营造环境生态，终究形成了独特的自然禀赋，积聚起巨大的生态容量，承载了盐城的绿色大发展。

#### 1. 优质生态资源奠定优良生态基底

盐城位于黄海之滨，得天独厚的地理位置和气候条件造就了丰富的自然资源和特殊的生态环境。市域东部拥有太平洋西海岸、亚洲大陆边缘最大的滩涂型湿地，建有珍禽（丹顶鹤）和麋鹿2个国家级自然保护区，盐城全市湿地总面积为7690.1平方千米，占全省湿地面积的27%，被列入世界重点湿地保护区。海岸线长582千米，占全省海岸线总长度的56%，滩涂面积4533.0万平方千米，占江苏省沿海滩涂总面积的70%。近海水质肥沃，是各类植物生长和各种动物栖息、索饵、繁殖、生长的良好场所。西部地处里下河地区腹地，地势低平、河流纵横、湖泊众多，大纵湖、九龙口、马家荡等湖泊水域面积近百平方千米，是典型的潟湖型湖泊，物产丰饶，原始生态环境赋存较好，被人们誉为金滩银荡、鱼米之乡。

市域内共有高等植物 146 科 521 属 1003 种。

　　盐城丰富的自然禀赋让人欣喜，市委、市政府的重视也为城市不断添绿。根据江苏省生态文明建设办公室发布的《江苏省绿色发展评估报告》，盐城市生态效益指数得分 89.6，其排名居全省第一位。

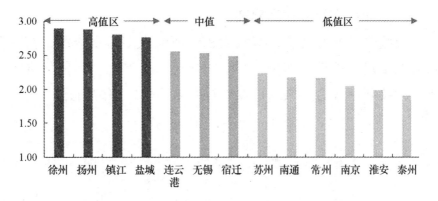

**图 8 - 4　2013 年江苏省各市 MLAI 分布图**
数据来源：国家遥感中心。

　　绿化率、森林覆盖率和最大叶面积指数（MLAI）[①] 等是衡量一个地区绿化程度的重要指标。2014 年盐城市区绿化覆盖率达 40.5%，绿地率达 37.2%，人均公园绿地面积达 12 平方米，全市森林覆盖面积达 3148 平方千米，林木覆盖率提高到 25%，连续三年新增造林折实面积江苏第一。最大叶面积指数在 2013 年国家遥感中心发布的《全球生态环境遥感监测（陆地植被生长状况）2013 年度报告》中应用效果明显。引入该分析方法研究发现（见图 8 - 4），2013 年盐城市 MLAI 属于高值区，反映了国土

---

　　① 最大叶面积指数（MLAI），是指一定时间内（如一年）单位土地面积上植物叶片总面积与土地面积之比的最大值，反映一年中植物生长最旺盛期或时间点的植被生长状态，是表征国土绿色化水平最常用的监测指标之一，可以在相当程度上反映区域植被绿化的质与量。遥感叶面积指数，是指单位土地面积上植物叶片总面积占土地面积的倍数，可以在一定程度上反映区域植被绿色质与量。

绿色化水平在全省位居前列。影响 MLAI 的客观原因主要有国土开发度、林木覆盖率、耕地、水域、丘陵占地比例和植被类型组成等，盐城是沿海城市，滩涂面积大，所以与相同国土开发度的其他城市相比，叶面积指数相对偏低。如果剔除这一因素，盐城市国土绿色化真实水平还要高于当前数值。

### 2. 基于生态足迹的好福利

盐城位于黄海之滨，市域面积内河流众多，水资源丰富。但随着城市建设进程的加快，城市用水压力也增大，如何促进水资源可持续利用成为盐城绿色发展过程中不可忽视的问题。

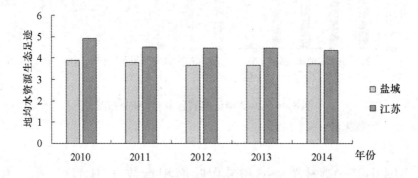

图 8 - 5　2010—2014 年盐城及江苏地均水资源生态足迹

基于生态足迹（ecological footprint）理论计算盐城水资源生态足迹[①]，可以将消耗的水资源转化为可比较的生物生产性用地面积来评定生态占用状况，为其水资源的可持续利用提供了量化评价尺度[②]。由图 8 - 5 发现，2010—2014 年盐城及江苏省总的水资源生态足迹均呈减小的趋势，盐城的水资源生态足迹小于江苏

---

[①]　生态足迹，是指能够持续提供资源或消纳废物的、具有生物生产力的地域空间，其含义就是要维持一个人、地区、国家的生存所需要的或者指能够容纳人类所排放的废物的、具有生物生产力的地域面积。水资源生态足迹，是指将水资源量的消耗转换成相应账户的生物生产性用地面积，然后对其进行均衡化得到各地区可相互比较的抽象数值。

[②]　刘汉生、王晖、张婷等：《武汉市水资源生态足迹动态分析》，《浙江农业科学》2015 年第 4 期。

省，且差距基本保持稳定。近几年，盐城市地区生产总值增速明显，但其水资源生态足迹并没有增加，反而是略有减小，表明在盐城经济发展中注重生态环境保护，绿色发展成效显著。

### 四　清水环境打造灵气盐城

水环境保护事关人民群众切身利益，事关全面建成小康社会，事关实现中华民族伟大复兴中国梦。水是盐城的灵气来源，盐城号称"百河之城"，河网密布水系发达，与毗邻的长三角其他地区相比，环境承载空间相对较大。但由于盐城处于淮河流域下游，地势平缓，受客水过境影响，流域性污染和水质性缺水相当严重，水环境形势依然较为严峻。为此，盐城市开展一系列水环境治理工程，多方位努力打造水美盐城。

#### 1. 饮用水源保护

盐城境内河流众多，但供水河道相对集中，其中蟒蛇河、通榆河、射阳河不仅是盐城市境内的主要河流，同时也是盐城市的主要供水河道。全市 13 个县级以上日供水万吨的地表水源取水口，有 11 个设置在这三条河上，60% 以上的城镇人口饮用这三条河的河水。

饮用水安全是人民群众最为关心的问题之一。为保障人民群众用水安全，2014 年盐城市又一次主动策应省通榆河清水保障三年行动，强力打造盐城清水走廊。主要是建立蟒蛇河、通榆河、射阳河 3 条主要供水河道重点断面县、镇、村三级"断面长"负责制；整合大市区环保执法资源，对蟒蛇河、通榆河水源地开展全天候巡查；重点整治通榆河大市区段沿线环境，整治清理了堤防范围内的各类砂石场、畜禽养殖场及违章建筑 125 个；开展全市城乡饮用水安全保障行动，对主要供水河道沿线排污口、农业面源、船舶污染等进行专项整治。近 3 年计划投入 20 多亿元，实施盐龙湖水厂建设等十大饮用水安全保障工程。2015 年盐城市环保局又印发了《盐城市市区饮用水源地水质污染预警应急工作制度》《盐城市通榆河蟒蛇河水源地环保水上巡查制度》，同时在政策、资金、行动上不断完善，全力保障饮用水安全。

为从根本上消除饮水安全隐患，让盐城人吃上放心水，市里从2013年就着手研究部署新水源地建设问题，斥巨资从运河江水北调工程取水，经管道送入盐城，这一浩大的民生头号工程已经省里立项支持，正在组织实施。

### 2. 近海水域保护

盐城海域面积1.89万平方千米，其中内水面积1.21万平方千米，领海面积6753平方千米，沿海海域是中国唯一无赤潮的内海水域。盐城市海洋与渔业局发布《2014年盐城市海洋环境质量公报》显示，2014年盐城市海洋环境质量总体稳定，近海、远海海洋生态环境状况优良，近岸海域海洋环境状况处于亚健康状态。其中陆源污染物排海是造成盐城海域污染的主要原因。为此，盐城提出了针对性措施。

首先是加强对陆源污染源和海岸工程污染防治，并逐年削减工业废水主要污染物入海排放总量；同时加强城市污水处置能力，提高城市污水的综合整治水平；农业生产方面也积极推广无公害生产技术，减少化肥、农药的投放量，大力度、全方位地减少污染物入海。此外，坚持最严格的海洋执法，开展"海盾""碧海""护渔""打非治违"等专项行动，严厉打击非法用海、违法倾废、非法捕捞等各类违法行为。2010年以来，COD及氨氮总排放量逐渐减小，至2014年分别降至15.39万吨、1.90万吨（见图8-6）。2014—2015年，盐城市计划投入资金70.2亿元，用于全市沿海开发生态环保类重点工程项目的建设。资金的大量投入，撬动起资本的魔力，为生态环境改善注入源源不断的动力。

### 3. 黑臭河流整治

临海的地理区位及境内丰富的水资源，让盐城看起来环境容

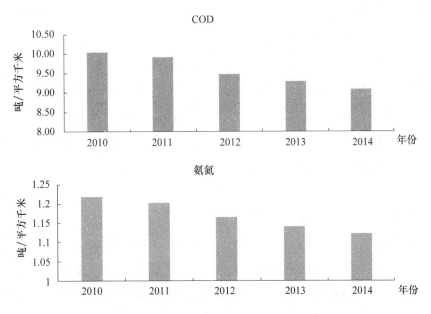

图 8 - 6　2010—2014 年盐城 COD、氨氮单位面积排放量

量较大，而实际上还比较脆弱，且历史遗留问题突出，环境保护的压力不断增大。基于特殊的地情、水情，盐城始终把水环境治理作为重要内容来抓。到 2014 年，盐城有 310 个村庄建有污水处理设施，乡镇污水处理厂 77 座；11 个纳入国家和淮河流域水污染防治规划的污水处理厂全部投入使用。

　　江苏省环保厅公布的 2014 年全省整治未达标河道共有 63 条，盐城也有河道在其中。2014 年，盐城地表水 62 个功能区断面水质达标率为 98.4%，其中，Ⅲ类水质的断面数为 37 个，占总数的 59.7%；Ⅳ类水质的断面为 23 个，占 37.1%；Ⅴ类水质的断面为 2 个，占 3.2%；无劣Ⅴ类水质断面。尽管如此，盐城市从未停止城市河流环境综合整治，为居民打造清水环境的步伐。2014—2015 年，市区核心区计划实施 38 条（段）河道整治。其中，市本级实施整治利民河、东伏河两条河道，总长 16.57 千米；亭湖区实施整治朝阳河等 9 条河道，总长 13.75 千米；盐都区实施整治前进河等 11 条河道，总长 39.99 千米；城南新区实施整治向阳河等 16 条河道，总长 44.49 千米，总投资约 11.5 亿元。目前，市区河道的黑臭现象得到初步治理，水环境质量明显好转。总体上，围绕"路通岸绿、截污水清"的要求和"三年基本改观、五年彻底根治"的目标，拆违、清淤、截污、绿化、净化等，盐城市河道整治正在抓紧推进，争取以最快的速度还居民一个更加纯净的水生态环境。

### 五　清洁土壤支撑健康产品

美丽国土不仅仅指的是环境美，还应当包括土壤质量的优化和提升。盐城市在江苏省农业生产中扮演着重要的角色，为了保障农业生产的质量，对当地土壤质量也提出了更高的要求。

#### 1. 土地质量维护确保农业生产安全

土地质量的维护，一方面要对新增土壤污染物进行控制；另一方面对现有土地需要注重生产力的培育和提升。

严格执行国家政策。盐城市将土壤质量作为关键来抓，严格执行国家规划环评和项目环评有关政策，强化规划环评和排放重金属、有机污染物工业项目土壤环境影响评价，对耕地和集中式饮用水源地等土壤环境保护优先区域，从严控制项目建设。

建立土壤修复机制。通过编制全市土壤污染防治规划，重点修复持久性有机污染物、重金属、危险废物污染场地，并建立优先修复污染土壤清单，开展污染场地治理和修复试点工作，强化土壤污染防治技术研究和修复技术储备，形成了比较规范的土壤修复工作方法和长效机制。

建立监管体系。盐城市注重土壤环境监管能力建设，配备土壤环境监管专职人员，建立起较为完善的土壤环境监测体系。2015 年，盐城市预计形成土壤环境常规监测能力，完成 1—2 个土壤修复示范工程。

### 2. 生态农业提升农产品品质

作为江苏省农业大市，盐城市尤其关注农业生产与土地质量之间的联系。农业生产过程中化肥的施用会对土地质量产生显著的影响，农药、化肥的过度使用，是引起各界普遍担忧的生态难题，盐城市因此提出并实施农药化肥减量工程。盐城通过引导农村土地流转和农民合作，发展农业规模经营，大面积推广测土配肥，大力推广绿色防控技术。2014—2015 年每年实施测土配方施肥 1600 多万亩次，推广应用配方肥 960 多万亩次，应用配方肥 12 万吨（折纯）。2013—2015 年，全市化肥使用量递减 5.5 万吨，农药持续递减 2479 吨，有效地减少化肥农药对大气、土壤和水的污染。

生态好了，盐城大力推进无公害、绿色、有机食品（以下简称"三品"）示范基地建设，"三品"认证数量和"三品"基地占耕地比重均居江苏省前列。在近 2013—2015 年江苏省农产品质量安全年度综合考评中，盐城市获得两次一等奖和一次二等奖的好成绩。在全省农产品质量例行检测中，盐城市农产品检验合格率均保持在 97.5% 以上。2013 年盐城代表江苏省接受农业部例行监测，合格率位居全国前列，农业部陈晓华副部长专门致函江苏省和盐城市有关领导，充分肯定江苏省以及盐城市的农产品质量安全建设工作。

## 第二节　以用途管制筑生态安全

城市扩张是城市化进程中日益凸显的问题，为城市"划界"能有效遏制"大城市病"，生态红线的划定对于优化国土空间开发布局具有重要意义，其中基本农田保护红线更是生命线。盐城市认识到国土空间开发布局的重要性，非常珍惜自然馈赠的优越生态环境，积极划定"三条红线"，管控区域范围。盐城也非常重视对国土空间和生态环境在开发中的保护，不仅为城市发展添绿，也为市民创造了一个宜居的生活空间。

## 一　划定国土开发"天花板"

国土是宝贵的发展资源，也是生态文明建设的空间载体。2014年11月，国土资源部、农业部公布《关于进一步做好永久基本农田划定工作的通知》，这一划定工作将与城市开发边界的红线和生态保护红线划定协同开展，形成了三条红线"三位一体"开发格局。

### 1. 重视控制国土开发强度

经济发展和城市化的推进伴随着建设用地的扩张，为了维护生态安全，实现可持续发展，建设用地占国土空间的比重应当维持在合适的范围之内。国际上普遍认为，建设用地占国土面积的比重超过30%将威胁到人类的生存环境，控制国土开发强度的重要性得到越来越多的强调。2013年年底，江苏省土地开发强度已达到25%，在全国范围内处于前列。对于江苏省尤其是苏南地区而言，用地控制任务尤其艰巨。

通常而言，建设用地的开发强度和经济发展水平呈现出明显的正相关，然而盐城市经济总量在苏北地区位居前列，但是建设用地的开发强度始终维持在较低水平（见表8-1）。

表8-1　　　　　"十一五"以来江苏省各市国土开发度　　　　单位:%

| | 2006年 | 2007年 | 2008年 | 2009年 | 2010年 | 2011年 | 2012年 | 2013年 |
|---|---|---|---|---|---|---|---|---|
| 苏南 | 22.59 | 23.23 | 23.82 | 26.00 | 26.77 | 27.37 | 29.77 | 31.17 |
| 苏中 | 16.85 | 17.11 | 17.38 | 18.30 | 18.76 | 19.01 | 21.29 | 22.24 |
| 苏北 | 16.23 | 16.36 | 16.52 | 17.85 | 18.08 | 18.23 | 20.59 | 21.50 |
| 省均 | 18.82 | 19.18 | 19.53 | 21.09 | 21.58 | 21.92 | 24.28 | 25.39 |
| 盐城 | 13.35 | 13.53 | 13.70 | 15.35 | 15.72 | 15.96 | 17.28 | 18.11 |

资料来源:《江苏省绿色发展报告》，南京大学江苏绿色发展研究基地，2014。

由表 8 - 1 可知，江苏省国土开发度苏南 > 省均 > 苏中 > 苏北 > 盐城，盐城的国土开发度远远低于全省的平均水平。绿色发展的理念和途径使得盐城市在经济发展的效率上实现了长足的进步，有效降低了发展对于用地量的需求，释放出了土地更大的潜能。同时，建设用地开发强度的控制也为土地生态功能的发挥留出了更多的空间。

**2. 科学规划城乡空间布局**

城市的出现是人类走向成熟和文明的标志，也是人类群居生活的高级形式。盐城在城市发展中，坚持以科学规划的引领力为城市"划界"，为推进绿色发展、建设生态盐城夯实了重要基石。

城市空间的合理布局，可以使城市规模结构更加协调，有利于进一步推动城市化健康发展。当前，盐城发展正站在新的起点上，进一步优化区域空间布局，彰显城市特色和优势，切实提高城市品质。盐城应对新形势下的发展要求，对市域面积按照禁建区、限建区、适建区以及已建区进行了合理的规划和分类划分，其中禁建区 1024.9 平方千米，占规划总面积比例为 48.3%，其中水面 87.0 平方千米，占规划总面积 4.1%；限建区 704.5 平方千米，占 33.2%；适建区及已建区共 392.6 平方千米，共占规划总面积的 18.5%。由此可见，禁建区和限建区的面积之和占规划总面积的比例为 81.5%，明显高于江苏省限制开发区域（农产品生产区）占全省面积 63.1% 的比例。同时，盐城还超前规划 2030 年市域城乡总建设用地规模不超过 1620 平方千米。城乡用地规模的限制，为盐城绿色发展奠定了坚实基础。

**3. 自觉提高生态红线规模**

按照"保护优先、合理布局、控管结合、分级保护、相对稳定"的原则，2012 年江苏省全面启动生态红线划定工作，并于 2013 年 8 月 30 日印发了《江苏省生态红线区域保护规划》。

　　盐城市贯彻江苏省委省政府部署，在尊重自然环境分异规律的基础上，综合考虑流域、区域间生态环境的互补作用，按照保障生态安全的要求划定不同区域类型的主导生态功能，通过叠加分析综合形成区域生态红线，科学合理确定保护区域。盐城共划分9类92个生态红线保护区域，其中7类为省级生态红线划分的自然保护区、风景名胜区、森林公园、饮用水源保护区、洪水调蓄区、重要湿地、清水通道，2类为新增的生态公益林、生态绿地（高速、国道、铁路两侧）。盐城省、市级生态红线区域达3988.74平方千米，占土地面积的23.50%，陆域受保护面积在江苏省最多。其中，一级管控区面积941.36平方千米，占全省一级管控区面积的30.28%，占全市土地面积的5.54%；二级管控区面积2925.98平方千米，占全市土地面积的17.24%，三级管控区面积121.4平方千米，占全市土地面积的0.72%。海域生态红线面积389.54平方千米，为二级管控区，占全市海域面积的2.06%。

　　盐城市不仅生态多样性强，而且环境的脆弱性也更高，其特殊的生态资源禀赋，对保护和管理的要求远高于其他城市，因此在生态红线划定的过程中尤其需要强调各方面的协调和配合。

　　从自然保护区功能区划看，盐城市拥有湿地珍禽国家级自然保护区及麋鹿国家级自然保护区，总面积2472.6平方千米，其中核心区面积226.0平方千米，缓冲区面积567.4平方千米，实验区面积1679.2平方千米。保护区面积占市域面积14.6%，核心区占1.33%；保护区面积占全省生态红线区域的10.3%，核心区及缓冲区（一级管控区）合计占全省一级管控区的25.5%。显然，盐城对江苏省生态环境的贡献是十分巨大的。

　　4. 合理划定基本农田规模

　　2014年，国土资源部、农业部联合下发了《关于进一步做好永久基本农田划定工作的通知》，要求在已有划定永久基本农田工作的基础上，将城镇周边、交通沿线现有易被占用的优质耕地优先划为永久基本农田，最大限度地保障粮食综合生产能力，确保实有耕地面积基本稳定和国家粮食安全。做好这项工作是贯彻落实"十分珍惜、合理利用土地和切实保护耕地"基本国策和国家粮食安全战略的基本要求，是贯彻落实国家新型城镇化战略、生态文明战略的重要举措，以及尽职尽责保护耕地资源的重要任务。

盐城市是农业大市，是江苏省最大、全国重要的农副产品生产基地。这几年，盐城市基本农田总量基本稳定，耕地面积保持在8353.3平方千米（1253万亩）以上，2013年达到8373.3平方千米（1256万亩），总体稳定。2014年，盐城市耕地实有量8366.7平方千米（1255万亩），占全市面积的49.4%，占全省面积的17.6%，基本农田7660.0平方千米（1149万亩），均超过江苏省下达的保有量目标。

**二　保育"海水林田湖"生命共同体**

习近平总书记就《中共中央关于全面深化改革若干重大问题的决定》，在十八届三中全会上作说明时，提到"我们要认识到，山水林田湖是一个生命共同体"。而在盐城，海、水、林、田、湖是一个生命共同体，构建盐城市自然生态系统，这是盐城市实现可持续发展的核心要素，也是盐城市绿色发展的本钱，既要珍惜保护，又要优化发展这一生命共同体。

**1. 生态蓝道串通城市"肌体"**

盐城市境内河流众多，水网密布，素有水乡的美誉。纵横交错的水路，打通了盐城生命共同体的脉络，形成了盐城一张生态网。

水可以为一个城市增添活力，蓬勃发展中的盐城也为水网注入了活力。境内主要河流有新洋港、蟒蛇河、串场河、皮岔河、小洋河和通榆河等，构成了盐城主要的生态水脉。大洋湾是盐城市中心最主要的湿地，市域西部大纵湖、九龙口、马家荡等典型的潟湖型湖荡湿地，水域面积近百平方千米，东部滨海湿地面积更为广阔。以河流为脉络，以湿地为节点，构成了盐城典型的水网景观城市格局。

在绿色盐城建设中，盐城开展了"一河十园"建设，建设河道生态长廊；实施了总投资达26亿元的串场河景观带建设工程，新建十大公园绿地；并将76平方千米的丹顶鹤湿地生态旅游区列入城市规划区加以控制，打造城市特色。同时，对通榆河、新洋港、蟒蛇河、串场河等两侧生态绿带进行建设，构筑了水绿伴行的生态框架。通过实施河坡生态养护、滩涂植被恢复、湿地公园和湿地保护区建设，以及退耕退渔退养、还林还湖还湿，逐步修复退化湿地，不仅增强了生态自然修复功能，还提高了自然湿地保护率。此外，还对灌河生态联系通道、苏北灌溉总渠及古黄河生态联系通道、射阳河—嘎粮河生态联系通道、黄沙港生态联系通道、新洋港—蟒蛇河生态联系通道、斗龙港生态联系通道、东台河生态联系通道7条海陆生态联系通道进行了规划建设，将内陆生态绿心、生态城市与沿海生态绿心，沿海与内陆生态资源联系起来，共同营造一个"岸绿、水清、景美"的滨水生态景观。让人们感受绿海无边、水清岸绿的特色水乡风情。

## 2. 生态绿道拱卫美丽盐城

"城市绿色通道"是建设一个地区绿化的重要"窗口"，是城市的第二张生态网。近年来，盐城掀起了造林绿化工作绿色浪潮，绿色通道、绿色沿海、绿色城镇等方面建设进程不断加快。其中，绿色通道建设围绕市区、县城、园区和重点骨干街道、重要路口节点，主要高速、省道，实现道路景观化、绿色化。道路绿起来了，整座城市也就被绿色串起来了。

盐城初步形成以海堤、河堤、绿色通道防护林带为骨架，以高标准农田林网为网络，以城镇森林、大面积成片林为节点，以经济林相配置的森林生态防护体系。2013 年，盐城市区共投入资金近 5 亿多元，建成了世纪大道、开发大道、新都路、希望大道、机场路等高标准的景观大道，新增加公共绿地 200 多公顷。2014 年，又投入绿化资金 4 亿多元，完善提升了大马沟生态公园、大洋湾体育生态公园、城南农业示范园、串场河风光带、小洋河风光带等一大批城市绿化景观，新增加公共绿地 2.2 平方千米。

盐城城市绿化建设成效显著，并呈现出良好的发展态势。目前，全市"一纵一横一联"高速公路和"三纵八横"干线公路生态网架初步形成，正在重点实施临海高等级公路、国道、省道等绿色通道完善和景观提升工程，将新建省级公路同步建成高标准绿色通道，其中高速公路绿色通道 320 公里、干线公路绿色通道 1000 公里。此外，全面实施环市区 88.3 公里高速圈绿化提升工程。

### 3. 绿色海洋拓展大美盐城

海洋是盐城最大的资源优势、发展优势，保护好海洋生态是推进海洋绿色发展的迫切需要和历史责任。盐城海域面积与陆地面积相当，沿海滩涂面积占全国滩涂面积的 14%，且每年还以约 13 平方千米的速度向外淤长，是东部沿海最具潜力的土地后备资源。2012 年盐城匡围 266.7 平方千米（40 万亩），到 2020 年将匡围 923.3 平方千米（138.5 万亩）。

但是，盐城海洋资源也很脆弱，开发使用过程中难免会对海洋自然岸线、海域功能和海洋生态环境造成损害，所以要紧抓岸线保护，尤其对北部侵蚀性海岸，按照抗御 50 年一遇高潮加 10 级风浪防潮标准，对海堤进行维护，建设高标准海堤防护工程。同时，对滨海鸟类、湿地植被等保护区的范围和功能，按照"动态保护、科学保护"的原则，以生态演替的自然规律进行相应调整，加强沿海滩涂宜林荒地荒滩开发，充分挖掘造林潜力空间，大力推进沿海生态防护林建设，建成功能完备的沿海生态防护林体系。随着"一带一路"和江苏沿海发展等国家战略的实施，盐城确立了建设海洋强市的奋斗目标，并以创建国家生态文明示范区为抓手，积极打造沿海"绿色经济群"和"蓝色经济带"，协同推进海洋经济发展和海洋生态保护，积极探索海洋绿色发展的科学路径。同时，积极组织开展海洋渔业资源增殖放流和海岸生态修复工程，维护和恢复海洋生态环境。

### 4. 金沙湖里淘绿色

盐城市属经济后发地区，长期以来环境保护欠账较多，环境设施建设基础薄弱，给水环境治理工作带来了难度。尽管如此，盐城市克服困难，坚持不懈努力，打造了一批水环境生态精品，金沙湖就是其中的典型。

金沙湖原是一条长达 7 千米、幅宽 1.5 千米、呈东南—西北走向的黄沙岗，具有人文荟萃、物产丰富、风光秀丽、遗迹较多、文化底蕴丰厚的旅游资源。20 世纪 70 年代，这里创办了阜宁县唯一合法的采砂企业——施庄砂矿。经过 30 多年的开采，矿区不少地方形成了一片汪洋，昔日被人们称为"花生香，梨子甜，黄沙又卖钱"，流金淌银的黄沙岗不复存在。群众从土地中获得的收益急剧下降，成了制约当地经济社会发展的瓶颈。

为开发利用这片蕴含独特资源禀赋及深厚历史底蕴的土地，从 2013 年开始，阜宁县着力实施"三大工程"，大力推进金沙湖生态建设。

一是主湖区整理工程。对金沙湖主湖区 240 万平方米湖面清杂换水和湖底清淤，同步实施了游艇码头、沿湖生态植被护坡等项目建设。

二是生态氧吧工程。完成了省道 329 绿色生态景观大道建设，并实施了两个林业村千亩氧吧建设工程，种植了大量各类苗木花卉，增强了景观性。

三是环湖绿化工程。对金沙湖环湖路和浴场景区的绿化进行提升，新增绿地 20 万平方米，实现了月月有花、季季有果、常年有绿，达到移步异景、步步成景，增强了景区的观赏性、生态性，实现了景区景观化、园林化。

金沙湖的成功是湿地保护与恢复相结合，生态重建与资源利用相结合，努力开发生态农业与积极开发湿地旅游相结合，人造自然景观与挖掘源于湿地的人文资源相结合的湿地生态系统水环境整治的典范。金沙湖已获得多项殊荣，如"中国体育旅游精品推荐项目""江苏省特色类体育产业基地""江苏省级旅游度假区""中国最令人向往的地方""江苏省十大旅游避暑胜地"、江苏省首批"水美乡镇"称号，还荣膺国家 AAAA 级旅游景区、全国十佳生态旅游示范景区等。金沙湖实现了人与自然和谐相处的美好愿景，更好地展示了绿色发展的成果。

### 三 严管国土开发"三条红线"

盐城在新常态下，坚持生态优先，适度开发，寻求开发空间和生态空间的协调，其实就是寻求人与自然之间和谐共存的模式，开发强度的控制势必为盐城市生态安全格局的构筑打下坚实的基础。

#### 1. 管控城市发展边界

为进一步优化国土空间布局和形态，按照经济合理布局的要求，规范开发秩序，落实用途管制，形成高效、协调、可持续的国土开发格局，推进市、县（区）空间"一张图"管理。

集约利用，提高土地使用效率。优化城乡建设用地结构，促进城乡建设用地合理布局。严格控制建设用地总量和新增建设用地规模，严格执行各类各行业用地标准。积极盘活存量建设用地，充分利用低效用地和闲置土地。加强农村建设用地整理，全力推进城乡建设用地增减挂钩工作。强化土地利用总体规划和年度计划对新增建设用地规模、结构、布局和时序安排的约束作用，抑制土地粗放低效扩张，促进内涵集约型增长。

统筹区域，保障重点项目用地。通过土地利用功能分区，合理确定各个区域的产业发展导向与管制原则，实行分类指导的差别化土地利用政策。优先保障交通、水利、能源等重点基础设施工程的合理用地需求，提高整体效率和保障能力。

生态优先，优化国土空间开发。不断提高单位土地投入产出效率；实施主体功能区战略，使区域空间开发和产业布局符合主体功能区规划、生态功能区划和环境功能区划要求，推进形成主体功能区定位清晰和人口、经济、资源、环境相协调的城乡建设与国土开发格局。

## 2. 严守生态红线

生态红线是区域生态安全的底线，对维护国家和区域安全及经济社会可持续发展，保障人民群众健康具有重要意义，因此必须严守这条"生命线"。

为了加强资源管理的针对性和专业化，盐城市出台《盐城市生态红线区域保护监督管理办法》。首先明确不同主体在生态红线相关区域管理中的责任。其次根据生态保护的重要性及监管需求，生态红线区域内部实行分区管理，实行差异性管控措施，并要求相关职能部门依照各自职责及相关法律、法规，对主管的生态红线区域依法进行管理、监督和考核。同时，各生态红线区域具体管理机构负责生态红线区域的日常管理和保护工作。

在生态补偿制度的完善上，盐城市也加大了力度。建立健全生态补偿制度，在严格执行《江苏省生态补偿转移支付暂行办法》的基础上，出台《盐城市区生态红线转移支付暂行办法》等文件，市级财政拨付专款用于大市区生态红线区域补偿，做到应补尽补、以效定补、公开透明，确保生态资源得到有力保护、有效利用、有序开发。严格执行《江苏省生态红线区域保护规划》，制定生态补偿等配套政策，加强管控力度，切实把生态红线区域保护好、管理好，努力建设天蓝、地绿、水净、气爽的美丽盐城，促进经济社会全面协调可持续发展。

盐城市受保护地区面积占国土面积的比例不断提高，各县（市、区）受保护的面积均达20%以上，形成了满足生产、生活和生态空间基本需求，符合盐城实际的生态红线区域空间分布格局，确保具有重要生态功能的区域、重要生态系统以及主要物种得到有效保护，提高了生态产品供给能力，为盐城市生态保护与建设、自然资源有序开发和产业合理布局提供了重要支撑。

**3. 盘活存量土地，严守耕地红线底线**

盐城按照扎实开展土地综合整治，"管理有创新、质量有保证、资金有保障"的要求，坚守耕地红线，严格加强耕地保护，实现保有量、质量、产量"三量"提升。

近年来盐城共改造中低产田953.3平方千米（143万亩），建设高标准农田313.3平方千米（47万亩）；开发复垦整理土地1283.3平方千米（192.5万亩），新增耕地288.0平方千米（43.2万亩），为耕地占补平衡作出了贡献。同时，新建和完善农田林网1000.0平方千米（150万亩），成片造林面积913.3平方千米（137万亩），进一步保护了耕地。仅2014年就投入资金23.94亿元，组织实施各类土地整治916.5平方千米（137.47万亩），新增耕地37.4平方千米（5.61万亩）；实施了84个高标准基本农田建设项目，建成标准基本农田747.3平方千米（112.09万亩），超省下达720.0平方千米（108万亩）建设任务，"十二五"以来累计完成高标准基本农田建设2066.7平方千米（310 万亩），总量居全省第一位；开展耕地后备资源调查，查清全市预新增耕地 405.9 平方千米（60.89 万亩）。

此外，盐城市还积极创新思路，努力拓展土地资源。与国土资源部、省对接沟通，成为国家级工矿废弃地复垦利用试点市，获批 3.0 平方千米（4500 亩）土地规模；积极策应沿海开发，制定完成沿海滩涂开发试点工作方案并报省审批；选取建湖、阜宁、射阳三县为试点，开展同一乡镇范围内村庄建设用地布局调整试点工作，提升土地利用效益，为全市发展村镇经济、全民创业打下良好基础。

实施"慧眼守土"，确保红线管理落到实处。全市利用互联网技术，通过视频将国土资源的实时现状与后台国土资源数据库及管理平台联系，达到国土资源在线管理，改变传统管理方式，不但节约人力财力，重要是提高国土资源利用及管理决策的精准度和效率，同时形成土地资源的大数据和动态历史档案，以管理方式转变促进国土资源利用方式的转变。此项创新，获得国家知识产权证书，得到国家重视，全省正在全面推广。

## 第三节　以生态伦理续自然瑰宝

生态伦理是人类处理自身及其周围的动物、环境和大自然等生态环境的关系的一系列道德规范。盐城市站在生态文明统领、内外利益统筹、开发保护统一的高度，形成了以自然保护区为主体，坚持管护为中心、科研为支撑、社区为载体、宣教为平台、文化为灵魂，地方党委政府积极支持、社区群众共同参与、整个社会自觉行动的一种生态资源保护格局。

### 一　无愧"东方湿地之都"

湿地是自然界最具备生物多样性的生态景观和人类最重要的

生存环境之一，被称为"地球之肾"。盐城湿地面积广阔，类型多样，拥有太平洋西岸最大、最完好的滩涂湿地，是大自然的馈赠，是世界湿地生态系统研究的样本。

## 1. 与世界湿地之都的比较

荷兰国土总面积 41864 平方千米，地处莱茵河、马斯河和斯凯尔特河三角洲，西、北濒临北海，海岸线长 1075 千米。"荷兰"在日耳曼语中叫尼德兰，意为"低地之国"，全境为低地，1/4 的土地海拔不到 1 米，沿海有超过 1800 千米长的海坝和岸堤。13 世纪以来共围垦逾 7100 平方千米的土地，相当于全国陆地面积的 1/5。特殊的生态条件使得荷兰具有多样化的自然和半自然生态系统，湿地资源尤其丰富，是许多鸟类迁徙线路的交会点，名副其实的"湿地之都"。

盐城市与荷兰在地形、地貌、气候、人口密度等方面具有极大的相似性。盐城地处中国东部沿海，长江三角洲北翼，是江苏省面积最大的地级市。地势平坦，河渠纵横，地势最高处海拔 4—6 米，苏北灌溉总渠以南到斗龙港以北地区为低洼地带，平均海拔在 2 米以下，根据成因地貌上分为里下河平原、黄淮平原和滨海平原三种类型。盐城拥有江苏省最长的海岸线、最大的沿海滩涂、最广的海域面积，海岸线占全省 56%，沿海滩涂总面积占全国的 1/6、全省的 67%。盐城也是丹顶鹤的家园、麋鹿的故乡，在沿海滩涂上建有丹顶鹤和麋鹿两个国家级自然保护区，60% 的世界野生丹顶鹤和 30% 种群数的麋鹿生活在这片乐土。盐城生态资源丰富且独特，同时具有海岸滩涂、湖泊和河流这三种湿地，盐城沿海滩涂珍禽国家级自然保护区已被列为联合国人与自然生物圈成员，盐城市被誉为"东方湿地之都"。

表8-2　　　盐城市与荷兰的基本自然、社会经济条件比较①

| 主要指标 | 盐城 | 荷兰 | 备注 |
|---|---|---|---|
| 气候类型 | 暖温带（北部）、亚热带（南部）季风气候 | 温带海洋性气候 | |
| 面积（平方千米） | 17000 | 41864 | 盐城滩涂面积4550平方千米 |
| 人口（万人） | 816 | 1680 | 2013年统计数据 |
| 人口密度（人/平方千米） | 480 | 407.5 | |
| 海岸线长度（千米） | 592 | 1075 | |
| 围垦面积（平方千米） | 10000（11世纪以来）<br>1432.4（1949—2012年） | 7100（13世纪以来） | 盐城数据来自李富荣等（2013），荷兰数据来自百度网 |

## 2. 孕育世界级品质的生态资源

盐城沿海滩涂湿地是太平洋西海岸亚洲大陆边缘面积最大、原始生态保持最完好的湿地，造就了盐城独一无二的世界级品质的生态资源。

盐城湿地属于暖温带禾草、杂草类盐生草甸，其群落由专性盐生植被和兼性盐生植被组成，随着沿海滩涂的淤蚀变化，湿地植物进行相应演替，形成单优势群落，甚至为单种群落，如翅碱蓬大面积分布组成艳丽夺目的鲜红群落，就像红色草皮铺在白花

① 左平：《江苏盐城滨海湿地生态系统与管理：以江苏盐城国家级珍禽自然保护区为例》，中国环境出版社2014年版。

花的盐渍土上，构成滨海盐渍区特殊的自然景观。盐城滩涂湿地
为研究这一现象的规律提供了一个完整的断面和标准的样本，是
难得的绿色研究的宝贵资源，对于全球生态保护和生态系统研究
有极为重要的意义。

不仅如此，盐城还集海洋、滩涂、森林、草原、河流、湖
泊、沼泽及珍稀动植物于一体，置身其中，让人感到既有大海的
浑厚、滩涂的广阔、沙洲的雄奇，又有草滩的清远、雾霭的飘
逸、森林的诡秘。

### 二　珍禽天堂、麋鹿乐土

盐城大地是"鸟的天堂""麋鹿的故乡"，这里拥有世界上
第一个野生麋鹿自然保护区、国家级珍禽丹顶鹤自然保护区，生
物的多样性在这里诠释着人与自然的和谐画面；坚贞的爱情鸟与
奔放的"四不像"相得益彰，自然法则得到了最好的尊重与
显现。

#### 1. 自然恩赐多样珍稀物种

盐城市独特的滩涂资源使得当地成为国内甚至是世界罕见的
珍禽、麋鹿栖居地。盐城湿地珍禽国家级自然保护区地处江苏中
部沿海，是我国最大的淤长型海涂湿地自然保护区，也是我国最
大的海岸带保护区。麋鹿国家级自然保护区位于江苏省东部大丰
区境内的黄海之滨，以保护麋鹿及黄海湿地生态系统为主，是全
球面积最大、种群数量最多的野生麋鹿园，2002年被列入国际重
要湿地名录，是我国第二批获得湿地公约认可的国际重要湿地。

湿地珍禽国家级自然保护区内生物多样性丰富，有各类动物
超过2000种，其中鸟类402种；有国家一级重点保护的野生动
物丹顶鹤、白头鹤、白鹤、东方白鹳、黑鹳、中华秋沙鸭、遗
鸥、大鸨、白肩雕、金雕、白尾海豚、白鲟、中华鲟和麋鹿共计
14种，国家二级重点保护野生动物有80多种。保护区内已有36

种鸟类被列入世界自然保护联盟（IUCN）的濒危物种红皮书中。每年冬春有600—1000只左右的丹顶鹤（占世界野生种群的40%—65%，中国种群的90%）在保护区滩涂越冬。每年春秋有超过300多万只鸻鹬类鸟迁飞经过，有近百万只水禽在保护区越冬。可见，盐城是连接不同生物界区鸟类的重要环节，是拯救一些濒危物种的最关键地区，是生物多样性十分丰富的地区之一。

麋鹿国家级自然保护区拥有兽类27种、两栖爬行动物27种、鱼类156种、鸟类315种、昆虫599种，浮游动物90种，植物499种。除麋鹿外，被列入国家一级、二级保护动物的还有丹顶鹤、白鹳、大白鹭、黑嘴鸥、河麂、狗獾等30多种，列入《中日候鸟保护协定》的鸟类有93种。保护区自麋鹿重新引进后，麋鹿由1986年的39头，发展到2014年的2360头，其中野生种群235头，创造了三个"世界之最"，即最大的麋鹿自然保护区、最大的麋鹿种群、最大的麋鹿基因库。突破了1000多年以来世界上没有野生麋鹿群的历史，标志着中国野生动物保护事业进入了新领域，为人类拯救濒危野生动物物种提供了成功的范例。

### 2. 扩大珍稀物种栖息地

为保护麋鹿和珍禽（丹顶鹤）栖息地，保护区加强生态功能管制，认真实施盐城珍禽、大丰麋鹿保护区规划，严守"生态红线"。

盐城湿地珍禽国家级自然保护区自建立以来，严格贯彻执行国家、省、市有关自然保护的法律法规和方针政策，实施保护区管理办法，按照"强化核心区、优化缓冲区、调整实验区"的思路，积极推进自然保护区布局优化工作。2013年，保护区按照"严防死守，监管到位；全面覆盖，巡护保障；恢复湿地，有限利用；退渔还湿，化解矛盾"的工作思路，自主执法与联合执法并举，建立联动机制和联络员制度；建立并实行卡口—站—科管理模式；制定核心区、缓冲区巡护线路图、明确重点巡护区域，保护区精干的管理队伍，年年巡护在保护区辽阔的地域上，制止了多起破坏环境、破坏鹤类栖息地的事件，实现了核心区内连续11年无一例毒、猎杀珍禽事件发生。退渔还湿工作不断推进，在珍禽自然保护区第二轮调整中，核心区2万多亩鱼塘"退渔还湿"全部到位，人工恢复湿地近60平方千米，为丹顶鹤等水禽栖息提供了有力保障，生态工程的建立，减轻了对核心区生态资源利用的压力。

在地方政府的大力支持下，栖息地核心区面积得以确保、扩充，为珍禽、麋鹿以及其他生物的生存创造了安全、稳定的环境，珍稀动物的数量和栖息地质量有了较大的提升。保护区承担着麋鹿重引进、野生放养、行为再塑以及湿地保护的重要任务。同时，保护区加强鸟类监测和检疫工作，建立巡护巡查制度，将野生动物疫源疫病监测工作抓紧、落实。保护区麋鹿、丹顶鹤等珍稀动物及其栖息地，以及保护区内资源得到可持续发展。

**3. 注重提升科研基地的学术声誉**

珍禽和麋鹿两大保护区广泛积极地与科研机构实施合作，采取自主独立研究和与其他科研机构、国内高等院校等合作研究并进的方式，对主要保护对象丹顶鹤等珍禽、麋鹿及其栖息的湿地生态系统开展了多项研究，已取得多项研究成果，许多填补了国内外空白。

湿地珍禽国家级自然保护区开展了对越冬地丹顶鹤、獐、黑嘴鸥等的研究、驯养和繁殖以及GIS在保护区管理中的运用等课题30多项。同时开展了国际合作和交流，配合国内外科研机构和高校举行了6次国际野生动物保护培训班，并同全球环境基金、世界自然基金会、国际鹤类基金会、丹顶鹤保护国际网络、亚洲湿地局及香港、台湾等地区和组织开展了众多的国际合作项目，大大提高了盐城保护区在国际上的影响。并培养了一支保护区管理、湿地和鸟类保护与研究领域拉得出、打得响的专家型人才队伍，在国内外都享有较高的知名度，同时成为大专院校和国内外研究机构的研究实习基地。

麋鹿国家级自然保护区建立起了盐城市首家事业单位"博士后工作站"，标志着盐城市自然保护科学已逐渐形成了人才"高地"，麋鹿科研保护达到世界领先水平。大丰麋鹿保护区在各类国家级刊物上发表论文十多篇，获得省、市级科技成果奖2项，参加主持省、市级科研课题8个，湿地保护成果显著。

### 三　谱写人与自然和谐篇章

"对于一座城市而言，经济是基、文化是脉、百姓是本，而民风是魂"，盐城市市委书记朱克江如是说。对于这座东方湿地之都，生态文明建设已经成为盐城的人文风貌。盐城人在这条绿色铺就的生态之路上，昂首阔步，谱写了一曲曲人与自然的和谐篇章。

#### 1. 宣传教育伴生态文明同行

为了让盐城这份生态财富发挥更深远的作用，以江苏盐城湿地珍禽国家级自然保护区、麋鹿国家级自然保护区为平台，盐城市广泛开展科普宣传活动，如保护区拍摄的科教电影、电视片，协助多家媒体开展生态文明方面宣传教育。以"野生动植物保护"为主题的科普宣传活动，如"大丰麋鹿节"等征文、朗诵会、放幻灯片、看录像、展图片等活动，不仅宣传了科学保护知识，提高了公众的科技素质，也进一步激发了大家爱科学、爱自然、爱祖国的热情。

同时，生态旅游新项目也广泛开展，如举办"湿地观鸟、稻田摄鸟""看候鸟群飞、观夜鹭漫步""中国·大丰鹿王争霸赛""户外帐篷节"、中国丹顶鹤国际湿地生态旅游节暨第七届海盐文化节以及首届中国沿海湿地国际公路自行车赛等多项活动。2014年，盐城市荣膺"十佳绿色生态旅游城市"殊荣。生态旅游不仅为游客提供了与自然亲密接触的机会，还将人与自然和谐共处的生态观融入了整个过程中。通过人和动物之间更多的互动，唤醒社会各界对湿地及野生动物的保护意识，倡导人类尊重自然、顺应自然的生态环保理念。

此外，还建立了社会实践基地，加强对未成年人的生态文明教育。盐城市还结合世界水日、地球日、环境日、海洋日、国际湿地日、生物多样性日、保护臭氧层日等重要节日，运用群众喜闻乐见的形式，开展主题宣传教育。并设立了"盐城生态文明日"，强化了全民生态环境保护的责任意识和危机意识，积极营造了全社会共促绿色发展的良好氛围。

### 2. 打造自然保护区品牌

为适应新时代新环境要求，充分发挥保护区的生态优势，近年来盐城市加大自然保护区品牌建设力度，成效卓著。

在保护区品牌建设中，遵循"在保护中开发，在开发中保护"的理念，坚持科研开发、项目开发、产业开发、联动开发，以亚行贷款盐城湿地保护项目为依托，以政府为主体，深入推进市场化运作模式，强化属地管理责任，合力推进保护区加快发展。以中国丹顶鹤博物馆及丹顶鹤文化研究会为平台，强化重大宣传日专题活动的组织与开展，不断扩大保护区的影响力以及社会公众对生态环境保护的认知程度。依照精品化设计思路，制定完成《江苏省大丰麋鹿国家级自然保护区湿地生态景观设计方案》，设计出具有震撼性和观赏性的核心项目。加快推进麋鹿大看台等项目建设，做到情景互动，文化、科普交融。努力将两个国家级自然保护区建成生态保护和可持续发展的典范。

此前，自然保护区通过印发宣教材料，出版介绍保护区湿地及其珍稀动物的光盘、录像片等，也向人们展现出前进中的保护区朝气蓬勃、生机盎然的风貌。同时，宣教活动的开展也产生了巨大的社会效益，提高了保护区的知名度，也促进了保护区的建设与发展。尤其是珍禽保护区在协助中央电视台"走遍中国·湿地行"栏目组拍摄《与鹤共舞》专题片中，珍禽湿地入围全国

20 个"最美湿地",获特别关注奖。

### 3. 以真心爱自然

1990 年,一首以真实故事改编的歌传遍大街小巷。"走过那条小河,你可曾听说,有一位女孩,她曾经来过;走过那片芦苇坡,你可曾听说,有一位女孩,她留下一首歌……"

这首歌讲述的是驯鹤姑娘徐秀娟的故事。徐秀娟出生于黑龙江省齐齐哈尔市一个满族渔民家庭,在家庭环境的耳濡目染之下,她从小就与动物结下了不解的情缘。17 岁就跟随父亲徐铁林来到扎龙自然保护区养鹤。她单独饲养的幼鹤成活率达到 100%。国家领导人来保护区视察,曾观看徐秀娟的驯鹤表演。1986 年 5 月,徐秀娟大学毕业后,离开家乡,来到江苏盐城滩涂珍禽自然保护区工作,其撰写的论文受到专家的好评。1987 年 9 月 15 日,也就是徐秀娟在盐城工作了一年零四个月的一天夜晚,她为了寻找一只走失的天鹅而牺牲在复堆河中。

徐秀娟是我国环境保护战线第一位因公殉职的烈士,她将 23 岁的青春年华,献给了一生热爱并为之呕心沥血的养鹤事业。她的精神留在了盐城。如今,在盐城这片土地上,生活着许许多多奋斗在环保一线的工作者。正是这种对自然的爱,对天人和谐的追求使得自然的瑰宝得以延续和永存。

## 第四节    以绿色开发促沿海崛起

打绿色牌,算绿色账,走绿色发展之路,越走路越宽,越走心越甜。这是盐城人在沿海开发中发自肺腑的心声。盐城市沿海空间大、海岸长、土地广、资源丰,全境 680 万亩滩涂是江苏沿海的"新大陆",且每年都在向东淤长拓展。可以说,盐城发展的希望在沿海,沿海崛起的钥匙是绿色开发。盐城市先后抓住沿海开发和"一带一路"国家战略契机,高起点谋

划，高标准实施，高水平开发，在绿色发展之路上策马扬鞭，
奔腾前行。

### 一 沿海开发：创绿色发展新道路

#### 1. "一带一路"，开辟沿海开发新天地

2013 年 9 月，习近平主席在哈萨克斯坦发表重要演讲，首次
提出了共同建设"丝绸之路经济带"的战略倡议；同年 10 月，
习近平主席在印度尼西亚国会发表重要演讲时明确提出，共同建
设"21 世纪海上丝绸之路"。

盐城市地处"一带一路"的"交会点"地区，"一带一路"
国家战略为盐城市的沿海开发提供了新的历史机遇，也提出了更
高的要求。借这股强劲的东风，盐城市充分发挥海域广、岸线
长、滩涂多、成片建设用地大等优势，积极主动作为，探索绿色
发展路径，加快港口、产业、城镇发展步伐，促进由"东向出
海"向"东南西北"全方位开放格局的转变，全力打造江苏沿海
"一带一路"先行示范区。具体做法可总结为"三大策略"：一
是举全市之力强化盐城港"一港四区"建设，对接"21 世纪海
上丝绸之路经济带"；二是发挥盐城港作为连云港组合港的优势，
主动对接欧亚大陆桥桥头堡，西连"丝绸之路经济带"；三是加
强海陆统筹，东出西联，打造陆海双向开放新格局。在此基础
上，构建以港口为龙头的国际大通道；实现产业升级，培育以临
港产业为支撑的沿海大经济；出台财税优惠政策，针对跨境商品
监管的海关优惠措施，吸引国内外多家行业、龙头企业走进盐
城；全面推行转型升级、创新发展。同时，借助"一带一路"带
来的时代机遇，让新兴产业、绿色产业、高新产业在盐城生根发
芽、开花结果。

"一带一路"是盐城沿海绿色发展的新机遇、新起点、新希
望。盐城市正抢抓机遇，在东西双向开放、国际大通道建设、推

动贸易便利化、完善城市承载功能、体制机制创新等多方面争取突破，不断深化盐城市与中西部、中西亚等国的合作，与欧美、日、韩等海外国家互联互通，发展共赢。2015 年 1—9 月，盐城面向"一带一路"国家地区的新批走出去投资项目 18 个，中方协议投资额 3.9 亿美元，比上年同期增长 3.3 倍，成为对外投资的新兴重点地区。

### 2. 国家战略，指明绿色发展新方向

2009 年，国务院批准通过的《江苏沿海地区发展规划》正式实施。规划指出："把加快建设新亚欧大陆桥东方桥头堡和促进海域滩涂资源合理开发利用作为发展重点，统筹城市与农村、陆地与海洋、经济与社会发展，着力优化空间布局，推进区域一体化发展，着力转变发展方式，建设资源节约型和环境友好型社会，着力保障和改善民生，加快构建社会主义和谐社会。"

《江苏沿海地区发展规划》为江苏沿海绿色开发指明了方向，目标高远，标准明确，要求严格。规划指出，在沿海开发过程中必须坚持保护环境，促进可持续发展。在发展理念上，高度重视环境保护，充分考虑资源环境承载力，推进可持续发展；在空间布局上，明确保护范围，划定重要生态功能区域；在开发建设上，提高环境准入标准，推进清洁生产，发展循环经济，加强污染治理和生态建设；在管理上，加强环境保护执法力度，严格落实环境保护政策和措施。

根据发展规划的要求，盐城沿海开发必须"立足沿海，依托长三角，服务中西部，面向东北亚"，为建设我国重要的综合交通枢纽、沿海新型的工业基地、重要的土地后备资源开发区和生态环境优美、人民生活富足的宜居区，为打造我国东部地区重要的经济增长极和辐射带动能力强的新亚欧大陆桥东方桥头堡做出贡献。

### 3. 生态引领，构建可持续发展实验区

2013 年，盐城获批国家可持续发展实验区，这是盐城市绿色发展理念、绿色发展思路、绿色发展实践的历史性起点。盐城的经验具有引领性、启示性、示范性，它不仅为盐城进一步实施绿色发展战略提供了国家级的高层次平台，也为其他地区的绿色发展提供了富有价值的启示。（见图 8 - 7）

启示之一：设计绿色发展总体思路。围绕"沿海资源保护开发与区域发展协同推进"的主题，注重绿色引领、生态特色，大力发展绿色能源产业，把生态环境优势转化为绿色发展优势，探索生态优先的绿色发展路径。

启示之二：引进绿色发展高端人才。通过沿海发展人才峰会、高层次人才创业大赛、国家专家"千人计划""515"人才引进三年行动计划等，面向海内外招才揽才，2013 年以来，全市已资助人才项目 502 个、资助金额达 6.5 亿元。

启示之三：培育绿色支柱产业。盐城着力培植培育新能源、节能环保等绿色产业。打造中国新能源汽车生产基地、国家"风电车"项目示范基地和东部沿海地区新能源汽车产业孵化基地。规模化发展"风—光互补""风—光—渔互补"特色产业，取得丰硕的成果。

启示之四：打造绿色发展基地。实施百万亩滩涂综合开发，建设国家重要的土地后备资源开发区，打响"东方湿地之都、神鹿仙鹤故乡"特色旅游品牌，建设国家级湿地生态旅游基地；组织实施农业现代化工程，发展产业优、效益高的沿海特色农业，建设国家沿海现代农业示范基地。

启示之五：营造绿色生活家园。盐城积极创建国家卫生城市、国家生态城市、全国绿化模范城市、国家生态园林城市、国家森林公园、国家湿地公园、国际花园城市、人居环境奖城市，城市公园、街道绿化、单位庭院绿化建设全面推进，全市农村环

境整治、城乡绿化建设扎实推进，盐城市区绿化覆盖率达
40.5%，生活环境更加舒适宜居。

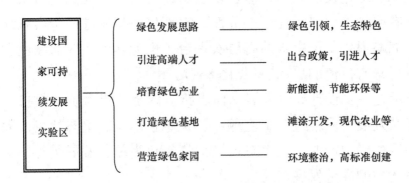

图 8-7   国家可持续发展实验区建设思路

绿色发展取得了绿色效益，绿色发展带来了绿色福祉。绿色
"红利"惠及群众，服务社会，赢得了盐城人民的满意度和幸福
感，成为盐城市沿海开发的永续动力。

## 二  "三港"联动：做绿色开发大文章

沿海开发，核心是促进沿海地区的港口、产业、城镇的发
展。其中，港口是沿海地区发展的"牵引器"，产业是沿海地区
发展的"发动机"，城镇是沿海地区发展的"服务平台"，盐城市
属于我国沿海的经济后发地区，起步迟、底子薄、经验少。所
以，在推进沿海开发国家战略之始，盐城市坚持以绿色发展为目
标，强化科学规划，优化空间开发格局，促进港口、产业、城镇
联动互进。做到港城同步，城产一体，产港互动，港产城共赢、
协调发展。

### 1. 绿色海港，昂起沿海开发的龙头

港口是沿海开发的龙头，通过港口这一"窗口"节点，外引
内联，海陆互动，可产生强大的引擎作用，带动沿海地区产业、

城镇的建设，推进沿海地区快速发展。盐城市海港建设相对滞后，但盐城人民坚信"发展不论先后，滞后不甘落后"，坚持以绿色理念为指导，以建设现代化新型绿色港口为目标，将港口资源科学布局与合理利用结合起来，将港口发展与环境保护结合起来，走出一条能源消耗少、环境污染小、增长方式优、规模效应强的可持续发展之路，最终做到港口发展与环境保护和谐统一、协调发展。

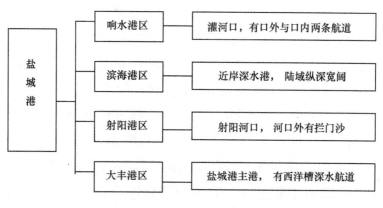

图8-8 盐城港"一港四区空间模式"

盐城港是上海港的喂给港和连云港港的组合港，空间布局表现为"一港四区"（盐城港—响水港区、滨海港区、射阳港区、大丰港区）。（见图8-8）龙头起，全盘活。为此，盐城市拿出千亿资金建成了17个万吨级码头，2015年将跻身全国亿吨大港行列。大丰港区石化码头、大件码头建成通航，扬泰宿淮地区"无水港"内陆网点全面铺开，开通国际国内航线27条；滨海港区10万吨通用码头开港通航；射阳港区建成2座万吨级码头；响水港区将2万吨级航道疏浚提升到5万吨级，构建河海一体大航道；盐城港获批国家一类口岸。

盐城历史上沿海不靠海，20年前几乎没有一个像样的海港。1990年，大丰人在滩涂浅海架起了一座栈桥直通外海西洋海槽，实现盐城人建造深水大港的梦想。大丰港区经过多年的努力，特别是在江苏沿海开发上升为国家战略之后，突出绿色港口发展，加快了港口、港区和港城的建设步伐，码头建设日新月异，开工建设15万吨级通用码头和邮轮码头，已成为盐城港的主港区。2014年，大丰港港口货物吞吐量达5103万吨，同比增长57%；三期工程集装箱粮食码头、通用码头基本建成，使大丰港万吨级以上生产性泊位由5个上升到16个，年吞吐能力逾6000万吨；开辟了8条国际轮班航线，开通了至宁波港内支线，大丰港已成为上海港的配套港，长三角北翼综合性商港。2015年大丰港的货物吞吐量将达到7000万吨，集装箱20万标箱的规模。大丰港的绿色发展，体现了沿海老垦区人想干、敢干、会干、苦干的精神，是盐城人在沿海黄泥滩上书写的一部鸿篇巨制。

滨海港具有独特的自然条件与岸线资源。滨海港深水贴岸，−15米等深线距岸仅3.95千米，是江苏沿海建设10—15万吨级以上航道码头距岸最近点。港区海域海床平稳，锚地广阔，地质构造稳定，3500平方千米海域无暗礁和辐射沙洲，直通大海；滨海港拥有丰富的土地资源，有120平方千米的低产值盐田可直接承载临港工业项目。滨海港区建设始终遵循科学发展、跨越发展、持续发展理念，坚持开发与保护并重，充分发挥区位独特、深水港口、广阔盐田的比较优势，以滨海深水大港建设为突破口，以新灌片区建设为主阵地，以临港产业发展为着力点，按照"三港联动、三产融合、三生协调"的发展思路，科学安排功能分区和用地布局，规划大载体、建设大港口、引进大项目、培育大企业、打造大产业、配套大港城，促进盐城北部区域经济高水平崛起，打造江苏沿海新的增长极，成为国家区域协调发展的重要功能区。滨海港区在港口建设上着力打造4个5万—10万吨级码头，10万吨级通用码头开港试航，滨海人在古黄河口建深水大港终于梦想成真。

依托港口资源优势，发展壮大临港产业，全面振兴临港城镇，促进港口、产业、城镇一体化发展，以港促产、依港建城、以产兴城、产城强港，使港口、产业、城镇在良性交互中获得自我提升的不竭动力。盐城的实践说明，"港产城联动"直接将港口、产业、城镇等区域经济社会发展的三大核心要素联系在一起，强调三者间的协调配合和动态平衡，并且在克服相互间负向影响的同时强化自我发展动力，是沿海一种具有旺盛生命力的区域发展模式。

**2. 绿色产业，驱动沿海崛起的引擎**

产业是沿海开发具体实施的载体，盐城市通过资源配置优化、产业结构调整、重大项目引进、产业园区建设、新兴产业打造等，进一步夯实沿海地区的经济实力，进一步促进沿海地区港口、城镇建设。按照江苏省沿海开发"六大行动计划"和《省沿海开发五年推进计划》中的重大项目要求，盐城重点发展符合国家产业政策、新兴产业发展方向、沿海经济区产业定位要求的战略性新兴产业龙头项目、特色产业行业领军项目和重大能源项目。坚持固守生态红线，坚决杜绝高投入、高耗能、高污染、低效益的"三高一低"项目。在空间分布上依托省级以上开发区，优化产业布局，形成产业集群；依托深水港口，实施节点开发，集中发展临港产业，空间上做到"产业向园区集中，园区向沿海集中"，支撑"三港联动"和港口的绿色发展。

盐城港主港大丰港，临港产业着力培植"四大产业链"：一是以100万千瓦风力发电项目为龙头，引进风力发电叶片制造、风机制造及其他配套设施制造，以及生物质柴油、生物质发电等项目，形成新能源产业链；二是以中化石化、明志石化、金浦石化、商业原油储备等项目为龙头，引进原油和液体化工仓储、催化热裂解、丙烯制造、环氧氯丙烷、氯碱化工等项目，形成石油化工产业链；三是以悦达起亚汽车零配件和金属回收再生利用项目为龙头，引进精密锻铸、粉墨冶金、机械精加工、金属材料结构处理和表面处理等项目，形成机械加工产业链；四是以神州木业为龙头，形成木业加工产业链。新兴产业蓬勃发展，特色产业令人瞩目。大丰港经济区已经形成新能源、石化与新材料、新型医药、冶金及机械制造、木材及农产品加工5大特色产业；石化产业园、生物医药产业园、海洋生物产业园、木材产业园、石材产业园等园区建设速度加快，"产业园区"逐渐成为大丰港发展的新亮点。

大丰港高举绿色发展的大旗，依托港口的节点优势，以临港产业园区为载体，积极引进发展高新产业、特色产业、科技含量高的基础产业。强力推进"三台一心"的创新平台建设，临港产业园区与国内外高等院校、科研院所等共同搭建科研平台、产学研平台、科技转化平台和现代化的产业服务中心。加快临港产业园区项目集聚，提高投资密度和投入产出效率，提升沿海临港产业区绿色发展水平，培育做大主导产业，形成一批以装备制造、新型化工为主导的特色产业园区。海水淡化示范项目基本建成；大力推广清洁能源，生物质天然气项目取得突破；引进中钢院低温还原金属冶炼技术，大幅降低能耗水平；与南京工业大学共建产学研基地和科技成果转化平台——江苏海洋产业研究院，解决了大米草综合利用的难题；加快推进青岛明月集团海洋活性物质

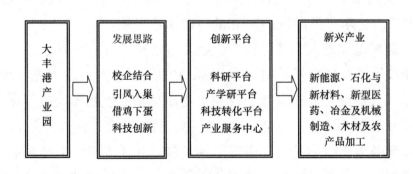

图8-9    大丰港产业园发展模式

产业化，一批高新技术成果正在快速实现转化。校企结合、引凤入巢、借鸡下蛋、科技创新，已成为大丰沿海园区绿色发展的强大推进器。（见图8-9）

**3. 绿色港城，承载沿海开发的支点**

城镇是沿海开发的支撑，城镇具有强大的辐射、集聚、协调、支撑、服务功能，具备人才、科研、信息、商业、基础设施等优势，可为沿海地区港口建设、产业发展提供强大的支撑力、推动力，促进沿海地区健康、可持续发展。盐城市在加强港口建设的同时，大力推进港城绿色发展，坚持产城融合联动，做优沿海城市形态，打造精品港口城镇，完善港城功能配套，为临港产业发展和沿海人气集聚提供支撑，取得显著的成绩。

滨海港是盐城新建港区，港城规划格外注重科学发展与绿色发展的融合。规划以滨海港镇为依托，按照"整体集中、局部分散"的思路，在主城区重点建设"一心、三片、五点"的功能空间结构。一心是指位于港城中部的行政文化核心，将建成滨海县城的行政副中心；三片是指位于景观大道南北两侧的两个居住片、位于港城东北部的公共服务功能片；五点是指为港城提供休闲和游憩的五个重要绿化空间，分别为北部的休闲娱乐公园、南部的水上公园、东部的生态湿地公园、西部的森林公园和中部的中心绿化广场。目前，港城起步区和港城连接线已启动建设。临港工业区的规划，南以北干渠为界，西以中山河为界，东以疏港

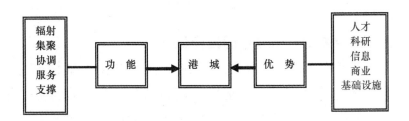

图8-10　港城功能与优势关联逻辑

铁路支线为界，规划面积约 120 平方千米。根据"能源港、产业港"的发展定位，该区将为临港产业层次的进一步提升和发展预留一定的建设用地。港城休闲旅游度假区的规划遵循"废黄河三角洲侵蚀性滨海湿地特别保护"的要求，依托黄河故道生态廊道建设和海滨自然风光，在主城区东边、黄河故道北侧建设一个平原水库和休闲旅游度假区，与港城水景交融，将其建设成彰显海洋风韵、凸显生态特色、具有现代气息的休闲之都、度假胜地。

大丰海港新城已纳入盐城沿海整体发展规划，逐步与大丰城区实现一体化。新城控制面积 20 平方千米，启动区近期规划用地约为 8 平方千米，全力打造"一湖居五区、五洲拱日月、玉带系南北、璀璨夺星光"的生态港城，加快三产服务业建设。力争 5 年内完成投资 300 亿—500 亿元，建设 50 亿元以上特大项目 2 个，10 亿元以上重点项目 20 个。已初步建成新城 5 平方千米，人口 5 万人。新城以半岛温泉酒店、莎士比亚小镇、日月湖广场等为核心的港城东区景观工程建成投入使用；大丰港国际商务大厦主体工程即将竣工；大丰港国际港务大厦封顶；星湖花园、人才公寓、诚通国际等房地产项目首开区已建成；海洋科教城已汇集了南阳中学、职教中心、江苏海洋产业研究院等教学科研机构。新城设施齐全，服务便捷、交通畅通、具有较强的集聚与支撑功能。新城环境优美，绿树成荫，湖光潋滟，空气清新，经济繁荣、社会和谐、开放文明，彰显了沿海新型、现代、绿色港城的独特魅力。

### 三　滩涂开发：构建中国沿海绿谷

盐城市拥有 1250 万亩耕地资源，过去农业基础设施总体比较薄弱，直接制约着农业产出率，使得盐城农业总量虽高，但均量较低，不能满足现代农业的发展需求。为此，盐城市提出"彰显质量特色，着力打造秀美城市和田园乡村"的总体工作要求，把建设高标准农田作为一项重要的民心工程。在沿海开发中，高标准农田项目区建设也是滩涂开发的一项重要任务。通过沿海滩涂的绿色开发，要将沿海地带建设成为江苏省的金腰带，将盐城滩涂打造成我国沿海的绿谷，将沿海农村建设成为"田成方、林成网、路相通、渠相连、旱能灌、涝能排、运得进、出得来"，"阡陌相连"的秀美生态田园新乡村。

**1. 现代＋高效＋特色，金色滩涂上的绿色开发**

沿海开发国家战略实施以来，盐城市坚持沿海滩涂绿色开发不动摇，以金色滩涂为载体，以绿色开发为目标，拓展生态农业发展新空间。市委六届六次全会提出要求："加快推进农业高效化，根据市场供求关系，依托农业资源禀赋，推进农业结构战略性调整……放大农业增值增效空间。"从2013年起，盐城市投入农业资源开发资金2.15亿元，实施滩涂垦区配套项目15.5万亩，相继规划建成了大丰东方绿洲、射阳盐场达阳公司、新滩盐场大青垛、灌东盐场套子口、三圩盐场、头罾盐场等高效淡水养殖基地5.31万亩、高效海水养殖基地3.6万亩，建成射阳种牛场垦区、东沙港垦区等集中连片标准化农田4.8万亩。目前，一批连片规模大、项目形象好、经济效益高的特色产业基地正在形成，一条盐城特色的"改水、改良、改粮"的绿色开发之路业已成形。在盐城最北部的响水县，三圩盐场的万亩高效渔业示范园区近三年对农业资源开发投入资金达3900万元，将响水沿海刺参产业园发展到2万亩以上，亩产值达4万多元，亩效益达2万多元，带动周边20万亩左右的海水养殖区从事刺参养殖，形成从海参苗种繁育、成品出售到深加工的海参一条龙产业链，填补了江苏沿海海参规模化养殖的空白。

近年来，盐城市又确立"东方湿地、金色滩涂、银色产业、绿色开发、生态发展"的滩涂垦区开发工作思路，努力实现滩涂垦区开发由传统向现代的转变，坚持开发利用与环境保护并重，着力打造一批"现代、高效、特色"三位一体的万亩沿海现代农业园区。以包灶村为例，该村全力打造国家农业综合开发高标准农田项目区，建设规模为1万亩，农业资源开发资金投入1300万元，极大地改善了该村的生产生活条件，平均每亩增产100斤，增收200元。沿海滩涂加强建设沿海鱼蟹虾贝藻及海珍品良种基地，推进百万亩生态鱼池改造和规模连片高效特色标准化养殖池塘建设，提高现代渔业综合生产能力，成果显著，世人瞩目。

盐城市的实践证明，绿色开发之路，是一条科学之路、发展之路、富裕之路，也是一条全民拥戴的幸福之路。

**2. 绿色银行，绿色福祉留后人**

"东方湿地，水绿盐城"，这是盐城的特色。如何打造这张城市"绿色"名片，盐城市把重头戏放在着力推进沿海滩涂的绿色开发上，努力构建沿海绿色银行，为当代人留下碧水蓝天，为后人留下绿色福祉。为此，盐城人民进行了科学规划、分步实施、年年增绿、不断推进的规模宏大的绿色实践。这几年，盐城市先后召开全市林业工作暨绿色盐城建设推进会、全市生态文明建设工程推进会等会议，编制出台了《盐城市生态文明建设规划》《盐城市生态绿色发展三年行动计划》等文件，启动了造林绿化百项重点工程。对面广量大的沿海已围垦区重新搞好林业规划，实行沟、渠、田、林、路配套实施，以构建绿色生态防护体系。编制了《盐城市绿色沿海建设规划》，把滩涂成片造林列为重点建设项目的第一位，要求三年内沿海5县、市都要规划建设1个万亩以上的新林场，平均每年东台、大丰、射阳每家新造连片500亩以上的成片林不少于5块，滨海、响水每家不少于3块，并至少造1块500亩和1段2千米以上的耐盐树种试验示范方和示范段。

建设沿海绿色银行，突出了以沿海防护林建设工程为主线，以构建沿海生态防护体系、提高生态防护能力为目标，创新建设模式，完善建设机制，立足长远，大力推进。2015年，按照沿海防护林工程建设的标准要求，认真组织规划设计，按标准组织实施，建成沿海防护林 5.15 万亩，东台、大丰、射阳、滨海、响水五个沿海万亩新林场，新增造林面积达 8000 亩。

位于东台市的黄海森林公园，是盐城沿海建设规模最大的绿色银行。森林公园占地面积 4.2 万亩，林地面积 3.6 万亩，是华东地区规模最大的人造生态林园。经过多年建设，森林景观独特，生态环境优美、生物多样性丰富，真正成为长三角的"生态长廊"，江苏沿海旅游度假乐园。绿色银行已发挥巨大的生态效益，成为江苏与盐城市的一块生态净土、一处观光旅游休闲胜地、一片人与自然融合的"绿色氧吧"。吸引各方游客来此观光、去休闲、去垂钓、去狩猎、去吸氧、去体味人与自然和谐共生的乐趣。

**3. 荷兰花海，鲜花引得蜂蝶来**

地处黄海之滨的大丰区新丰镇，在沿海开发的大潮中，"坚持绿色开发，传承地域文化，引进荷兰经验，追求特色发展"，创造了让滩涂变花海的现代神话。历史上，新丰镇号称"民国村镇规划第一镇"。1917 年 5 月，由当时中国著名的实业家张謇及周扶九等人发起，在大丰筹建淮南最大的盐垦公司——大丰公司，实施兴垦植棉。1918 年大丰公司开始规划建设新丰镇，时称北镇，这是当时大丰垦区的第一个集镇。为了兴修水利，改良盐土，张謇从荷兰聘请了经验丰富的年轻水利专家特莱克规划农田水利工程，在海滩上建立了区、匡、排、条四级排灌水系，解决了土壤脱盐技术，克服了水患危害。

百年以后，在实施沿海开发国家战略的进程中，为了纪念荷兰水利专家特莱克和为开发滩涂而做出贡献的先民，新丰人民决心倾力打造"荷兰花海"这一绿色开发项目。该项目体现了新丰人民大胆创新，立意高远，务实求真，勇于实践的精神，他们另辟蹊径，在这片数千亩的土地上不种庄稼，不建工厂，不砌房屋，而是结合新丰镇的气候与土壤环境，学习荷兰花卉种植经验，种下了郁金香等各种四季生长的鲜花。如今，荷兰花海已成为长三角名副其实的"后花园"。鲜花引得蜂蝶来，绿色发展终于赢来绿色回报。如今，不仅来荷兰花海的游客络绎不绝，也使得各路客商来新丰投资的热情高涨，为新丰镇可持续发展带来了无限希望。

### 4. 盐田改造，让盐碱滩变成金银滩

盐城，因盐而兴，由盐得名，历史上是我国重要的海盐生产基地。现因海岸变迁、产业转型等诸多原因，昔日的盐场已风光不再。加快盐田综合开发利用步伐，将资源优势转化为产业优势、经济优势势在必行。当前，高起点谋划盐田的开发利用，是盐城沿海绿色开发的重头戏。盐城的盐田是江苏沿海面积最大的未开发的建设用地资源，盐田范围包括灌东盐场、新滩盐场、射阳盐场，以及响水县养殖场、三圩盐场、头罾盐场、滨淮农场盐场、陈家港镇，滨海港经济区等区域，可开发面积约400平方千米。

盐城市极为重视盐田的综合开发，突出了综合开发的三大任务：明确区域战略定位，规划产业发展方向，科学安排空间布局。坚持环保优先、可持续发展。秉持生态优先、环保第一理念，鼓励发展低碳经济、循环经济、绿色经济，建设生态工业园，打造节约化、再利用、循环型、可持续生态产业链，杜绝严重环境破坏事件；积极发展有机盐土农业，建立生态屏障，进行区域生态足迹补偿；规划建设生态设施工程，进行湿地生态修复和养护，实现可持续发展。

江苏银宝集团，是盐城市盐田转型、绿色开发的亮点之一。企业跳出传统盐业、推进转型升级，融入沿海开发、进军农业产业，实行二次创业、加速裂变发展，加快实施管理模式、发展方式、用人机制、分配形式、考核制度"五大改革"和投资、品牌、营销、文化、民生、人才"六大战略"，努力打造转变方式、外延扩张、内生增长的"实力银宝"；构建以农为主、多业并举、充满生机的"活力银宝"；争创科学规范、运转有效、协调有序

的"和谐银宝";实现民生改善、诚信团结、安居乐业的"幸福银宝"(见图 8-11)。集团从事养殖业、饲料业、种植业、制盐业、建筑业、物流业、电气工程业、金融服务业等多个行业。年产销原盐 40 万吨、加工盐 20 万吨,产品覆盖省内外。海、淡水养殖产品年产量 13 万吨,已成为苏北地区最大的海、淡水养殖基地。现银宝盐业有限公司射阳盐场养殖面积达 10 万亩,与上海海洋大学、江苏省水产研究院、盐城工学院等科研院所建立长期协作关系,将建成江苏最大的连片精养高效水产养殖示范园和功能齐全的现代水产工业区。

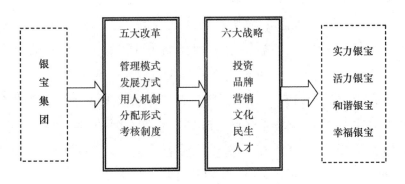

**图 8-11 银宝集团绿色发展路径**

绿色发展展新颜,荒碱滩变成金银滩。银宝集团转变方式、以农为主,多业并举、和谐发展的绿色发展战略,使当地老百姓从中得到了实惠,增加了就业渠道,提高了职工收入,改善了居住条件,老百姓实实在在享受到绿色开发的实惠。

## 四 新能源开发:圆"绿色三峡"之梦

盐城市是化石能源资源的盲区,既无煤炭,亦无石油。随着经济的发展,盐城能源需求量不断增大,而化石能源资源极为匮乏,严重制约着区域经济的发展。盐城沿海拥有海岸线 582 千米，占全省的 56%；风电资源占全省的 70%、光伏资源占全省的 50%；如何破解能源紧张的难题，打开能源发展的魔咒？智慧的盐城人民认识到，只有因地制宜，扬长避短，抢抓机遇，以新能源为突破口，实现弯道超越，构建沿海新能源产业带，才能最终实现"绿色三峡"之梦。

### 1. 大风车转起来，绿色能源滚滚来

谈到新能源，盐城人倍感骄傲。盐城沿海风能资源极为丰富，10 米高度年平均风速普遍大于 4 米/秒，在 4.3—5.1 米/秒之间，70 米高度年平均风速在 6.6—7.1 米/秒之间，各县平均风能密度在 100—140 瓦/平方米之间，年有效风能一般达 330—650 千瓦时/平方米，风能资源占到江苏全省的 2/3，是我国沿海地带风能资源的丰富地区。盐城沿海滩涂面积辽阔，为风电场建设提供了理想的空间环境。尤其是东部浅海地带分布有世界上罕见的辐射沙脊群，广达 13.33 万公顷，成为世界上极为罕见的建设大型海上风电场的最佳场区。盐城沿海地带人烟稀少，多为待开发的荒地，不仅为风电场建设提供了广阔的空间，还可节省大量人口迁移的资金。盐城沿海具有建设 1470 万千瓦以上大型风电场的开发潜力，是江苏沿海地区经济发展的增长极。

表 8 - 3　　　　　　　　盐城市沿海五县（市、区）风能资源

| 评价内容 | 响水县 | 滨海县 | 射阳县 | 大丰区 | 东台市 |
|---|---|---|---|---|---|
| 气候类型 | 温带季风气候，春、夏强压区 | 温带季风气候，春、夏强压区 | 温带、亚热带季风气候过渡带，春、冬中压区 | 亚热带季风气候 | 亚热带季风气候 |
| 海岸特点 | 43 千米，侵蚀海岸 | 44.6 千米，侵蚀海岸 | 103 千米，北部侵蚀南部淤长 | 112 千米，淤长海岸 | 85 千米，淤长海岸 |

续表

| 评价内容 | 响水县 | 滨海县 | 射阳县 | 大丰区 | 东台市 |
|---|---|---|---|---|---|
| 滩涂状况 | 面积为2.77万公顷，滩涂面积最小 | 面积7.1万公顷，处于侵蚀后退之中 | 面积7.3万公顷，集中南部沿海 | 面积7.73万公顷，东部有辐射沙洲 | 面积10.33万公顷，东部有辐射沙洲 |
| 有效风能密度 | 134.7瓦/平方米 | 128.0瓦/平方米 | 104.7瓦/平方米 | 140.1瓦/平方米 | 100.1瓦/平方米 |
| 有效风速频率 | 50.7% | 48.4% | 40% | 53% | 38.4% |
| 制约因素 | 滩涂狭小，受港口及城镇影响，风电场立地条件受限 | 受侵蚀海岸、港口（在建）、工业园区的制约 | 受自然保护区、港口、工业园区的制约 | 受自然保护区、港口、工业园区的制约 | 受自然保护区、港口、城镇的制约 |
| 开发规模 | 风能资源丰富，宜发展大、中型风电场 | 风能资源丰富区，宜建大、中型风电场 | 风能资源较丰富，滩涂广阔，宜建大型风电场 | 风能资源丰富，滩涂广阔，宜建大型风电场 | 风能资源较丰富，滩涂广阔，宜建大型风电场 |

盐城人意识到，仅仅具备底子好的禀赋条件还远远不够，绿色发展还必须规划早、思路准、动作快。所以，盐城市从沿海开发国家战略推行之始就把发展清洁能源、实现能源结构与产业结构同步优化升级，作为提升城市创新能力、促进可持续发展的主基调、主目标。经过几年的努力，国家能源局公布的《全国海上风电开发建设方案（2014—2016）》中，盐城有9个项目入选，占全国项目数的20.5%，占江苏的50%。海上风电建设规模为181.25万千瓦，占全国总规模的17.2%，占江苏的52%，项目数与规模总量均列全国地级市第一，跻身全国可再生能源利用第一方阵。到2014年年底，盐城市可再生能源装机容量达206万

千瓦，占全市电力装机容量的近40%；全年可再生能源发电37亿千瓦·时，占全市用电总量的13.9%、全省新能源发电量60%以上。新能源企业累计发电量同比增长30%，相当于节约标准煤119万吨，减排二氧化碳309万吨。

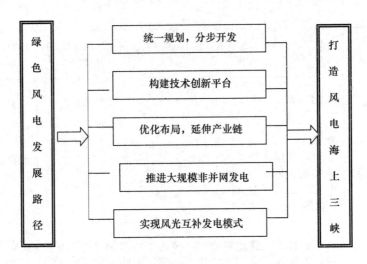

图8-12    盐城沿海绿色风电发展路径

### 2. 政策支持，让光伏产业火起来

政策引导、政策扶持、政策保障、政策服务，是近年来盐城市光伏产业成功发展的秘籍。盐城沿海地跨亚热带与暖温带，具有丰富的太阳能资源，年均日照数达2250—2600小时，太阳年辐射总量118.49千卡/平方米，日照百分率介于48%至59%之间，具有建设光伏发电项目较好的光照条件。在沿海开发的进程中，大力发展光伏产业是盐城市确立的加快新兴产业发展的战略决策之一。为此，市里出台了一系列的配套政策，激励光伏产业的发展，以政策驱动燃起光伏产业发展的熊熊烈火，映红了我国沿海的半壁天空。如今，光伏发电已成为沿海地带"藏能于民"的分布式新能源，深受群众欢迎。近年来，盐城供电公司共受理分布式光伏自然人项目151户，已经并网117户，合计并网容量

4300 千瓦，发电量 24 万千瓦时，一些群众中已从中获得卖电收益。当地群众兴奋地说"天上太阳红彤彤，光伏发电彤彤红，盐城人民心里甜，晒晒太阳也挣钱"。

盐城市光伏发电的开发，也带动了光伏相关产业的蓬勃发展，企业高度集聚的光伏产业园便是其中典型的代表。产业园建立在国家级盐城经济技术开发区内，总规划面积 11.2 平方千米，一期规划面积 6 平方千米。建设光伏产业园，盐城市明确实施"三聚"发展战略：一是聚核，引进产业链中重要龙头企业，形成园区发展的增长极；二是聚链，以龙头企业为核心，延伸与完善产业链；三是聚"园"，深度融合产业链条发展，培植园区高端品牌，形成园区发展品牌化。全力打造园区四大优势，即：集聚龙头企业，打造规模优势；延伸产业链条，打造集群优势；强化自主创新，打造技术优势；优化服务环境，打造政策优势。

如今，在协鑫集团投资 20 亿美元建设 LED 外延片和芯片项目的带动下，园区将快速形成 LED 封装、模块和产品应用产业集聚，形成 LED 产业集群。除协鑫项目外，韩国 Solor World 公司的太阳能电池及设备项目、台湾台玻集团投资的太阳能镜板项目、中美 LED 矿用灯，正国太阳能、中恒日上等一大批新能源光电及光伏重大项目相继落户园区。园区还以政策重点鼓励 LED 原材料、图形、外延片和芯片、封装、应用模块，太阳能光伏材料、电池、组件及与之相关的生产设备、应用产品、仓储物流等项目入驻，全力打造集研发、生产、销售于一体的高科技光电产业园，建成中国东部沿海重要的光电子产业示范基地。计划通过 3—5 年的努力，形成比较完整的 LED 照明、太阳能光伏组件及光伏材料两条产业链，实现园区销售收入超 1000 亿元，为盐城市绿色能源的开发增亮添彩。

3. "风光渔"组合，风光产业更风光

近年来，盐城市大力发展清洁能源、加快转换能源结构，推

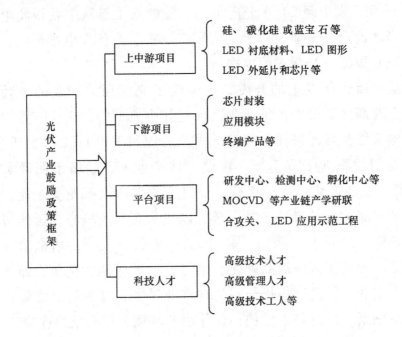

图 8-13　光伏产业园支持政策框架

进绿色发展,充分利用风电、光伏发电优势,积极探索风光渔、风电车、风电水等综合利用模式,扎实推进新能源综合利用,推动绿色低碳的生产生活方式。清洁能源当地消化率100%,促进了盐城市产业结构的优化,促进了节能减排,保护了生态环境。2014年,盐城市还获批国家新能源示范城市。

位于东台沿海的中节能"风光渔"互补基地,是一座全国规模最大的"风光渔"一体化发电站。该基地最上层为风力发电、中间是太阳能发电、最下层水面养鱼,实现立体综合开发利用。目前这种发电站发电装机容量550兆瓦,占江苏沿海总量的1/3,是国内首创立体式综合利用资源模式。滩涂光伏电站规模堪称全球最大,在全国独树一帜,该项目已创造了"两个之最":一是国内最大"风光渔"一体化发电站;二是全球单体规模最大的滩涂地面光伏发电站。在蓝天下,高大的风机巍峨挺立,银色的风机叶片迎风转动；滩涂上，太阳能光伏电板熠熠生辉，一望无际；光伏电板之下是生态鱼塘，湖清水碧，波光粼粼。盐城人民用智慧创造了风电、太阳能、水面养殖三位一体的新能源产业基地，气势磅礴、蔚为壮观。

中节能"风光渔"互补基地落户盐城东台市沿海经济区以来，在生态效益和经济效益方面取得了双丰收。项目整体设计规模达120兆瓦。继一期、二期工程投入运行后，2014年年底，三期、四期工程已经顺利并网发电，持续为盐城东台市的经济发展输送清洁能源。目前，中节能太阳能装置容量达78.8兆瓦，已发电21810万千瓦时。

中节能公司在全力输送清洁能源的同时，不断扩大水产养殖规模，积极把"风光渔"这项绿色产业示范工程继续做大做强。在投入8000斤梭子鱼鱼苗、100斤梭子蟹蟹苗的同时，新增600万尾斑节虾和4万尾海蜇，预计到2015年年底，水产养殖亩产值将达到近万元，亩产纯收益近4000元。

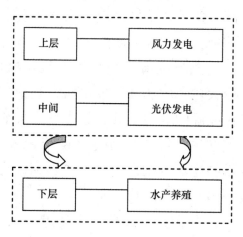

图8-14　中节能"风光渔"立体发展模式

"风光渔"立体开发，是盐城沿海新能源开发与沿海养殖产业组合发展的创举，是沿海滩涂立体开发的大胆实践，是充分利用沿海资源集约开发的范例,实现了社会效益、经济效益、生态效益共赢共荣,使"风光"产业更风光,绿色发展上台阶,也成为盐城沿海一道亮丽的风景线。

**4. 海水淡化,创造风电"非并网"利用神话**

新能源开发,面临许多技术瓶颈的约束,并网不稳定便是其中难题之一。由于风力不稳定,风电一直不能大规模并入电网,所以风电的利用受到很大的限制。2014 年 5 月,江苏省政府在盐城大丰区召开新闻发布会,宣布我国自主研发的世界上首台大规模风电直接提供负载的"孤岛运行控制系统"开始运行。这种技术可以运用风力发电直接淡化海水,目前的产能每天可以把一万吨海水淡化成淡水。

"非并网",即风电可以不并入大电网,通过独立的"微网"直接应用。它的核心技术在于,在没有任何网电支撑的情况下,由 1 台 2.5 兆瓦的永磁直驱风电机组、3 组储能蓄电池及 1 台柴油发电机为主,形成微网供电系统,经协调控制,向海水淡化装置提供稳定的电能。这种技术把风电与海水淡化相结合,在世界范围内属于技术首创,大丰成为新能源风电"非并网"应用第一个吃螃蟹的智者。这条万吨海水淡化生产线,风机是 2.5 兆瓦,运用了国际上首台大功率的非并网发电机,通过非并网,既能降耗,又能达到绿色能源的利用,具有标志性、突破性、示范性的意义。它既可有效解决海岛等偏远地区的能源和淡水供应问题,又为我国的大规模的海水淡化提供了一条新路,也为盐城市沿海开发、绿色发展闯出了一条成功之路。

盐城的经验告诉我们:不迷信,不信邪,大胆闯,自己干,实践出真知,勇敢出好汉,在绿色发展的道路上义无反顾,勤于探索,必将得到丰硕的回报。2015 年 5 月,该项目已走出国门,援建马尔代夫海淡水成套设备方案初步敲定,每日可为马尔代夫人民提供 1000 吨海水淡化直饮水。"千岛之国"印度尼西亚、沙漠之国沙特阿拉伯和阿拉伯联合酋长国等缺水国家也有意购买，这一绿色技术将造福世界人民。

在黄海之滨、苏北平原，大自然用温情和浪漫，造就了一座和谐幸福之城：盐城。这里集湿地、海洋、农田、森林四大生态系统于一体，国土面积广阔。这里碧水蓝天、绿野无垠、鹤舞鹿鸣，生态环境优美。这些资源是盐城人的"钱袋子"，也是盐城发展的"命根子"。也正是基于这一点，盐城的发展得以成功转型。如今，生活在盐城大地上的人们，正享受着这些资源带来的绿色生产与生活，到处洋溢着人地和谐、安居乐业的喜气。这一幕幕便是"绿色盐城"的生动展示。盐城正昂首走在绿色发展的大道上。

# 第四篇　扬绿色变革曲

# 第九章　发展模式

　　在《辞海》中，"模式"一词是指事物的标准样式。一个地区的"发展模式"，是该地区在自己特有的背景下所形成的发展方向、体制、结构和战略选择。盐城市始终按照习近平总书记在江苏重要讲话的指引，坚持把实现"经济强"作为新盐城的首个特征，把"百姓富"作为发展上台阶的最终目标，把"环境美"作为建设新盐城的重要标志，建设"社会文明程度高"的厚德盐城，确立并践行绿色发展新理念，丰富绿色发展新内涵，把绿色发展作为城市战略，积极探索新常态下增长与转型良性互动、发展与生态相得益彰、经济与社会协调并进的有效路径，着力形成以绿色增长为标志的增长模式、以绿色产业为标志的产业结构、以绿色开发为标志的建设形态、以绿色农业为标志的现代农业、以绿色生活为代表的城乡环境，以此倒逼结构调整、推动生态文明、提升城乡品质，实现发展的绿色升华，引领盐城全面走向绿色发展新时代。实践证明，盐城通过绿色发展，撬动了增长、引领了转型、惠及了民生、优化了环境，盐城市的一系列重要决策部署，体现中央精神和省委省政府要求，符合盐城实际。

　　盐城绿色发展模式，是在盐城经济社会发展进入工业化中期这一特定阶段，经过深刻反思和坚决摒弃传统的高能耗、高污染、拼规模、比速度的发展模式，坚持因地制宜、扬长避短和趋利避害，合理利用和充分发挥生态环境特点与优势，遵循自然、经济和社会发展规律，自觉选择和确立的绿色化转型跨越发展新道路。这是一条不寻常的发展之路，它不同于苏南、珠三角、温州等先发地区曾经走过的那些代表性发展模式。对于处在经济社会加速转型的中国来说，盐城绿色发展模式不仅符合盐城自身实际，而且还可以为其他地区提供有益的启示和借鉴。

## 第一节　思路决定发展出路

### 一　辨析市情：绿色发展的认识起点

正确选择一个地区的发展战略，首先需要科学认知这个地区的"家底"，也就是区情，这是前提条件。那么，究竟什么是盐城的市情呢？就比较来看，盐城拥有两大相对突出的市情：一是沿海资源与生态环境，这是盐城发展战略的自然基础；二是工业化中期为主的发展阶段，这是盐城发展战略的历史基础。

在江苏13个省辖市中，盐城面积最大，人均面积最多。不仅如此，沿海滩涂面积占全省3/4、全国1/7，且每年以2万多亩的成陆速度增长；580多千米海岸线直面浩瀚的黄海和太平洋，绵延数百公里的滩涂湿地分布着丹顶鹤和麋鹿两个国家级自然保护区和一个在建的中华鲟自然保护区。这里海天一色，草木茂盛，鹤舞鹿鸣，一派原始生态风光，是近百种国家一、二级保护动物和近千种动植物栖息生长地。这就是盐城最大的市情，也是自然界赋予盐城的最大优势和宝贵财富。

另一方面，作为革命老区，盐城是一个传统农业大市，工业化起步较晚且进程缓慢。多年以来，盐城处在我国东部沿海地带的"经济低谷"，在江苏省区域经济中属于欠发达的苏北地区。通过对改革开放以来盐城工业化历程的分析，发现37年来盐城工业化发展大体经历了五个阶段，即：（1）第一阶段（1978—1985），实现工大于农的历史性转变。1985年，全市工业总产值占工农业总产值比重达到50.7%，一个传统农业大市的工业，取得了与农业的同等地位，这是一个历史性突破，从此进入了工业化前期的准备阶段。（2）第二阶段（1986—1995），第二产业增加值超过第一产业，盐城进入了工业化前期阶段。1995年，三次产业结构比例调整为37:38:25，乡镇工业产值占工业总产值61.8%，支撑全市工业半壁江山的是乡镇工业。（3）第三阶段（1996—2004），2000年，三次产业结构比例调整为30.6:38.6:30.8，基本形成"三分天下，各有其一"格局，第三产业开始超过第一产业，工业化由中期初始阶段向加速阶段逐步过渡。（4）第四阶段（2005—2012），2005年全市地区生产总值突破1000亿元，进入工业化中期的加速阶段，经济规模开始扩张，基础设施条件快速改善，对外投资吸引力有所增强。（5）第五阶段（2013—），随着国内外发展环境的深刻变化和自身发展的客观要求，盐城经济进入绿色发展新时期，逐步转入由工业化中期向后期的过渡阶段。盐城工业步入由灰变绿的转型期，传统产业转型直奔高端，新兴产业开始发展壮大，现代服务业蓬勃兴起，工业经济形态由资源消耗主导的传统型向科技创新引领的绿色生态型根本跨越。这就是盐城工业化发展的历史背景，也是盐城选择绿色发展之路的历史起点。

## 二　战略抉择：绿色发展的理念自信

一个地方领导的发展理念，是人们对于这个地方发展的方向、原则、途径、规律等重要问题的一种理性化、集成性表达，事关这个地方发展之长远大局。绿色发展作为一种先进理念，盐城进行了艰辛的实践探索，并给出了自己独到的见解，充满着坚定不移的自信。

多年以来，在经济欠发达状况和传统发展模式下，盐城对其所拥有的独特自然基础和特定历史基础并没有予以应有的重视和利用，甚至一度还认为是发展的"包袱"和"负担"。盐城从确立绿色发展战略到迈步绿色发展道路，经历了一个较长时期的选择过程。作为苏北过去一个欠发达的地级市，盐城一直抱有追赶乃至超越发达地区的激情和愿望，特别是在学习苏南经验、模仿苏南做法等方面，曾经付出了艰辛努力。但是，事实证明这条路简单地学行不通，照搬过来也行不通，结果往往与苏南等发达地区的落后局面没有因此而得到根本性改变。从改革开放到"十一五"末的 30 多年中，盐城市经济总量、人均经济水平一直处于全省各市的中等偏下位次。2009 年 2 月 20 日，盐城发生"2·20"严重水污染事件，告诫盐城人必须对传统发展模式作出深刻反思，必须以环境硬约束倒逼发展方式的根本转变。

盐城绿色发展理念既顺应了国内外绿色革命大潮大势，又汇聚了全市上下对什么是发展、为什么要发展、如何才能科学发展等发展观问题的认识、经验和智慧，并集中反映在盐城市的重大战略决策之中。2013 年，新一届盐城市委通过对中央和省委省政府精神的深入学习，对市情实际的研究把握，在总结历届市委市政府工作探索的基础上，盐城市市委六届三次全会提出了推进产业转型发展、沿海开放发展、城乡统筹发展、生态绿色发展、民生优先发展、社会和谐发展的"六大发展"，首次将"生态绿色发展"提升为全市重大战略，将盐城的发展航向引导上了绿色发展的轨道，全面开启了盐城绿色发展的新征程。接着出台全面推进生态文明三年行动计划，进一步落实绿色发展的行动举措，将全市广大干部群众的思想和行动凝聚到推动绿色发展的实践上来。2014 年，盐城市市委六届四次全会再次提出开展国家级可持续发展实验区综合配套改革，以改革的思维、改革的手段来推动绿色发展。决策层面的前瞻思维、保障举措的行之有效、落实层面的持续发力，共同让盐城的发展迅速转向，在解决发展冲动和保护资源环境中找到了平衡，探索出一条适应新常态发展、异于传统路径的发展模式。

面对经济新常态，站在新的历史起点上，盐城在践行科学发展、加快转型发展和推进生态文明建设的生动实践中，进一步提高了对绿色发展的认知，并迅速达成共识，在全省率先提出并积极探索绿色发展之路，全面开启了盐城绿色发展的新征程。

### 三　科学谋划：绿色发展的道路自信

理念引领发展，先进理念引领科学发展。近年来，盐城秉承先进的绿色发展理念，突破传统工业化发展方式的路径依赖，主动探索并成功走出了一条符合盐城特点、具有盐城特色、以绿色为基调的转型跨越发展之路，以人为本的全面、协调、可持续发展之路。2014 年 12 月，中共盐城市委六届六次全会提出积极探索增长与转型、经济与生态互动发展的有效路径，从战略层面上赋予了绿色发展模式的核心要义，使盐城绿色发展的思路与原则清晰可依，目标与任务明确具体。这种发展模式，既不同于苏南、珠三角、温州等先发地区曾经走过的那些代表性发展模式，也不同于大多数处在工业化中期的后发地区延续传统工业化路径的重化工产业发展模式，是后发地区通过绿色化转型实现跨越发展的创新发展新模式。

短短几年，盐城通过探索和实践绿色发展新道路，有力促进了生态环境原本价值的真正发现和回归，有效推动了传统工业化发展路径的历史性转变和跨越，取得了生态与发展相得益彰的卓越成效。在全国经济面临下行压力的情况下，盐城依然保持强劲势头，实现了经济增长逆势上扬。2014 年，全市实现地区生产总值同比增长 10.9%，公共财政预算收入增长 14%，城乡居民收入分别增长 9.2% 和 11.6%，13 项指标增速居全省前三、5 项指标增速全省第一；战略性新兴产业实现主营业务收入 2000 亿元，增长 30%。同时，环境空气质量全省最好，在全国 74 个重点城市中名列第 4 位；顺利创建成为国家园林城市和国家卫生城市，所辖 9 个县（市、区）全部建成国家级生态示范区。

盐城的初步实践证明：绿色发展是一种正确的发展战略和发展路径。这不仅使盐城人自己增强了道路自信，而且可以为我国东部沿海地带以及广大后发地区推动转型跨越发展提供可资借鉴推广的模式和经验。

## 第二节　创新成就发展模式

### 一　模式内涵：以人为本的绿色化发展

什么是绿色发展？目前并无一个公认的定义。就其核心内涵看，通常认为绿色发展是指在传统发展基础上的一种模式创新，是建立在生态环境容量和资源承载力的约束条件下，将生态环境保护作为实现可持续发展重要支柱的一种新型发展模式。具体来说，它包括以下三方面要义：一是将自然资源、生态环境作为经济社会发展的内在要素，使其外部性内生化；二是把实现经济、社会和资源、环境的可持续发展作为绿色发展的主要方向和核心目标；三是将经济社会活动过程和结果的"绿色化""生态化"作为绿色发展的主要内容和关键途径。

这是一般意义上的概念定义。盐城市的实践探索丰富了对绿色发展内涵的诠释：（1）对绿色发展的"绿"做出了全面理解。认为这个绿不只是自然本底上的绿，更重要地体现在发展上的绿，把绿色发展惠民、利民作为落脚点和出发点，包括绿为循环、绿为持续、绿为高效、绿为和谐、绿为民生等，把生态文明的理念有机融入经济和社会发展中，使绿色发展贯穿于盐城经济、政治、文化、社会各方面和全过程。（2）将绿色发展作为应对经济新常态的突破口。主动适应新常态，以绿色化为导向推动增长与转型良性互动，通过绿色发展撬动增长、引领转型、惠及民生、优化环境，开创了新常态下盐城发展的新境界。（3）将绿色发展看作促进可持续发展的有效路径。牢固树立以绿色为主导的价值观，并将其渗透到沿海开发、生态环境保育以及生产生活方式的各领域和各环节，大力建设国家可持续发展实验区和生态文明先行示范区，始终保持绿色发展与其前进方向上的一致性，体现了发展模式的先进性。（4）把绿色发展视为最公平的公共产品、最普惠的民生福祉。将民生幸福作为盐城绿色发展的出发点和归宿点，加强健康惠民、保障民生、宜居宜业、社会文明和谐等建设，反映的是以人为本的发展宗旨观。

### 二　模式特点：后发转型的可持续发展

绿色发展模式的最大特点是体现时代方向，符合盐城市情实际。一方面它充分发挥了盐城优良的自然资源、生态环境的后发优势；另一方面它坚持了绿色化转型的发展方向，从而有力推动了盐城经济社会与资源环境的全面、协调、可持续发展。在与市委书记朱克江和其他同志的深入交流中，我们深切感悟到这一发展模式探索主要有以下5个方面特点，其关键就是妥善处理好几对既有联系又相矛盾的关系，使其向着有利于人们的方向发展，变"两难"为"双赢"。

#### 1. 开发与保护统筹兼顾

绿色发展首要面对的是如何对待生态资源。统筹兼顾开发与保护是盐城绿色发展的基本原则之一，体现在盐城发展尤其是沿海开发的各方面及各环节之中。在沿海滩涂围垦开发利用中，严格遵循可持续开发原则，推动人与自然和谐、陆地与海洋统筹、产业布局与生态保护协调，取得了开发与保护的双赢之效。在可持续发展实验区建设中，坚持走"在保护中开发、在开发中保护"的可持续发展路径，构建资源节约型、环境友好型的发展模式，实现了经济社会发展、资源开发利用和生态环境保护的"共赢"目标。

### 2. 增长与转型良性互动

绿色发展不只是讲环境问题,其实质讲的是发展。通常意义上的发展主要指经济总量增加、增速提高以及经济结构优化、运行质量提升。为妥善处理好这一关系,盐城是把"绿色"贯穿于增长与转型之中,既提高了增长的绿色含量,又体现了转型的绿色化方向。通过发展循环经济、低碳经济和实施绿色化转型等有效途径,大力推进传统产业由灰变绿、新兴产业由弱变强,拓展了市场空间和产业竞争力,有力促进了既增长又转型的良性互动。

### 3. 发展与生态相得益彰

绿色发展难在增长与环境、发展与生态"兼得",而不冲突。无论是经济建设还是社会发展,都需要有相应的承载空间。往往发展快了,就会影响环境。为有效解决这一难题,盐城通过实施主体功能区规划和创建国家可持续发展实验区,不断优化空间开发格局,选择发展基础好、资源环境承载力强的地区,推进集中集聚集约开发,促进生产、生活、生态"三生"空间的合理配置,满足了发展经济与保护生态环境的"双重"需要。

### 4. 经济与社会协调并进

绿色其实就是一种和谐的象征。长期以来,与全国多数地区一样,由于基础的原因,盐城经济与社会发展存在许多不协调,突出表现在社会事业发展跟不上经济发展、社会结构调整滞后于经济结构调整、社会管理水平不适应经济发展要求等方面,产生了城乡差距较大等许多社会问题。为解决这一难题,盐城市坚持一手抓经济发展,一手抓社会建设,着力建设绿色社会,保证了经济与社会协调并进。

### 5. 建设与民生同步共荣

当把绿色的理念植根于发展之中时,其深刻包含着对时代要求的回应和对人的尊重。以经济建设为中心必须长期坚持，但多年积累的不少民生领域欠账，对构建幸福社会产生不利影响。为此，盐城坚持以人为本，把保障和改善民生作为经济社会发展的根本目的，同步推进建设与民生，实施"就业惠民、收入惠民"等多方面惠民计划，更把"健康惠民"作为民生关键之举，加快完善社会保障体系，大力发展社会事业，推进基本公共服务均等化，让更多的居民享受绿色发展的成果，推动了城乡社会繁荣发展、民生改善。

### 三　模式解构：绿色为核的多元化发展

#### 1. 发展动力源于先进的绿色生产力

习近平总书记指出："要正确处理好经济发展同生态环境保护的关系，牢固树立保护生态环境就是保护生产力、改善生态环境就是发展生产力的理念。"在生态文明重要性日益凸显的当代，这一科学论断发人深省，意义重大。

绿色是生产力，是无公害、无污染生产力因素及系统的总称。20世纪30年代以来，凯恩斯主义经济学热衷于对国民生产总值、对经济高速增长目标的追逐，是以资源过度消耗和生态环境破坏为代价换来的。这种片面的发展观引发了资源危机和生态环境恶化，破坏了人类生存与发展的自然基础。资源、环境和生态都是社会资本，它们与物质资本、人力资本、金融资本等一样，是生产力不可或缺且可以增加收益的要素。不仅如此，绿色生产力还是一种先进的生产力。有关学者把先进生产力的发展概括为四个规律，凡是合乎这四个规律的就是先进生产力。其中，与环境协调发展的绿色生产力，当属于先进生产力。盐城绿色发展模式，很好地体现了绿色生产力的核心价值，符合先进生产力的发展规律，具有强大的生命力，充满勃勃生机，已经并将永远成为推动盐城绿色发展的主导力量。

## 2. 模式类型包含绿色基调的多样化协调发展

一个地区的绿色发展涉及经济、社会、资源与环境等多种要素，各要素彼此联系、相互作用组成了一个复杂的复合大系统，既对立又统一，共处于矛盾的统一体中。绿色发展的底色或基调是绿色，关键是协调。所谓协调，就是经济、社会、人口、资源、环境复合大系统中各子系统之间发生紧密而又复杂的相互作用，只有通过相互作用产生协同效应，才能推动这个复合大系统及各子系统向和谐有序的方向演进。协调是实现绿色发展的重要手段，绿色发展是协调的根本目的。只有抓好经济、社会与资源、环境之间的协调发展，才是完整意义上的绿色发展，才是真正意义上的绿色发展。事实上，盐城的绿色发展是建立在绿色为基调之上的多样化协调发展，但由于各地、各部门采取的是不同"绿色+"方式方法，因而相应出现了不同的绿色发展类型。"绿色+"生产、生活、消费，形成了多种绿色生产、绿色生活、绿色消费的新形态、新业态和新格局，包括了"风光渔"互补立体模式（风光渔一体化电站）、"湿地生态旅游"无烟产业模式、"环保科技城"多业态集聚模式等，表现出"绿色+"的巨大张力和无限活力。

## 3. 模式格局呈现色彩斑斓的区域特色化发展

盐城地域辽阔，东西海陆差别比较明显，南北则具有一定的气候分异。全市下辖东台1个县级市和建湖、射阳、阜宁、滨海、响水5个县以及盐都、亭湖、大丰3个区，还有两个国家级开发区，各县（市、区）及城乡之间存在发展基础及条件上的较大差异。多年来，盐城各地秉承全面协调可持续发展理念，深入贯彻落实科学发展观，坚持从因地制宜、发挥优势和扬长避短出发，一方面努力保持与彰显各地业已形成的绿色发展特色；另一方面则根据各自发展优势和发展定位，不断挖掘与优化各地绿色发展的特色化方向，初步形成了分工合理、功能互补、各具特点的差别化绿色发展格局。特别是在建设国家可持续发展实验区过程中，各县（市、区）在加快经济建设的同时，高度重视人口、资源、环境及其他各项社会事业的协调发展，从产业转型、生态保护、科技创新等诸多方面开展了各具特色的绿色发展探索和实践，形成了产城融合、互动发展的市区模式，科技支撑、创新发展的建湖模式，生态优先、绿色发展的东台模式，转型升级、开放发展的大丰模式，以人为本、统筹发展的盐都模式等，为推动盐城及相关地区绿色发展积累了经验、树立了样本。

# 第三节　管用彰显模式价值

## 一　模式效应：可见可学和可复制可推广

### 1. 决定模式价值的关键在于"管用"

判断一个地区发展模式的价值究竟有多大，关键要看这个模式在多大程度上、多大范围内和多长时间里可以被复制、被推广。这取决于三方面的影响因素：（1）这个模式是否能够看得见、摸得着和容易学。距离现实遥远或需要苛刻条件的发展模式，肯定难以被其他地区所学习或模仿。（2）这个模式是否具有广泛的代表性。只适用于一地或少数地区的发展模式，必然具有很大的局限性，因而难以得到普遍推广与应用。（3）这个模式是否具有长时间的先进性。先进性既反映了时代要求，也代表着前进的方向，自然表现出勃勃生机和强大生命力。如能在很长时间内持续保持先进性，必将会引领更多的地区进行学习和复制推广。此外，还与这个模式在多大程度上的超前性紧密相关，过于超前可能导致脱离现实而缺乏可操作性。

### 2. 绿色发展模式具有高远的应用价值

根据以上分析，我们认为盐城绿色发展模式具有极高的实践应用价值。（1）该模式体现了后发地区转型跨越发展的一种路径选择。在我国，像盐城这样的后发地区（省、市、县等）数以千计，且分布广泛，其工业化发展阶段与盐城相当，存在的问题可能类似，如果是老少边穷地区，自然生态环境还有很大的相似性。这些后发地区都抱有转型发展乃至"弯道超越"的热切期待。所以，这一模式确实具有十分广泛的可见可学和可复制可推广价值。（2）该模式的动力源于绿色生产力，既先进又有时代感。绿色生产力是无公害、无污染生产力因素及系统的总称，合乎先进生产力的发展规律，是一种先进的生产力。同时，它顺应了当今世界循环、低碳、绿色、可持续和生态文明发展的历史潮流，符合资源节约型、环境友好型社会建设的根本要求，适应新的时代发展的客观需要。事实上，无论对于发达地区还是欠发达地区，未来发展的战略方向都应该是绿色发展，因此都有学习、借鉴与探索绿色发展模式的实际需要。

## 二　模式发展：因地制宜和与时俱进创新

### 1. 因地制宜认识绿色发展模式

一个地区的发展模式，作为这个地区经济社会发展特定阶段的特殊表现形式，并非一个成熟定理、一成不变的固定形态。随着经济社会的发展、内部外在条件的变化以及生产力发展水平的提高，其发展模式始终处在自我完善、自我调整的动态变化中，是一个由内涵嬗变到外延拓展的扬弃过程。事实上，也正由于发展模式的不断调整、发展与创新，才能保持一种持久的生命力和发展活力。如果把发展模式作为静态固化、一成不变的形态，既违背经济社会发展规律，又可能使主观意识滑入形而上学、教条主义的泥潭。所以，我们既要认识发展模式，也要认识模式发展。

盐城的绿色发展模式，是盐城在一定历史条件下上下紧紧结合市情实际，探索出来的独具特色的发展之路，是对特定时空下盐城发展特点的综合概括。也就是说，特定的发展模式是植根于特定的自然环境和社会经济基础之上的发展路子。因此，盐城的绿色发展模式绝不是凭空捏造、空穴来风，它是产生于我国特殊的转型发展阶段和盐城独特的自然与社会经济条件下的发展道路。这一发展模式的核心就是：充分利用自然资源和生态环境优势与特点，以环境促进发展，以发展提升环境，将经济优质持续、环境美丽宜人、社会和谐有序、文化传承创新、民生富裕健康有机统一起来，以期实现开发与保护统筹兼顾、增长与转型良性互动、发展与生态相得益彰、经济与社会协调并进、建设与民生同步推进的战略目标。这是一条以人为本的全面、协调、可持续发展道路，是顺应世情国情省情、符合盐城市情实际的创新发展和科学发展之路。

目前，我国正处于经济下行压力不断加大、环境日趋恶化、资源日益紧张的新常态时期。未来的发展必须要以破解这些难题为首要任务，大胆探索与积极实践适合各地特点的创新发展模式。盐城绿色发展模式无疑是对新时期中国发展面临的众多矛盾和问题的一个强音回答，具有突出的时代特征和区域特点，其发展模式的内涵与精髓也是一个可见可学和可复制可推广的新型发展思路、途径、方式和方法，是对已有经验和模式的总结、补充、改进和升华。

当然，任何一种地区发展模式都是对特定地区在特定历史条件下所形成的发展特点的总结概括。这就是说，离开特定的时间、空间和条件，就无法讨论一个地区的发展模式。因此，对于任何已有地区发展模式的照搬照抄或整体选择、机械移植，都是绝对不可取的，也肯定行不通，除非可以改善约束条件本身。另外，发展模式的有效性也会依赖特定的形成条件，如果形成条件不同而采用相同的发展模式，通常情况下未必都会有效，甚至还会有害。为此，各地在学习与借鉴盐城绿色发展模式的时候，一定要坚持实事求是的思想路线，一切从自身实际出发，注重因地制宜、扬长避短和因势利导，其中特别要客观分析当地条件与盐城的差别所在。只有充分考虑到基础、条件和时机等内外部因素，创新性开展学习与借鉴活动，才会收到事半功倍之成效，才能够为推动地区发展增添持续强大的绿色生产力。

## 2. 与时俱进创新绿色发展模式

一个地区的发展，如同人类社会历史发展一样，是一个不断继承与扬弃的演进过程，不能超越历史发展的必然阶段一蹴而就达到预想的理想境地。同样道理，任何一个地区的发展模式也都必然带有自身难以超越的历史局限性，盐城绿色发展模式也不例外。在全球化浪潮风起云涌和中华民族伟大复兴的大背景下，随着我国市场体制逐渐成熟、对外开放不断扩大、国际竞争日趋激烈、可持续发展呼声日益高涨以及生态文明观念日渐增强，已有地区发展模式中的一些弊端和矛盾将会凸显。有些弊端和矛盾可能由于本地区特殊发展形态而形成自身问题，有些则可能因为我国尚处于社会主义初级阶段而成为各个地区所共有的问题。因此，唯有坚持与时俱进、吐故纳新和推陈出新，不断改革与创新盐城绿色发展模式，才能在未来发展中始终保持长久的影响力和旺盛的生命力。

（1）从融会贯通可持续发展、科学发展、生态文明、绿色化等发展观念及理论中深化与升华绿色发展理念。绿色发展与可持续发展、科学发展、生态文明和绿色化在发展观念上是一脉相承的。盐城的发展是可持续的发展。提高项目准入门槛、划定生态保护红线、科学规划沿海资源开发，等等，一系列举措都表明，盐城市不为一时的发展冲动而粗放利用资源，是一种既满足当前发展需求又倾力保护未来发展空间的观念，强调的是经济、社会、人口、资源、环境的相互协调和共同发展。盐城的发展是以人为本的发展。惠民、利民一直都是盐城推行绿色发展的初衷。

从盐城绿色实践来看，两年来改变的不仅是产业变轻、变高、变优，新能源公交车、公共自行车、城市森林公园、农村环境整治、饮用水源保护等一系列动作举措，让老百姓都能切身享受到绿色发展的成果，可以说，绿色发展不仅让盐城的产业脱胎换骨，更让老百姓的生活方式、生活理念发生了质的变化。盐城的绿色发展是系统性的发展。生态文明始终贯穿在经济建设、政治建设、文化建设、社会建设的全过程和各方面，生产方式、生活方式、消费方式和价值取向都在不断地绿色化，并体现为一种精神境界和价值观。总体而言，盐城的绿色发展思路方向是秉承科学发展观的，方法举措具体、明确，实践成效真实、显著，具有可复制、可借鉴、可推广的现实意义。

（2）从协同集成创新、改革、开放等因素及措施中，保障与提升绿色发展生产力。创新、改革与开放都是盐城绿色发展的主要推动力量。创新是核心，改革是保障，开放是手段，三者作用于绿色发展，成为绿色生产力的关键影响因素。近年来，盐城绿色发展之所以能够取得历史性突破，在很大程度上就是得益于这三种力量的强大推动。盐城市市委书记朱克江阐释：盐城推动绿色转型的主要体会就是做好"市场导向、高端引领、创新驱动、开放融合、生态底线"五个方面的工作。其中大多都与"创新、改革、开放"有关。为此，从未来绿色发展来看，首先要进一步加强科技创新，为绿色发展提供更多更高的智力支撑；其次要全面深化改革，不断完善绿色发展的体制机制；最后是要全方位扩大开放，在开放融合中吸引和集聚更多国内外高端要素。与此同时，还要切实加强三种力量的协同集成，紧紧围绕创新这一核心要素，通过改革和开放，为创新营造更加良好的环境，最大限度激发创新活力和提升创新能力，从而不断保障与持续提升绿色发展生产力。

（3）从调整优化需求、供给、布局等途径及方式中，拓展与提高绿色发展水平。需求、供给、布局是盐城绿色发展的三个重要方面，也是主要任务。需求和供给分析是经济学一般理论分析的逻辑起点。在微观经济学中，有效需求指的是消费者在一定时期内的各种可能的价格下愿意而且能够购买的该商品的数量，而有效供给指的是生产者在一定时期内在各种可能的价格下愿意而且能够提供出售的该商品的数量。在商品经济条件下，商品供给和需求之间相互联系、相互制约形成供求关系，是生产和消费之间关系在市场上的反映。多年来，我国市场经常出现结构性过剩，尤其是低端产品"供大于求""产能过剩"问题十分突出，迫切需要增加有效供给和激发有效需求。习近平总书记强调："良好生态环境是最公平的公共产品，是最普惠的民生福祉。"这一科学论断深刻揭示了生态与民生的关系，阐明了生态环境的公共产品属性及其在改善民生中的重要地位，丰富和发展了民生的基本内涵。事实上，公平享受良好生态环境已经成为人们的一项基本权益，并且人们对此要求越来越高。近年来，绿色发展之所以在盐城取得巨大成功，主要就是紧紧围绕民生幸福，坚持"高端引领"和"生态底线"，科学预判和正确把握有效需求及有效供给，超前谋划和合理优化空间布局，妥善解决了增长与转型、发展与生态、经济与社会、建设与民生等重大方面的关系。面向未来，绿色生产、绿色生活和绿色消费的市场需求和发展前景将会越来越广阔，需要盐城人在现有成功经验和有效做法的基础上不断创新，进一步拓展绿色发展空间，持续提高绿色发展能力与水平，推动盐城绿色发展迈上新台阶。

绿色发展模式是一种先进的发展模式。这种模式在后发的盐城大地诞生，打破了传统工业化轨迹的路径依赖，走出了粗放型增长方式的困境，使后发地区能够先发突破，为广大后发地区生动实践创造先发模式，提供鲜活样本，令人敬佩，让人深思！绿色发展在盐城取得历史性突破，凝聚成绿色生产力，焕发出勃勃生机，喜结累累硕果，在新常态下出现了"风景这边独好"，《人民日报》2014年11月3日头版刊登长篇通讯《让发展真正绿起来——来自江苏盐城的新观察》，介绍了盐城坚持绿色崛起、生态赶超、探索绿意盎然发展路径的做法和成效，高度肯定了盐城的绿色发展路径模式。盐城的绿色发展之路，令人瞩目，使人神往！盐城绿色发展模式植根于盐城大地，具有盐城特色，符合盐城实际，成功模式既有共性经验可资借鉴，也有个性做法当加辨析，任何模式应用都需因地制宜。认识发展模式与模式发展，两者同样重要，盐城人理应与时俱进，不断探索与创新绿色发展模式，为建设"美丽中国"做出应有贡献。

# 第十章 经验启示

从环境换取增长中跳出来，从生态优化增长中干出来，从全面深化改革中闯出来，从绿色健康生活中动起来，从发展提升环境中美起来，盐城近年来的发展是一条从"环境换取增长"转向"生态优化增长"，再到"发展提升环境"的绿色崛起、生态赶超之路，盐城的蜕变历程，既是地方处理经济发展与生态保护的积极探索，也是"美丽中国""强富美高新江苏"宏伟战略的地方实践。盐城的探索实践对于全国许多革命老区、后发地区、生态敏感区的发展都具有重要的借鉴价值，对正处于转型中的一些先发地区也不乏有积极的启示意义。

## 第一节 顶层谋划的大智慧引领绿色大发展

盐城这个中国沿海与江苏的经济低谷地区，既没有雄厚的产业基础和优越的区位条件，也没有优质的科教、金融等发展要素，但是盐城可以在中国沿海低谷隆起，在绿色发展道路上取得丰硕成绩，这在一定程度上源自盐城市领导人的睿智，其眼光、视野、决心、作风，是推进绿色发展不可或缺的关键因素。

### 一 前瞻开阔的眼界指引绿色发展
绿色发展是先天"本钱"与后发冲突中的平衡点与结合

点。微观经济实践常常把经济增长与生态保护视为一对矛盾：经济要取得高速增长就必须以牺牲环境、浪费资源为代价，要保护环境就会束缚 GDP 增长的手脚，导致经济增长速度减慢。盐城既是东部沿海生态安全屏障和生物多样性宝库、生态环保的重点和敏感地区，也是急需发展的革命老区，在经济新常态背景下，盐城的发展同样也面临着经济增长与转型升级的双重压力、加快发展与环境资源约束的双重矛盾。如何解决保护环境与经济发展相互对立、生态与经济不可兼得的时代难题，如何在先天"本钱"和后发冲动中找到平衡点？盐城的答案是走绿色发展之路。

绿色发展理念孕育绿色发展思路。过去人们常把盐城视为江苏沿江重化工转移之地，因为盐城海岸线长、沿海滩涂面积大，生态容量大。而曾经的水污染事件，曾经的 9 年争创卫生城市未果的经历，都是盐城人心头之痛。痛定思痛，盐城的领导者确立了绿色发展思路。朱克江书记说到，尽管盐城具有上化工的良好条件，上化工项目也能很快提升盐城的 GDP。但是盐城不能这么做，因为上了小化工项目就有可能导致环境的破坏，对盐城人民的身体健康造成伤害。环境一旦受到破坏，一些对环境要求高的绿色产业就无法引进来，从长远来看不利于盐城的发展。盐城绝不能做饮鸩止渴的事情，绝不能为了眼前的利益而引进任何有污染、不安全的项目。为此，盐城开始史无前例地进行发展战略调整，将生态绿色发展提升为全市重大战略，坚决不走"先污染后治理"的老路，大力推进生态文明建设，严把项目"准入关"，一般性化工项目一个不要，不通过环评的项目一个不上，努力发展绿色产业，推进产业绿色转型，以绿色产业的跨越式发展实现转型与增长双重目标，走出了一条生产发展、生活富裕、生态良好的发展之路。

## 二　义无反顾的决心成就绿色发展

决心有多大，步伐就能走多远。盐城市在确立绿色发展战略之初，首先明确的是"前人栽树，后人乘凉"、一任接着一任干的指导思想，并通过全委会等各种会议统一各级干部思想，把舆论导向、政策指向、投资方向集中转移到推进环境保护和生态建设上，迅速催生全社会的生态觉醒，让绿色环保深入人心，给绿色发展留足空间。正是由于旗帜鲜明地把"绿色发展"作为区域发展的核心战略，把"转型升级"作为推进绿色发展的根本方法，盐城才得以在调结构、转方式、抓改革、增活力、惠民生、促和谐的生动实践中赢得先机，推动了生态产业的快速发展和生态环境的进一步改善。从砍掉近 2/3 化工企业的魄力，到重污染项目一个不引、未通过环评一个不建、破坏生态一个不要、治理不达标一个不放的铁律；从不计成本的科技创新投入，到求贤如渴的人才引进举措；从把 1/4 国土面积划定红线，到不到一年时间创成国家卫生城市；从治理工地扬尘的综合施策，到每年全民动员的绿化会战；从秀美城市建设，到田园乡村创建。盐城推进绿色发展的决心坚定而从容，步伐坚实而有力。

## 三　绿色发展的体系支撑绿色发展

科学合理的绿色发展体系是架通绿色增长理论与实践之间的桥梁。盐城的绿色发展不是一句口号，而是有着实实在在的体系支撑，理念、思路、重点和目标的明确要求，各领域绿色发展的方法步骤、路径举措，构建起推动绿色增长的"四梁八柱"。

绿色产业是绿色体系的主要支撑。盐城把绿色发展、低碳发展、循环发展作为鲜明导向，推动循环经济快速发展，清洁生产普遍推行，生产生活空间更加低碳环保，以此实现生态领域的绿色增长。主动策应"中国制造 2025"战略部署和"互联网＋"

行动计划，大力推进互联网经济与实体经济跨界融合、生产性服务业与先进制造业深度融合、新技术与传统产业创新融合，一批新兴产业迅速成长，传统产业提速升级，工业经济转型步伐明显加快。2015 年上半年，全市战略性新兴产业主营业务收入增长 30.3%，清洁能源发电量突破 60 亿度，占全市用电量的 20%，节能电光源明管产品国内市场占有率超过 15%，环保科技城已成为集聚度较高、市场份额较大的国家级雾霾治理研发和制造基地。制订并实施产业转型发展行动计划，严把产业布局、投资方向和项目招引门槛，坚持绿色发展，重点推进国家新能源基地、汽车及新能源汽车基地、节能环保基地、农产品出口和长三角地区优质农产品供应基地、大宗商品港口物流基地等"五大基地"建设，加快产业转形态。顺应产业新业态发展趋势，推进中关村（盐城）大数据产业联盟、电商快递产业园、苏北首家创客空间等项目建设。

　　绿色低碳生活是绿色发展体系的重要部分。盐城把美丽乡村与智慧城市建设紧密结合起来，以城带乡、以乡促城、共生互荣，推进绿色盐城一体化。农业发展生态化，全市 8 个县（市、区）通过无公害产地整体认定，建成全国绿色食品原料标准化生产基地 7 个，"三品"基地面积达 91%。村容村貌清洁化，全面开展美丽乡村创建活动，重点推进农村环境综合整治，展现水清岸绿、绿色充盈的美丽景象，全市有 4 个村入选全国"美丽乡村"创建试点。城市建设智慧化，坚持"城市智慧化、智慧产业化"，规划实施"一个系统、一个中心、六个平台"的城市智慧化新架构，构建电子信息产业、软件和信息服务业快速发展的智慧产业化新格局。全市电子信息产业、软件和信息服务业主营收入同比分别增长 16% 和 31%。营造舒适宜居生活，实行能源转方式、工地控扬尘、秸秆禁焚烧，全面综合施策，加强源头防控，使盐城成为"无烟城市"，空气质量保持全国前列。集中力量重点解决农村饮用水、快速出行、控排截污、基层卫生医疗等群众最关心的突出问题，积极发展低碳交通，让老百姓吃上安全食品、望见一汪碧水、呼吸清新空气、享受优美环境，尝尽绿色健康生活的滋味，真正使绿色发展成为最公平的公共产品、最普惠的民生福祉。

以大力开展"千百十"工程推动传统产业变绿，以加快建设新能源等新兴产业让发展增绿，以绿色农业等生态经济助推产业添绿，盐城逐步探索出以绿色增长为标志的增长模式，以付出最小的代价换取最大化的发展空间，实现盐城发展的绿色升级。

### 四　体制机制的变革保障绿色发展

改革是发展的根本动力，体制机制创新具有根本性、长远性，是固化绿色成果的有效途径。盐城把突破难题的着力点放在深化改革上，充分利用国家可持续发展实验区综合配套改革平台，建立健全生态保护、绿色增长各项制度，从规制方面编织起一张系统、全面、具有强大约束力的"制度网"，为绿色发展持续推进保驾护航。

突出绿色激励作用。在政策上向绿色发展倾斜，建立完善"使用资源要有偿、做出贡献要补偿、损害生态应赔偿"的机制。环保和生态建设支出，成为市、县两级公共财政支出的重点，每年大手笔的生态创建专项经费、城乡环境综合整治奖补资金等，成为撬动绿色发展的有力杠杆。

规范保护开发制度。深化招商模式改革，强化空间、总量、项目"三位一体"的环境准入制度和专家评价、公众评价"两评"结合的环境决策咨询机制，从源头上禁止高能耗、高排放、重污染企业入驻。健全能源、水、土地、滩涂集约节约使用制度，建立陆海统筹的生态系统保护和修复机制，建立以环境损害赔偿为基础的环境责任、环境管理体系，加快建设环境信用体系，创新环境污染责任保险、绿色信贷等环境经济政策，实行生态环境损害责任终身追究。

确立绿色发展导向。优化干部考核机制，针对不同区域的主体功能定位，实行差别化评价考核制。以构建绿色 GDP 考核评价体系为抓手，着力筑牢生态文明建设"制度屏障"，引导各级干部牢固确立"绿水青山就是金山银山"的发展理念，大幅提高经济绿色化程度。在考核指标设置上，加大转型升级、生态环保、资源消耗、人才贡献、民生改善等指标权重；在考核方法改进上，根据各地发展基础、资源禀赋、功能定位等情况，完善差别化考核办法，既比"排位"、更比"进位"，既重显绩、更重潜绩，生态、民生指标占比超过 60%，环保、安全考核实行一票否决；在考核结果运用上，旗帜鲜明地选用那些自觉践行"三严三实"要求、甘于打基础利长远的干部，对只求排名进位、不顾生态环境的干部，坚决不予提拔使用，同时建立实施重大决策责任追究制度及责任倒查机制，严格规范各级干部从政行为。考核"指挥棒"的改革，让经济总量、发展速度的竞争，逐渐转向了发展的质量、方式、后劲的较量。

绿色变革的行动自觉，激发了绿色发展的动力因子，发挥了制度保障的正面效应。一系列的改革举措，构建了充满活力、富有效率、更加开放的体制机制，改革加速了盐城科学发展、绿色崛起的进程，制度保护生态环境的正面效应不断显现，区域地区行政壁垒逐渐减少，以市场为基础配置资源和大范围资源重组的格局基本形成，资金、技术、人才等生产要素的流入进一步加快，资源产出率稳步提高，绿色增长的动力持续丰沛。优良的生态环境、创业环境、宜居环境正在成为盐城的品牌，全民创业的热情高涨，2014 年以来全市新增市场主体大幅攀升，落户盐城创新服务的各类人才已达 2 万多人，回乡创业和外来创业人才形成了潮涌之势，新的增长点正在加快形成。正是坚定不移地通过推进体制机制的改革创新，才为实现绿色发展铺平了道路。盐城的实践表明：只有坚持改革创新，大力加强制度建设创新，符合绿色增长、可持续发展的事情，就全力以赴地去做，阻碍绿色发展的环节就毫不迟疑地去改，改革发展才能切实转入绿色发展的轨道。

## 第二节　总揽全局的大手笔支撑绿色大突破

盐城绿色转型的坚定实践，逾越了先发地区的发展困境桎梏，开辟了后发先至的全新路径。仔细剖析盐城的发展轨迹，可以看出，盐城选择的是一条不同于先发地区的发展道路。我国先发地区大多集中在沿海，许多地方的发展以资源消耗高的传统制造业为支撑，以牺牲环境、浪费资源为代价换取增长。后发地区的工业化水平普遍落后先发地区1—2个阶段，随着环境资源的瓶颈制约越来越重，转型发展的要求越来越高，群众的生态诉求越来越强烈，后金融危机时代，广大后发地区已经不再具备先发地区的发展条件，先污染后治理的模式也绝不可再予效仿，加快发展必须调整方向、再选路径。盐城的创新实践，是一部"加减乘除"的辩证法，只有政府权力做减法，市场主体总量才能做加法。只有做好落后产能的减法，绿色产业才有更多空间做加法。只有做好收入分配的除法，才能获得科技与人才的乘法效应。

### 一　勤于做"加法"

做好"加法"，是经济转型与总量快速扩张的重要环节。但是"加法"如何做，这是一个值得深思的问题。盐城做出了许多可学可复制的"加法模式"。

"龙头＋全产业链"模式。以打造全产业链为导向，在延伸产业链条上做加法。盐城市对产业链条上的项目都有严格要求，不得少于两个龙头型项目。汽车产业、新能源及其装备制造业、环保节能产业已经形成全产业链，正在进一步做大做强。例如，汽车全产业链分为整车、关键核心零部件、汽车后市场、汽车测试场、汽车研发中心5个层次，每个层次上都有3个以上龙头项目支撑。环保全产业链分为环保装备制造、工程承包、环保服务、交易市场、创新平台、教育培训、国际合作7个层次，每个层次上都有2个以上龙头项目支撑。目前正在实施大数据、航空、海水淡化、智能终端、健康美容5大产业全产业链培育工程，按照缺什么补什么的要求，努力加大产业链招商，力争打造成为绿色制造业新的增长点。

"传统产业＋绿色制造"模式。传统产业＋绿色制造是传统产业绿色化的重要路径，盐城市在主要园区全面推广应用节能节水技术、工艺和装备，全面推行清洁生产工艺，全面推进资源循环利用，促进传统产业变绿。全市累计组织实施节能重点工程超200项，总投资近百亿元，实际节能达70万吨标准煤以上。70%以上的国家级园区和50%的省级以上园区完成园区循环化改造的任务。

"新能源＋"模式。盐城的新能源产业发展不仅在时机上快人一步，而且在模式上胜人一筹，形成了"风电车""风电水""风光渔"等优势叠加的创新模式。"风电车"计划是科技部重大科技专项，是风电、智能电网和电动汽车的产业融合；"风电水"项目充分利用风、电、海水资源，建成国内首条现代化水平的日产1万吨新能源淡化海水生产线，盐城成为国家海水淡化试点城市；"风光渔"项目形成上有风力发电、中有光伏利用、下有水面养殖的"风光渔"立体开发模式，实现滩涂资源高效利用和效益最大化，其综合利用模式为全国首创、独树一帜。

"互联网＋"模式。互联网对实体经济的影响已经遍及盐城第三产业，产生了诸如互联网金融、互联网交通、互联网医疗、互联网教育等新业态，推进形成智慧能源、智慧交通、智慧旅游、智慧医疗、智慧社区。互联网正在加速向第一和第二产业渗透。盐城市所有现代化农业产业园与休闲观光农业基地都引入"互联网＋快递"经营模式。通过互联网、微信平台等方式，制作手机客户端（APP）及时发布园区最新农产品信息，并可以随时预定产品，扩大盐城农产品的销售市场、缩短了销售时间、提高了农业效益。大丰成立华东地区首家阿里巴巴"农村淘宝"项目，村民不仅可买到更便宜、更优质的商品，而且能把自产的绿色生态农副产品销向更广阔的市场。

"工业化＋信息化"模式。盐城坚持把信息化和工业化深度融合作为促进经济发展方式转变的重要举措，迈出从制造到智造的关键一步。以推进工业转型升级为核心，深化信息技术在工业领域的综合集成应用，推动制造模式向数字化、网络化、智能化、服务化转变，推动信息技术与汽车、纺织、机械装备、化工等传统优势产业的嫁接，产生了一批有水准、有特色、有竞争力、有自主知识产权的智能装备新产品，其中累计有16项智能制造装备新产品被认定为江苏省首台（套），打响了盐城智造品牌。

"制造业＋服务业"模式。实施制造业服务化试点示范培育计划，搭建服务业企业与制造业企业、服务业园区与工业园区联动发展平台，支持有条件的企业立足品牌和核心技术优势，外包制造加工环节，专注于产品设计、零售分销、品牌管理等高附加值业务，培育一批省级制造业服务化示范企业，推进生产型制造加快向服务型制造转变。目前，盐城几乎所有规模以上企业都开始向服务化转型。江苏长虹智能装备集团是一个制造业服务化的典型，在传统机械制造的基础上，成立了独立的研发机构——长虹机械设计院，形成了集研发、制造、销售、售后于一体的完整产业链，实现了现代制造业与生产性服务业的"双轮驱动"。

"农业＋工业＋服务业"模式。盐城作为国家农业产业化示范基地，农业产业化程度高，并且与服务业的联系日益密切，形成了"农业＋工业＋服务业"模式。大丰的"荷兰花海"非常典型，该项目采用"企业集团开发＋村官管理＋网络销售＋农户分红"的经营模式，综合开发郁金香花的生产、销售和观光各个环节，并围绕满足游客吃、住、行、游、购、娱全方位的需求，打造"中国郁金香的第一花海"。园区引入大学生村官先进的管理模式和优秀的团队意识，与阿里巴巴天猫网站深度合作，开辟荷兰花市网络销售店铺，与深圳嘉讯公司联手建设荷兰花海智慧旅游项目，搭建荷兰花海基础信息化框架，推进智慧旅游与电子商务发展。一个荷兰花海项目折射了农业、工业与服务业的强强联合，体现出农业经济到工业经济再到服务经济的全面转型，成为中国农业第六产业的新亮点。

## 二　勇于做"减法"

克服导致 GDP、政府财政收入和政府权力减少的多重阻力，在淘汰落后产能和精减政府行政审批方面做减法。

落后产能做减法。2008 年，盐城市化学原料及化学制品制造业工业增加值 90.05 亿元，占全市工业增加值总额的 15.7％。一旦砍掉化工业，工业经济无疑将受到严重打击。但是盐城人的转型决心没有因此动摇，宁可牺牲税源，也要保住优良的环境资源。通过三轮"壮士断腕"的专项整治，盐城市砍掉了近 2/3 的化工企业，大市区变成了"无化区"，82％化工企业通过改造向响水等四大化工园区集聚。在"有化区"，一方面对重点污染源实行动态监控；另一方面抬高门槛，将一些污染大、隐患大的企业拒之门外。在滨海县，近年开始针对当地的沿海工业园展开了多轮的环境专项整治，制定了"一企一策"废气治理和"一企一管"废水治理方案，堵疏结合监管园区危废。同时提高了新进企业入园门槛和现有企业工艺标准，治理成果显著。盐城市规模以上化学原料和化学制品制造业工业增加值以及企业数占工业总增加值和企业总数的比重有了明显的降低，但企业开票销售额却比整治前大幅增长。

政府权力做减法。2013 年以来，盐城市在行政审批制度改革上推出了一系列举措，取得了良好的市场预期。市级 57 个部门下放、取消、合并行政权力事项 1040 项；市行政服务中心对国家、省下放到市的 135 个行政审批事项，重新编制审批流程，全部进入服务大厅一站式并联审批，力求办件时限全省最短。推广"容缺预审"制度后，全市审批时限平均缩短至 3.83 天。目前盐城市相关部门正着力做好"顶层设计"，加大行政审批事项"减、转、放、免"力度，明确"两张清单"，设立正面权力清单，对市县镇三级政府各项职能、各种权力分布进行制度设计，统一审批项目名称、代码和流程，再简化、取消、下放、委托不少于 30% 的行政审批事项，重点把战略资源管好，把市场规则管起来。在设立正面清单的基础上，盐城市还设立市场准入的"负面清单"，做到目录之外再无审批，全部取消市级非行政许可审批事项。

### 三　善于做"乘法"

真正发挥出科技创新的乘数效应，为工业、农业、文化、金融装上科技的翅膀，让科技创新成为转变经济发展方式和打造盐城经济升级版的"第一引擎"，把"乘法效应"发挥到了极致。

由引进单个人才到引进创新团队递进的激化效应。绿色发展、科技创新是动力，高端人才是支撑。从扶持创业的"三十条"举措，到引进人才的"三年行动计划"，盐城对人才的重视程度前所未有；从对国家"千人计划"专家的求贤若渴，到对创新团队的"筑巢引凤"，盐城对引进高端人才不遗余力；从对来盐人才多措并举的扶持，到生活条件无微不至的关怀，盐城对人才效应的发挥倾力支持。带来的变化不仅仅是盐城成了苏北高层次人才高地，成了苏北高层次人才创业高地，更是取得了"引进一个高端人才，带来一个创新团队，催生一个绿色产业，培育一个新的经济增长点"的喜人效果。

由引进科研机构到打造高端创新集聚区递进的膨化效应。科研资源相对贫乏是盐城的实际，善于利用省内外优质科研资源为绿色发展做贡献，是盐城的创新。从每年组织好"5·18""10·18"等重大产学研和科技人才活动工作，每年都有一大批高校、科研院所与县（市）政府、园区、企业签订战略合作、技术合作、人才合作协议，到在全球各地建立26个科技和人才联络机构，国内、国外两大科技资源的对接网络已经形成，盐城招才引智的方向开始走向国际；从园区创新载体遍布所有工业规模以上企业，以及大学生创业园、中韩盐城产业园、留学生创业园等园中园的建设，到"两区两城"标志性创新高地的打造，大量的创新资源获得了发展空间，盐城的高端创新开始集聚。研发机构的规模效应很快就凸显出来了，带来的不仅有年专利申请量20%的增长，高新技术产业产值年均15%以上的增长，还有"国家可持续发展实验区""国家创新型城市试点城市""国家科技进步先进市""国家知识产权试点市""国家新能源汽车推广应用城市"等一系列的荣誉称号，打响了盐城创新的品牌。

由引进高端科研机构到打造企业高端研发平台递进的协同效应。企业是改革发展的重要基石和科技创新的主体力量，提升企业自主创新能力是实施创新驱动发展战略的重中之重。盐城在这方面也是不遗余力。支撑企业创新从大力实施"建立自主研发机构、申报自主知识产权、创立自主品牌"创新工程开始，推进以企业为主体的协同创新，积极主动为企业广泛开展产学研合作牵线搭桥,推动企业与高校院所的深度合作和产业链上下游的资源整合,探索适应不同需求的合作创新模式,健全产业技术创新战略联盟、校企联盟、技术转移联盟等创新合作组织,促进更多产学研成果在盐城"开花结果"。着力培育创新型企业集群,鼓励和支持骨干企业参与国际合作,与掌握核心前沿技术的创新主体结为利益共同体,加大先进技术引进、消化吸收和再创新,在较高的起点上提升科技创新能力。支持有条件的企业承担重大科技攻关项目,注重推动科技型中小微企业依靠科技创新实现裂变式、跨越式发展,加快形成以高新技术企业为骨干的创新型企业集群。一系列的动作举措,让盐城企业创新能力有了质的飞跃,不仅高企增加数、高新技术产品数量大幅增长,科技型中小企业数量也在短短两年时间就占据了全市中小企业的"半壁江山";大量的盐城企业开始拥有更多的知识产权、掌握更多的核心技术,变得更有竞争力,盐城的产业开始从"盐城制造"走向"盐城智造"。

### 四 敢于做"除法"

优化收入分配结构,让绿色发展普惠于民,是盐城以人为本做除法的基本准则。做大 GDP "蛋糕"固然重要,但分好 GDP "蛋糕"更为重要。盐城把民生问题视为最根本的问题,把人民的利益作为一切工作的出发点和落脚点。盐城的绿色发展不仅"高大上",而且"接地气",要让百姓享受到绿色发展的可喜成果,让社会民众分享到绿色红利。

近年来,盐城始终坚持把保障和改善民生放在首要位置,全市公共财政用于民生投入增长连续保持在 20% 左右,积极实施民生幸福工程,深入推进民生优先发展三年行动计划,加快完善基本公共服务"八大体系",兴办了一批事关群众切身利益的民生实事,解决了一批群众关注的民生问题,形成了一批民生工作的特色亮点。深入推进教育体制改革，积极完善从学前教育到老年教育、从学校教育到社会教育的终身教育体系，盐城成为一个"没有择校"的城市，市民纷纷为之点赞。优化公共医疗资源布局，全市域实施农村基层医疗卫生标准化建设、全科医生人才队伍建设、远程医疗会诊平台建设，加快构建现代医疗卫生体系，使盐城的卫生事业在全国和全省产生了积极影响，盐城市被命名为国家卫生城市和全国无偿献血先进城市。实行困难群众托底救助制度，把7万多特殊困难群众纳入政府救助体系，这项制度已经在全市域推行，两年内将实现35.7万困难群众基本生活有稳定来源、社会保障无后顾之忧。高度重视扶贫工作，"精准扶贫"是盐城民生建设的重要内容，两年内全市集中在灌溉总渠以北扶贫重点片区启动实施项目101个，累计完成投资67.4亿元，2015年将如期完成年收入4000元以下的12.52万人口脱贫目标，确保不让一个困难群众在小康的征程中掉队。2015年1月，由新华网主办的2014年城市民生建设与民生保障典型案例推选活动评选揭晓，盐城市荣获全国首批"民生改善十佳典范城市"称号。2015年新公布的全省民生幸福工程建设考核结果显示，盐城民生发展指数得分列全省第二、苏北第一，群众满意度指数得分列全省第三、苏北第一。

## 第三节 全民共识的大理念凝聚绿色大合力

公众环保意识的不断觉醒，生态文明理念的深入人心，绿色健康生活方式的逐步养成，是推进生态文明建设的内在动力，绿色发展必须依靠人民群众。盐城市以营造绿色文化为核心，以建立健全绿色教育体系为主线，以塑造绿色城市品牌为主题，以绿色创建为路径，以完善公众参与制度为保障，广泛地吸引公众参与绿色建设。现在，全民参与带动形成了盐城安全的生态空间、良好的生态经济、健康的生态生活、先进的生态文化、完善的生态制度，构成了新常态下盐城可持续发展的丰富内涵。

## 一　塑造形象，激发民众绿色发展热情

美好的城市形象能展现城市精神源于历史、立足现实、放眼未来的独特魅力。全新的城市形象，切实增强了盐城人的向心力、凝聚力。2015 年 1 月 5 日起，盐城全新拍摄的电视宣传片在央视四套播出，并且通过电视、报纸、网站、微信等媒介迅速传播。在歌曲《一个真实的故事》的音乐背景下，黄海森林公园、聚龙湖、中华麋鹿园、荷兰花海……这些盐城标志性景点一一展现在观众眼前。为时 10 秒钟的盐城城市形象宣传片，就像一张高度浓缩的城市名片，具有强烈的视觉冲击力和震撼力，宣传语——"盐城，一个让人打开心扉的地方"广为流传，成为街谈巷议的话题。盐城，正在成长为一个让本地人自豪、让外地人向往的宜居宜业的美丽城市。

优美的城市形象塑造的背后是各级顺势而为的引导。几年来，盐城推进绿色发展社会化宣传，调动宣传、教育、文化、旅游、工会、团委、妇联等部门各方力量，充分利用广播电视、报纸杂志、广告和互联网等多种媒体资源，构建大宣传格局，让绿色发展战略深入人心，让绿色城市形象家喻户晓，让每一个盐城人都为家乡自豪，优美的城市形象充分激发了广大群众参与绿色增长的热情。

最大限度利用好社会资源，是绿色发展扎实的社会基础。盐城通过政府引导，鼓励非政府组织和大众媒体参与绿色增长宣传教育等形式，着力唤醒群众责任意识、参与权意识。搭建和完善公众参与的平台，对重大项目建设，通过听证会、媒体讨论等适当形式，增加项目建设透明度，让公众参与到决策过程中。推行信息公开，降低公众参与成本，让公众在信息公开中参与绿色发

展。优美的城市形象是共创共建的结果，全民参与才能让绿色发展持续发力。2013 年，盐城市通过广泛发动群众参与，不到一年时间就创建成功国家卫生城市，各项指标都高于标准要求，位居参评城市前列。

完善公众参与制度保障全民参与。盐城市把完善公众参与制度作为保障全民参与绿色建设的重要抓手，及时准确披露各类环境信息，扩大公开范围，保障公众知情权，维护公众环境权益。健全举报、听证、舆论和公众监督等制度，构建全民参与的社会行动体系。建立环境公益诉讼制度，对污染环境、破坏生态的行为，有关组织可提起公益诉讼。对重大规划、政策及重大项目建立环境影响评价的专家咨询论证制度及公众听证制度，在建设项目立项、实施、评价等环节，有序增强公众参与程度。在全社会广泛开展低碳型、环保型、节约型的绿色家庭、绿色学校、绿色企业、绿色社区等系列创建活动，通过典型示范、展览展示等形式，引导全民形成以环保为荣、以污染为耻，以节约为荣、以浪费为耻的现代绿色文化观，使创建活动成为广泛动员全社会重视环境保护、节约利用资源、推进绿色发展的有效载体。

## 二　固本培元，让绿色文化春风化雨

让传统绿色文化在绿色发展时代重放光彩。盐城市把绿色文化作为推进盐城绿色发展的长盛不衰动力，使其成为盐城文化的重要组成部分，扎根于每个盐城人的心灵深处，成为每个盐城人自觉遵守的行为准则。

弘扬传统绿色文化，挖掘盐城海盐文化、红色文化、水绿文化中的绿色内涵，抢救性发掘和保护一批具有绿色内涵的历史文化遗存，把历史悠久的海盐文化、神圣不朽的红色文化和风光独特的湿地文化融入城市建设发展中，让传统绿色文化在绿色发展时代重放光彩。

　　营造全民的现代绿色文化。结合世界水日、环境日、海洋日、国际湿地日、生物多样性日、保护臭氧层日等重要节日，运用群众喜闻乐见的形式，开展主题宣传教育。设立"盐城生态文明日"，强化全民生态环境保护的责任意识和危机意识，积极营造全社会共促绿色发展的良好氛围。突出抓好"环保杰出人物"评选等具有一定基础和影响的公益活动，扩大参与度，提升影响力。

　　润物细无声，扩大绿色文化广阔阵地。利用报纸、电视、网站等信息媒体，普及生态文明知识，曝光重大环境违法和生态破坏事件。推进绿色文化宣传教育进机关、进学校、进企业、进社区、进农村。把绿色文化教育纳入各级党校、行政学院教学计划和党政干部培训体系中，公务员任职培训安排生态文明理念、知识、环保法律法规等方面的教育内容。红色的铁军文化、蓝色的海洋文化、白色的海盐文化、绿色的湿地文化与生态盐城建设完美融合，现代文明与古老传承在绿色发展中交相辉映。

　　盐城市第一中学利用课堂这个主阵地，在课堂教学中增强学生热爱自然、保护生态、改善环境的意识，学校以风能发电、太阳能发电、生物质能发电、烟尘治理、垃圾回收与处理、校园生态系统等作为研究项目而开发的系列校本课程，不仅丰富了教学内容，还促进了学生素质的全面提升和身心的健康发展。为增强生态文明教育的实效性，鼓励学生参加各类环保主题实践活动，开展水质污染调研、滩涂湿地保护调研、自主创意环保主题班会、"我为家乡环保写方案"等专题活动，大大提高了学生的实践能力和创新能力。学生积极参加环保小发明活动，发明的"自动换气多功能油烟机"获国家科技发明专利、"多功能防毒面具"获全国发明展览会银奖、"家庭生活污水净化器"获国际发明展览会铜奖。

　　仅用半年时间建成的盐城环保科技城实验学校是一所真正意

义上的环保学校。在建设之初，学校就将绿色生态理念融入校园的各个细节布置，处处渗透着绿色的理念。此外，学校积极打造"生态课堂"，依托科学课、生物课、思品课、班会课、团队活动课、综合实践课等，开设了环保教育课程，让学生在体系化的生态课堂教学中接受生态文明的洗礼，提高生态保护意识。为"教育好一个学生、带动好一个家庭、影响一个村庄"，让学生的环保行动深入家庭、社会，学校还成立学生环保志愿者小组，定期深入企业、社区开展实地考察、社会调查及宣传活动，营造了浓厚的生态文明建设氛围。现在，另一所环保职业技术学院也已建成使用。

大丰区人民路小学借助"大丰麋鹿自然保护区""大丰海洋科技园珍禽馆"等具有地域特色的教育阵地，探索有效的生态道德教育资源。学校先后开展了"捐出一天零花钱，共建生态爱鸟林"，为珍禽馆小鸟建一个温暖的家、"保护大象小卫士评选"，给大象写一封信、"未来海底世界绘画展"等主题教育活动，促进学生环保行为的自律。学校注重"学校、家庭、社会"三结合，利用教师教案设计、学生生态画作、家长经验总结为内容的生态教育专栏，将未成年人生态道德效应推向纵深。2015年上半年，由学校生态环保教育一线骨干教师编撰的《江苏省小学生生态教育读本》甫一公开发行，就引起社会强烈反响。

在盐城，一个各级党委政府高度重视、各类企业真正自觉、广大社会公益组织积极行动、全体市民广泛参与支持的绿色发展格局正在形成，全社会的生态觉醒构成了盐城绿色发展的一道别样风景。绿色意识像春风化雨一样滋润着广大民众的发展激情，培育着盐城未来绿色发展的本源动力，推动着盐城绿色发展的浪花演进成绿色发展的时代浪潮。在美丽中国梦的时代潮流中，映射出盐城绿色发展的绚丽色彩。

# 后　记

　　党的十八大提出"推进绿色发展、循环发展、低碳发展"和"建设美丽中国"蓝图，这是一个决定中国未来发展方向与转型方向的时代新课题。如何绿色发展？怎样绿色化？正当全国上下寻求探索之际，江苏省盐城市为我国的绿色发展提供了一个成功的样本。张颢瀚教授领衔的团队在寻找江苏转型发展的样本，由此开展了对盐城发展的全方位考察。

　　课题组分别到大丰区、盐都区、亭湖区、盐城国家经济技术开发区、国家高新技术产业开发区、城南新区、东台市、射阳县、建湖县、阜宁县、滨海县和响水县，进行了为期四个月的实地调研，通过与当地企业、农户以及职能部门的访谈以获得第一手资料，并与市区县领导进行交流，听取当地对于经济发展的经验与看法。调查中的所见所闻，充分反映出当前盐城对于经济发展转型道路探索的高昂热情，也反映出人们对于新形势下转型发展的迫切需求。深刻感受到盐城市干部与群众发展的新活力和不一样的新思路，也深深地被盐城的绿色发展所吸引，感叹于盐城市委书记朱克江同志带领一班人贯彻中央精神的坚定自觉、推行绿色发展的决心毅力、为盐城民众创造宜居宜业生活的执着感情。在盐城的调研中，课题组多次采访，受益匪浅，这为本书的写作提供了许多重要思路、观点和素材，也鼓励着课题组的深入调研与暑期的认真写作。大家也感到，这是一次难得的对绿色发展的系统学习过程。

在调查走访、案例分析的基础上，课题组系统总结盐城市发展理念变革、发展方式选择、发展路径超越等的经验与特点，进而形成本书，以期为新形势下广大后发地区的转型发展提供可资借鉴和参考的依据。

本书分析总结了盐城在发展道路、发展模式、经济增长、产业转型、生活方式转变、空间布局优化等多方面的丰富案例，以理论创新为目标，以经验总结为重点，通过生动的案例总结和理论归纳，力求将盐城的绿色发展经验和模式呈现在广大读者面前，为我国的绿色发展提供了具有重要价值的样本。本书主要从绿色发展的国际国内背景、盐城绿色发展理念与战略构架、盐城绿色发展道路的丰富实践、盐城发展的经验与启示等几个部分展开。全书共分为十章。前言由张颢瀚执笔；第一章由周蜀秦、许大为执笔；第二章由沈正平、金雨泽执笔；第三、四章由黄贤金、金雨泽执笔；第五章由范文国执笔；第六章由李建国、沈正平执笔；第七章由许大为、周蜀秦执笔；第八章由李升峰、凌申、公慧珍执笔；第九章由沈正平执笔；第十章由沈正平、范文国、孙立昕、俞亮执笔。全书由张颢瀚、沈正平统稿。研究生朱莹、文慧、樊迪、刘云、童岩冰参与了实地调研和资料收集整理，程大中、车冰清博士参与了图件制作和文字编校，金雨泽参与了后期统稿的协助工作。

盐城市各级领导高度重视，为课题组深入调研提供了有利条件。盐城市原副市长朱传耿教授参与了本书写作框架的拟定和调研工作的指导。盐城市委卫永标副秘书长参与了本书的讨论和资料整理，并参与了调研工作的组织和后期的统稿工作。同时也要感谢盐城市各县（市、区）、各开发区以及调研企业提供的大量数据、资料、文件，使书的内容更加丰富、数据更加翔实。

本书的调研和写作，一直得到盐城市社科联副主席陈玉林同志的全程组织和社科联其他同志的周到服务，保证了本书的顺利完成。南京大学地理与海洋科学学院和商学院、江苏师范大学城市与环境学院和淮海发展研究院、南京市社会科学院等单位给予了大力支持，在此一并致谢。通过本书的撰写，希望能够为我国后发地区的未来发展与发达地区的转型发展提供有价值的参考、借鉴与经验，希望在全国绿色发展的理论研究中，也能起到抛砖引玉的作用。

本书的成功出版发行也得到中国社会科学出版社社长赵剑英和出版社编辑喻苗的支持与帮助，编校人员对该书的出版提出了许多宝贵建议和意见，在此表示感谢！

由于编写涉及的专业面广，加之时间有限，错误与不足之处在所难免，敬请读者雅正！

《绿色发展之路》课题组
2015 年 8 月 18 日